U0956921

存在 EXISTENCE 真理 TRUTH 自由 FREE

张志波 著

九州出版社
JIUZHOUPRESS

图书在版编目（CIP）数据

存在　真理　自由 / 张志波著. -- 北京 : 九州出版社, 2013.4
ISBN 978-7-5108-2060-1

Ⅰ. ①存… Ⅱ. ①张… Ⅲ. ①现代哲学－研究－中国 Ⅳ. ①B26

中国版本图书馆CIP数据核字(2013)第075214号

存在　真理　自由

作　　者	张志波　著
出版发行	九州出版社
出 版 人	黄宪华
地　　址	北京市西城区阜外大街甲35号（100037）
发行电话	（010）68992190/2/3/5/6
网　　址	www.jiuzhoupress.com
电子信箱	jiuzhou@jiuzhoupress.com
印　　刷	北京华忠兴业印刷有限公司
开　　本	787毫米×1092毫米　16开
印　　张	15.25
字　　数	268千字
版　　次	2013年6月第1版
印　　次	2013年6月第1次印刷
书　　号	ISBN 978-7-5108-2060-1
定　　价	29.80元

★版权所有　侵权必究★

目 录

上 篇

现象的世界和真理

下 篇

认同与自由

序

我之所以写成这样一本书——《存在 真理 自由》，是出于某种基本的忧虑，出于对人类共同命运的关注。因为在长时间地对自我以及他人的生活方式进行了观察和反思之后，我认为在我们的生活中普遍地缺乏一种清晰的生活目标或者生活理念，这种情况使得我们中大多数人的生活显得盲乱而且浮躁。或者说我们也有某种文化上的真诚的信仰作为依托，使得我们的现实生活显得是充实而有意义的。但是某种信仰无论怎样虔诚，也毕竟只能是一种伦理情怀，经不起现实的推敲和论证。即是说，某种不是建立在说明了现实的基础上的信仰，不能作为自我生存的真实依据。根据这种信仰的生活是一种虚假的生活，会导致真实的自我落空，等等。对自身存在的不了解，导致我们在应该如何选择和对待自己的现实人生方面是被动的、盲目的，这对我们短暂的人生是极为不利的。我们必须改变人生的这种糟糕处境，否则自我的存在必将落空，而我们的人生就会是无意义的。这本书就是对与我们的具体生活相关的一些困扰着自我的重大问题的澄清。在对存在是什么进行了长期的思考和探索，并且自己认为已经有了清晰明确的认识之后，我想要是不把它表达出来提供给人们参考，那就是自私的、不负责任的，尽管它仅仅只是一家之言。因为这些问题的存在使得我们总是不能放心地、以真正自我的名义生存下去，如果这些问题解决不了，那我们就应该承认人类的所谓理性是无用的。这些问题包括我们所谓的真理的性质问题、生活本身的意义问题、生命和情感的价值和意义问题、自由的问题，等等。只有在这些问题都解决了以后，我们才能在理解的基础上承担起自己的存在，过一种正当的生活。

在这个过程中，我将指出科学中的自然规律为什么可以是必然性的真陈述，而这种必然性的真理并不构成对我们存在的限制；我将指出存在在本质上是完全自由的；所谓生命的价值和意义这些问题本质上是一种地道的假问题。

这本书涉及了自然科学、哲学、宗教和佛学方面的一些基础问题，毋庸讳言，本人在所有这些领域里的学识都是非常浅陋的，错误在所难免，敬请读者担待。

作者

2012年10月8日

引论：我们和事物

假如我们能（在存在的问题上）活得再明白一些，我们在生活上会不会变得更谦逊一些、更从容一些？我们为什么会有那么多的烦恼？这些烦恼中有一些是我们天生具有的，如生、老、病、死，等等。这种烦恼没有人避免得了，因为它附属于我们的存在本身，所以又被称为俱生烦恼。但是有些烦恼却不是我们天生具有的，如爱、欲、贪、求产生的烦恼。这种烦恼对于我们来说虽说不是俱生的，但是总的看来，它在我们的现实生活中却占有举足轻重的地位。我们甚至可以说，它给我们的生活造成的混乱远远地超过了我们本来具有的烦恼。比如说，对财富、权力、女人的占有欲。对于那些东西，没有人会感觉它们已经足够，人们总是想要得到更多，已经得到的要想办法保住，没有得到的，总要想办法争取得到。在一个浮躁的社会中，当人们把对这些东西的占有视为人生成功的标准时，社会便会不自觉地激发出人们更多的对它们的欲望。因为在这样的社会中，自我的存在是靠它们来支撑的。这就是我们所谓的个人方面的成就感。从个体方面说，这种错误的自我成就感使得每个人终生劳碌，无法做到真正的清静安适。从群体方面说，权力和财富的追求非常容易造成人际关系的紧张。因为竞争是难于避免的。从小处说，它可能在家庭成员之间，在家族邻里之间造成不睦。从大处说，它可能在不同人群、不同种族、不同国家和地区之间引起仇恨和战争。而我认为，所有这些困扰和烦恼都是因为我们活得不够明白引起的。

我这里说的活得不明白，是指这样一种自然态度下的生活方式：我们认为自己是一种自然的存在，因此我们所有的一切，包括我们的爱欲的情感、享乐的意志、对财富、金钱、权力、女人的占有等，直至我们的生存权利，都是自然赋予我们的。因此我们在这个世界上到处角逐，也是我们的正当权利。那么，让我们来看看在这种自然态度中生存的人类今日的生存状况如何呢？

那么，我们不得不承认，今天的我们，包括地球上的所有生物，面临着比以往任何时候都更加严峻的生存挑战。一方面，由于近一两个世纪以来地球人口的急剧增加，使得人类赖以生存的资源的人均占有量减少。地球到底能养活多少人，今日已不再是一个不真实的问题。但我认为，人口数量的增加并不是加剧地球生物生存环境恶化的最主要的原因。在只是维持其基本生存的意义上，地球人口即使增加到了 100 亿，地球所能提供的资源也应该是足够的。我认为造成人类生存环境恶化的最主要的原因是人类对地球资源的使用过度。在高度发达的科学技术的支撑下，人类的生产能力也达到了空前的水平。在经济发达的西方国家，人们的生活水平实际上早已超越了维持其温饱的需要。在这些国家，在 18 至 19 世纪创造的巨大的物质财富的基础上，人们已经开始了享受生活。而这种享受刺激起来的更高要求的欲望又促使人们向地球索取更多的资源。我们今日科学的发展，其动力已不再是探求宇宙的奥秘，满足人们了解生命真相的好奇心，而是为了向人们提供更多的获取物质利益的技术，即提供在经济的竞争中获得领先地位的制造技术。20 世纪后期的二三十年间，21 世纪初的头十年，随着中国、印度、巴西等经济体的崛起，全球范围内的经济竞争越发激烈。而各大经济体为了各自的利益，为了在国际性的竞争中保持或获得优胜的地位（以扩大国家在世界政治中的话语权），有些地方政府总在或多或少或明或暗地鼓励或纵容其居民对其辖区的自然资源进行过度的、甚至是破坏性的开发。这种情况无疑对人类保护地球生态环境的努力造成了巨大的阻碍。保护人类自身生存的家园，这种愿望在理论上似乎是可以做到的。我是说，不管实际上我们是否能成功地维持住地球的生态环境，使它仍然宜于生物的生存和发展，我们都作出了切实的行动。但事实是，至少现在看来，地球生态环境的持续恶化似乎是不可阻止的。全球范围内的温室效应在加剧，冰川融化，海平面在上升，空气中各种有毒有害的成分增多，各种极端异常的气候现象越来越频繁地出现，等等，有多少不是我们人类自身的活动造成的呢？之所以说我们保护地球生态环境的努力似乎最终不可能如愿以偿，是因为我看到我们的这种努力有很多是飘浮于口头上的。我们的这种努力有多少是出于真心实意的，而不是被动的、欺骗别人的？你看看那几个救援濒危物种的国际组织和日本捕鲸船的战斗就明白了。我们能停止经济上的竞争吗？答案大家心里清楚。

假如我们不能停止经济上的竞争，假如我们不能主动地将我们自身的需求维持在一个必要的水平上，那么人类必将丧失掉自己生存的家园。这个时间恐怕不会有霍金不无悲观地预测的 200 年那么长。

假如地球有朝一日真的变得不再宜于人类居住，不再宜于生物生存，那么造成这种灾难，甚至毁灭掉人类的，可能就是人类自己之手。

因此，要有效地阻止人类自毁前程，关键还得从人心下手。要挽救地球，要挽救人类的生存，首先得挽救倾颓的人心。

那么人心何患呢？怎么是人心的倾颓呢？是贪婪，是无止境的欲望。

有人可能认为欲望是人类和其他所有生物的生存本能。事实绝非如此。绝大多数种类的动物的欲望大抵只是维持在保证其基本生存与物种延续的水平上，即食物和繁殖。而人类的欲望无论是在广度还是在深度上都远远超过了其他的生物。我们人类的欲望是多元的、多层次的，除了对食物和繁殖的这种基本需求之外，我们还有人际交往方面的需要。我们的需要明显地表现出了一个多于动物的方面，即精神方面的需要。并且，即使是在物质需要方面，即在衣食住行的保障方面，人类的需要也表明他和动物的需要是有本质的区别的。人类对物质生活资源的需求从一开始就不只是为了满足基本生存的，而是带有极浓厚的享受色彩的。正是这种享受生活的愿望促使他们不断地探索和征服自然，不断地作出更多的发明和创造。在欧洲工业革命之后，这种创造发明的规模越来越大，人们享受的规模也是越来越大。今天，各种发明和创造，各类商业之间的经济竞争，都是在提供更人性化服务的名义下开展的。这里所谓人性化的概念就是方便、快捷、舒适。这个概念拉开了日常生活必需品的档次，同时也使人类群体形成了社会地位的差异。人性，在商业的竞争领域，被集中地表述为享受。我认为这个表述是准确的。你看看发达国家中人民在日常生活中的衣食住行用各方面所达到的规模和细致的程度你就知道了。这些方面的物品凝聚了越来越多的技术含量，消耗着越来越多的人力物力资源。在有些地方的富人阶层中，消费的豪奢实在已经达到了近乎夸张和表演的地步。财富的攀比斗富，声色犬马的竞逐刺激着人们向自然越来越多地索取。在一种无理性的消费追求中，地球和人类的和谐共存关系遭到了破坏。人类自身的可持续发展也在降低，自然的许多部分受到了不可逆转的伤害。

在这里我想说的是，单纯地指责人们在物质生活享受方面无止境的追逐是无意义的。指责也不可能阻止他们贪婪的手向自然更多地索取。重要的是要分析和揭示出人类这种贪婪习性的起源，弄清楚为什么我们说人类在享受方面过分地追求和过多地占有是一种人心的倾颓，然后才能帮助人们回到一种理性的生活轨道上来。因为这类问题在很大程度上是认识的偏差造成的。为此我要指出享受行为对于享受者来说具有什么样的意义和价值。因为如果某种东西，某种行为没有意义，没有价值，那是不值得去追求的。

如果我们在此已经用到了倾颓这个词，那总是指示一种不正常，并且是非正当的状态，这种状态最终可能给当事人造成伤害。因为如果某种习性是出于本能的，是一种本性，那么也就无所谓正当和非正当性。有些习性确实是本性，如爱子和护子是绝大多数动物都具有的本能。动物也有嬉戏的习性，但它们的嬉戏也是出于本能的。动物不会去刻意营造嬉戏的氛围以达到愉悦自己的目的。只有我们人类会有这样的行为。

人类如何会独具追求享受的这种品性呢？要回答这个问题，还要从人类区别于其他动物的特性上来考察。

首先，我们说有些品质是所有种类的动物都具有的，比如对食物的追逐，比如努力维系自身和种群持存，等等。这些品性是源于本能的，人类和其他种类的动物并无差别。至于智性上的差别，我认为它在人类和动物的差别性中并不是本质性的。我认为有些动物也具有极高的智力，只是它们的智力特性不同于人类而已。那么，人类和动物的本质性差别是什么？是精神，或者说是心灵？人类具有对自身的（而不止是对身外世界的）的印象。他们具有反映自身的能力，这种能力形成了他们关于自我的意识，这就是他们的心灵。在此心灵的基础上，他们发展出了探究和了解自身和世界的心理需求，这就是他们的精神。正是精神的出现，使得人类出离了动物的范畴。

所以追求享受是人类特有的品性。由于他们具有表象自我的能力，这种能力使得他们把一个物质性的身体当做存在着的自我去娱乐它。因此我们可以说，追求享受是人类对自我存在的肯定和强调。

例如所有的动物中，只有两种动物会无来由地杀死掉同类动物中其他族群中的动物，这两种动物就是我们人类自己和我们的近亲黑猩猩。它们为什么会这样干？这种冲动已经不是生存本能意义上的欲望了。在资源允许更多的个体、种群共存的情况下，杀死同类这种行为的意义已经不能停留在生物学层面上来看待了。这种行为暴露了在这两种动物的个体上萌发了超出其物种习性的某种东西——野心。野心是一种自我的膨胀，追逐更多更好的额外的东西，目的只在于使现实存在的自我显得更强大、更坚实、更真实、更易于在感觉的层面上进行把握。

因此，要纠正人类在追求物质化的享受方面过激的行为，必须要纠正他们错误的自我观念，降低他们在寻找真正自我的过程中对身体的感受性。

但是对于另一些更加理性的心灵来说，物质性的享受终究还不是他们最终想要的。对于他们来说，另外一些问题才在是对他们的生存来说最基本的。这样的问题比如，人是什么？我是谁？我是从哪里来的？又要到哪里去？等等。

我的这本书就是为回答这些问题而写的。我的目的是要为人类从这些问题形成的困境中解脱出来提供一种参考意见。佛陀教人觉悟，从这种觉悟可以让人看清自身的本来面目，了解生命的真相，进而让他懂得在其现实的人生中如何取舍、如何把握和驾驭有情世界中的这个生命。在这种意义上来说，佛陀的教诲确实是从苦海中拯救众生。

对于自身的拯救，佛陀的教诲是，我们只能依靠自己的觉悟来拯救自己，他人的劝说如果不被实践是不起作用的。但是，事实是，对于我们自身所遭遇的烦恼，我们想到的拯救却不是来自于我们自己。大概我们从来也不会想到要依靠自己的力量来拯救自己，因为我们认为这是不可能的。因为我们的存在本身就是不能自我决定的。只是这一条，便决定了我们只能向外界发出呼救。于是我们寻找到了形而上学，寻找到了宗教。但事实上这种来自外界的拯救力量真的存在吗？不管是哲学家、神学家们幻想的超能力，还是正在努力探究事物的科学的能力。我们又为什么脆弱得这样虚无缥缈？难道我们就从来没有过一天，想到过要过一种自我主宰的生活，没有想到过那些哲学家、神学家、自然科学家们所告诉我们的关于我们自身的存在的话是假的？也许有一些冷静和坚强的人不会轻易相信哲学家、神学家、自然科学家们说的话，他们宁愿自己作出思考。这样，也许他们会发现其实并没有一个什么造物主、什么救世主存在，他也会发现是什么样的问题导致了形而上学和神学的出现。他可能有幸得出了某种结论，这个结论可能会使困扰着我们的生活、也困扰着哲学的问题得到最终的解决。如同一个人从睡梦中醒来，发现有一些我们那样认真执著的事原来是梦中的虚幻事，事实上不存在的，而是我们在某种情境之中从本能中生发出来的。一旦事过境迁，这些问题也就不再成立了。这时我们甚至会奇怪，当初我们怎么会提出来这些问题的？最为关键的是，这个结论（在我看来）对所有哲学问题的解决是终极性的。即是说，它可以避免不同的人群、不同的时代对那些哲学问题作出此一时彼一时的大相径庭的解释，也即避免“视角”、“态度”这类认识论的术语在人们对世界的认知中把我们引向歧途，把我们引向梦中。我要指出，在真实的世界中，即在我们从梦中醒来以后发现的世界中，它们是没有意义的。只是在梦的世界里，我们才自动地、本能地变换我们的视角，自动地、本能地改变我们对世界的态度。因为只是在梦的情境中，世界才会与我们相互交融、相互作用，从而产生世界异样的面目。即是说，世界按照某种特定的我们理解它的方式呈现给我们。时至今日，在我们与其他人的争论中，我们甚至都不敢承认有一个真实的世界存在了。我们只能承认我们认识到的世界是存在的。但我们所认识到的这个世界是不是就是唯一真实的呢？它是其他人所认识的世界吗？我们肯定不能这样说，否则就不会有不同哲学之间的争论了。认识论搅乱了哲学，搅乱了我们的心神。但我更想说，它只是搅乱了我们的梦。

事实上，从人类开始有自我观念的第一天起，人们便开始思考所有与自我相关联的问题了。这些问题于他们的生存来说是基本的。可以说自从他们有了这些问题，他们的生存便被这些问题决定了。虽然说这些基本的问题在表述上可以说的简单，然而要给出它们的答案却是那么复杂，复杂得似乎永远无法找到正确的答案，甚至于它们似乎是无答案的。因为只有在这些问题中，我们的人生才似乎是成立的，否则我们的存在就是荒谬的。然而千百年来，这些问题依然摆在那里。有些时段，我们认为它们被解决了，被那些聪慧过人的人为我们解决了。然而过了一段时间之后，当一种新的理论出现之后，我们发现原来的理论是漏洞百出的、是错误的，于是我们便接纳了这一种新的理论。这样，我们在理论的更迭之间，仿佛被一次又一次地注射了麻醉剂。麻醉过后，疼痛依然存在，我们发现我们根本就没有得到治疗。到现在，我们终于明白了，所有一切神学、哲学的东西都是自欺欺人的，于是神学、哲学破产了。科学的情况又如何呢？生死依然是个大问题。生是什么？死又是什么？如果科学到底最多只能从现象的层面对生命的存在加以描述的话，那么科学不是我们最终想要的。况且还有很多问题是不能以科学的方式去思考的，因为它们不是科学问题。比如意义和价值方面的问题。

然则是不是说我将就这些问题向人们给出一个最终的正确答案，以解决掉人们在实际生存中所面临的这些困难？不是的。我可以肯定地告诉人们，这些问题是没有答案的。假如我告诉人们有一个这样的答案，那么这样的解决办法一定只能是神学的、哲学的解决办法。而经验已经告诉我们，任何这样的办法都只能是短暂的自欺欺人的施之于精神上的麻醉。因此我不会再试图对这些问题弄出一个哲学答案来，再在人们的精神上施加一次哲学安抚。在这里我要告诉人们的是，每一种融贯的、能够自圆其说的解决办法，无论是哲学的还是神学的都是正确的。如果说它们被后来的思想者以某种方式找到了“漏洞”而攻破，那也不是它们本身的错，而是人们的视角变了，世界在人们眼中呈现的方式变了，人们想要的东西变了。导致哲学更迭的原因，不是某种更正确的哲学对某种过时的错误哲学的攻击，而是存在着对世界的不同看法，更存在着人们怎样看世界的不同看法。世界客观地存在着，而人们对世界的看法不可能是客观的。每一种哲学本质上都是属于个人的。所以每一种哲学只要适应于人们的生存感觉就都是正确的。

每一种哲学都可能是正确的。这的确有点萝卜白菜，各有所爱的情形。喜欢是出于个人的直觉，没有一个共同的逻辑基点。为什么会形成这种众说纷纭而又各自有理的局面呢？因为答案不是明摆着的。对于眼前这个东西，它实际存在在那里，你我都是亲眼看见的。然而这个东西是什么？它是从哪里来的？这个东西却不会亲口告诉你。我们得自己给出关于它的答案。虽然如此，我们也用不着这个东西亲自开口向我们说话，我们总知道这个东西是一种事物，而且它不会凭空而来，而这对我们来说就已经足够了，我们总能够给出关于它的令人满意的解释。

这种局面很是不错，令人满意。我们人类是如此的喜欢真理。我们为什么会如此地喜欢真理？说句题外话，是因为我们自己活着，我们不喜欢依靠别人的施舍来养活我们自己。我们喜欢别人听我们自己宣传真理，喜欢自己指挥别人而不是别人指挥自己。只要我们的说道没有受到反驳，我们就可以欢欣鼓舞，尽情发挥我们的才智和想象，还可以转过头去问问别人我们说的有没有理。事物就像是一个站在公堂上不会说话的哑巴，任凭我们赞美或者编排，于是乎站在公堂上说话的人就变成了哲学家。

事实上，哲学，包括我们所有的知识其实就是这种自说自话。因为千百年来，事物对于我们的发言从来没有允诺过什么。我们对事物进行整理和划分，发明创造了许许多多的概念来对事物的存在进行规定，更以各种各样的实际手段在事物身上做实验。我们认为我们的概念说明是适用的，我们对事物的干预是有效的。我们甚至成功地模拟和复制了事物的过程，并成功地发明创造出了各种各样的新事物，这应该算是事物对我们的回应和共鸣，算是我们与事物之间进行了有效的交流和沟通。或者，当我们成功地模拟和复制了事物的过程，并以这种方法进行科学的发明创造时，会给科学家在心灵上带来一种成就感，带来一种自我的满足感。然而当我们再次地问事物何以会如此的时候，我们又将何言以对？我们总不能以“事物就是如此”这种描述性的话语来把问题搪塞回去。对于这个问题我们能不能多说一句？须知，事物如此并不能作为事物何以如此这个问题的答案。然而实际情况就是我们真的是无言以对。事情到此为止，我们真的不能多说一句。需要答案的话，只有去问上帝了。于是我们发现之前我们所有的努力都白费心血了。我们回答了事物是怎么样的问题，却没有回答事物为何如此以及为何会有事物的问题。这就像站在公堂上的那个哑巴犯人，当我们把他的体貌特征，甚至他的生理结构特征都做了巨细无遗的描述之后，却无法弄清楚他的来历一样。更有甚者，这个此时站在公堂上的东西，这个我们正在对其发言的物体，它究竟是一个什么东西，我们真的知道吗？一个物体怎么的就是一个人呢？他是一个人，难道不会是一种主观的先入之见吗？如果我们没有“人”这种主观的先入之见，我们怎么就知道他是一个人呢？是谁告诉你说，一个如此这般的物体就是一个人呢？

好吧，让我们从语言学，即逻辑的角度实际探讨一下为什么对于一个存在于面前的事物我们何以不能多说一句，我们的思维为什么会被横阻在事物本身之外。我们首先要总结一下，哪些或者哪类问题是能回答的，或者说是有答案的问题，它们为什么是能够回答的，而且这种回答是真实的，即是说这种回答对于事物的存在是解释性的，它揭示出了事物的本质和真实面目；而哪些问题是不能回答的，不能回答的原因是什么，是我们现阶段的认识水平还没有达到回答问题的地步，还是问题本身就是一个伪问题？

首先我们说回答问题必须得有根据。这话乍听起来如同一句废话。然而它却有认识论上不可忽视的重要意义：等到追问你所有的根据的正当性的时候，你会发现它是极其严肃的。我之所以提到根据，是因为我们业已承认了这样一个事实，即，我们之所以能够回答某些问题，是因为我们先天地能够回答这些问题。这种先天性是掌握在我们自己手中的。现在我们分析两个例子来探讨一下先天性的本质，以说明为什么在现实的问题上这种先天性对我们的认识毫无帮助，我们并不真正具有对于事物的先天观念。

例子一：“这是一个三角形”这个原始句。当有人指着一个图形告诉你说它是一个三角形的时候，你为什么不会产生任何怀疑？为什么老师能够以话语的方式把一个真实的也即可理解的三角形交付给学生呢？

例子二：“这是一个人”这个原始句。当有人指着一个人形的物体告诉你说这是一个人时，你会毫无疑义地同意他的看法吗？当老师告诉你说一个如此这般的东西是一个人的时候，实际上告诉了你什么？当你怀揣着老师教给你的东西回到事物身边的时候，你已经知晓了事物的奥秘了吗？

在不思议的情形中，例句二与例句一并无差别。两句都是指出了一种形式。例句一指出了三角形的形式，例句二指出了人的形式。但是，一旦我们的目光被现实的事物本身吸引，情况就会发生变化。我们之所以不会对例句一产生怀疑，是因为现实中并没有三角形这种事物，或者说三角形不能作为一种事物来看。但人、马等这些东西却是现实世界中实实在在有的。请我们的思路在此停顿一下，以便弄清楚我们现在想要说的是什么。我们已经说了，现实中并没有一种叫做三角形的事物，那么我们由此知道，“三角形”这个名词并不是某种事物的名称。因此我们当然也不会被三角形这个名词所指称的事物迷惑。或者让我们再说明白一点，三角形并不是真实地存在于现实中的形式的名称，我们之所以会拥有三角形这种概念，那是完全出自于我们自己的发明创造。这种发明创造就像我们发明如锤子、锯子这类实用工具一样，它们是本来无而被我们想象和制造出来的。我们不可能不理解自己创作出来的东西，因为它们的存在是出于我们，我们掌握着它们的所有秘密。正如我们说上帝知晓世间的一切秘密一样。而这就是我所说的掌握在我们自己手中的先天性的意思了——先天性就是“在概念之中”。我们了解某些事物，或者说所有被制造出来的事物，是因为我们掌握着它们的概念。因为这些事物只有在概念中才存在，所以只要我们掌握了概念（我们不可能不掌握概念，因为概念是我们创造的）那么，所有被这一概念说明着的事物都是对我们具象的。

因此，当我们把诸如雕像、房屋、钢笔、电灯等这样的普通名词用于具体的事物时，事物便在这些名词中得到了真实的说明。这些具体的事物每一个都有一种本质，它是一个是。这种本质、这个是即是它的名称，它的存在即是根据它的名称得来的。

但是另有一类事物，它们的存在却不是根据它们的名称得来的。对于这类事物，我们说它们是什么，那只是我们自己的叫法。我们给予它们的名字只是事物本身的一个记号，不可能像古人们说的那样，说是仓颉造字的时候泄露了万物的秘密，使得鬼哭神惊。中国文字确实在通灵的意义上展示了人与其他种类事物的沟通，但是中国文化中事物的含义与西方文化中事物一词的含义是不同的。中国文化从物性的意义来看待事物，而西方文化是从物理的意义上来理解事物的。但是不管是中国文化还是西方文化，对于那种自我存在的事物，无论我们怎样称呼它们，名称都与它们的存在无关。名称不可能像咒语一样，消解或者创造出一样事物来。

对于这类自我存在的事物，我们说它们姓什么叫什么都是毫无根据的。这类名称可不像例句一提到的那种类型的名称一样确确实实标注出了事物的存在。例句一所拈出的那些普通名词都是一些真正的概念。但是例句二所拈出的这些普通名词，即我们给予这种自我存在的事物的名称，人、马，等等，你究竟是打算把它们作为概念，还是把它们只作为一个纯粹的名称、一个代号来对待呢？这里切忌模棱两可。如果我们采取了后一种态度对待这些名词，那就是说我们并没有探究事物存在的打算，那么这种情况我们可以放过不论；如果我们是采取前一种态度对待这些名词的，那么我们这里就要追问根据的问题了。

我们说过不思议的情况，那是把人工造作的事物与自我存在的事物混同起来了。然则我们却无法容忍这种混同。因为这两种事物事实上并不是同一类的：其中一种没有自我存在的性质，另一种却具有这种品性。即使它们真的都是受造物，但至少我们对后一种事物的受造过程是不清楚的。因此能否把后一种事物的名称像前一种事物的名称那样当做概念来对待是大成问题的。但事实是我们确实就是这样干的。在此问题上，我们的态度是颟顸的：我们不顾或者说忽略了我们没有这样干的根据。

由于这种混同，使得我们在处理两类事物的存在的问题上采取了同一种思路。我们没有注意到，在例句一中讨论存在的时候，是概念行之于前，而事物出现在后。而例句二所讨论的存在则刚好相反，是事物出现于前，而概念行之于后。这种概念后行于事物的必然结果就是形而上学的产生（我们为什么逃不出形而上学，症结全在于此）。因为概念先行于事物，所以当我们回答一个具体的事物是什么的时候，我们总是有根据的。这个根据就是概念。概念从逻辑上保证了我们在回答问题的时候不会出错。

因为所谓回答问题，就是把某一事件或某一事物纳入到某个概念系统中去处理和说明。回答问题，就是最终念出某个概念，或者，说出某个最终的概念。这就要求某个概念在某个特殊的层次上是最终的。也就是说，它是自明的。或者我们采用一个逻辑哲学的说法：任何正确回答问题的方式都是分析性的。

但是概念的自明性是从哪里得来的呢？比较一下例句一和例句二所拈出的两类普通名词的不同之处，我们就会知道，所有具有自明性的概念都来自于我们自己的构建。这说明只有那种描述人工创造的事物的概念是自明的。

假如我们将自我存在这类事物的名词与以上提出的名词等同看待，那么描述自我性事物的概念亦可以是自明的。这样使用描述自我性事物的概念也就是把这种事物和制造的事物等同看待：我们可以将现成的形式从事物身上提取出来，做成关于事物本身的概念，让事物本身在这些概念中得到说明。这样做，我们是走上一条独断的道路。

这条独断之路的错谬是显而易见的。因为我们对于事物的起源是无知的，我们也不知道为什么存在着这样一些现成的形式。所以事物也就不会听命于我们加给它的名称的摆布。无论我们说什么，事物都不会对我们作出回应。我们只能满足于自己的想象，是对是错，都只能由我们自己去论证。

那么，这条独断的道路是不是就是我们在理解事物的时候唯一可供选择的呢？可以说是的。因为我们实在没有办法从理论上将人工的事物与自我存在的事物的差异性揭示出来。因为它们在存在的表征上并无不同。即是说它们作为事物的本性是相同的。只不过其中一种被认为是有灵的，而另一种是无灵的、僵死的。

因此，为了使我们的认知能够进行下去，为了使我们对那些自我存在的事物也能够有一种认识，我们不得不对同一种思路进行绝对性的加强，哪怕是让我们的推论失去逻辑上的可理解性。比如我们在那种自我存在的事物身上引入一个灵魂的观念，再在事物的概念中引入一个实体的观念。这样一来，由灵魂加上一个物质性的身体，事物就是事物自身，即自我存在的事物了。而事物之所以能够被我们认识，也就是因为它是某种实体。这个实体现在为我们给予它的名称所标注，这个名称同时又可以作为概念被我们理解。

但是，通过引入灵魂和实体的观念，我们的问题就真的得到解决了吗？

现在我们再来问问事物是什么。我们问：那种被你叫做人的东西是什么？那种被你叫做马的东西是什么？如此等等。我们发现，问题依然还存在，它并没有被触动过。为什么会是这样？因为新引进来的这两个观念我们并不真的理解。

就灵魂而论，因为谁也没有见过赤裸裸的灵魂，谁也不能断定灵魂是否真的存在。并且即使我们见过像事物一样存在的可感知触摸的灵魂，我们怎么就知道它就是我们现今所理解的那种灵魂呢？即我们认为那种灵魂使事物获得了它们自己的生命。灵魂之不可理解，关键更在于，如果灵魂存在，那么灵魂必然是一种事物，而凡是事物（除了在我们的概念运作中涌现的即人工创作的）都是不可理解的。因为事物永远面临着解释的需要。我们需要灵魂，是为了解释事物的所谓生命现象，是为了要使得一团僵硬的物质如它们被实际观察到的那样活过来，获得运动它们自己的能力。但说到底，它们毕竟只是被推论出来存在的东西，我们永远无法验证它们的实存。

实体的观念同样如此。我们对语言的认知都是通过对实体的名的称呼来实现的（摹状词理论虽然避开了对实体的指称，但是我认为如果在日常语言中采用摹状词，那将使我们的正常交流变得不可能，至少会变得相当烦琐）。但是我们的实体的观念是从哪里得来的呢？在哲学中，“实体”这个词的使用是非常混乱的。有时候，“实体”一词被用来特指超越者，即那种作为一切事物的终极原因的那种实在；有时候“实体”被用来指称事物之是（什么），即那种为共相所表述着的东西；有时候它又被用来指示一个实物，即相对于抽象的概念而现实地存在的一个物体；我们还在形容词的意义上使用“实体”，用它来指说一种自我性、主体性。当后面两种用法合起来时，我们就说事物是一种实体。比如说我们每个人都是一个实体。

第一种实体不可理知自不必说，它也与我们的讨论没有关系，因此我们暂且略过。我们只需考虑第二种实体，因为它与我们的认知紧密相关，所以我们必须认真地对待它。然后，根据我们的这种考察，我们就能够自然而然地明白为什么我们不能最终揭示生命的奥秘，为什么我们人类不能最终认识自己。最终我们会认识到，这一切都因为我们把存在误读为事物的恶果。

如有些哲学家所认为的那样，我们关于事物的观念是先天的。其依据似乎只在于我们已经说过的，如果没有这种先天的观念我们就不能进行认识。但我们肯定不能同意这种看法。我要指出，如果观念是先天的，即是说我们对事物是先天地了解的，那么当我们在说人、马、猪、牛等这些词语的时候，我们其实是知道自己在说些什么的。我们就会用这些词语像一根绳索一样把每一个事物先从它隐身的地方牵出来。观念的先天性意味着，每种事物之间并不存在什么秘密，在我们的心灵中原始地有着它们的意向。倘真如此，那么当我们说一个物体是一个人的时候自然会信之不疑，这种不疑是基于我们对事物的真实的了解的。但是事实并非如此。当你说是一个人的时候，你对被你用作谓词的“人”的含义有真实的了解吗？什么才能算是一种真实的了解呢？的确，任何一种能说是真实的了解就是如上所说的这种我们具有关于对象的先天观念的了解。但是时至今日，对于任何一个对世界做了任何深度的思考的人来说，他已经有了人是什么这类问题的答案了吗？可见这里所说的先天的观念显然是荒谬的。我们必须要弄清楚，这里所说的观念的先天性与我们在例句一中提出来的那种观念的先天性是绝对不同的。在分析例句一和例句二的差别时我们已经指出过概念和事物的先行后行。如果概念后行于事物，那么我们关于事物具有先天的观念这种说法就是假的。为了把这个问题说个清楚明白，我要在这里特别指明一点：实际上，我们绝不可能有关于先行之事物的概念，关于在我们的意向之前出现在我们面前的任何事物，关于它们，我们在谈论它们的时候，我们实际上是给它们下了一个定义。即是说，我们定义了一个名称。说得再明白一点就是，关于先行于我们的判断之先的事物的名称并不是一个概念的名称。我们必须清楚地认识到一个概念和一个定义的区别：概念是先行于事物存在的，而定义后行于事物存在的；任何一个概念都是意向性的，而任何一个定义都是取材于现实的；概念本身包含着事物的存在，而名称则不触及事物本身的存在。我想蒯因并没有认识到这一点[①]。由于没有认识到定义和概念的这种差别，使得我们在提到一个普通名词的所指的时候，把它们与概念所刻画的事物等同起来。这种情况，从亚里士多德的时候起一直到现在都是这样。我们现在已经知道，在概念中出现的事物是可以理解的，因为概念本身已经规定了事物的存在。但是在定义中出现的事物显然缺乏那种在概念中出现的事物为我们的理解所必需的分析性。由于缺乏这种分析性，被定义之事物的出现就成了一个永远的奥秘了：它为何出现在这里？是谁制造了它？更为关键的是，它是个什么东西？它的本质是什么？这些都成了我们永远无法揭破的秘密。

有一种迷惑，即我们分不清自然出现在我们面前的事物与人工制造的事物之间的差别。因为在实体上（在第三种用意上说的实体）它们确实没有差别。确实，就它们同为一种物质实体而言，它们是无差别的。但从上面已经作出的分析中，我们应该能初步领略到，这两种物质实体出现的机制是完全不同的。或者准确地说，我们并没有在自然出现在我们面前的事物方面领会到有什么机制的存在，自然本身没有向我们透露出一丝这方面的信息，因为自然没有向我们显露过任何创造的意图，神也没有向我们说过这样的话。另一方面，人工制造的事物却处处透露着这种机制的痕迹。这种机制可以由亚里士多德的“四因”去概括说明。正是由于这种机制的存在，由这种机制创造出来的东西去体现着人们的某种实践理念，它们才真正成了事物。为了清楚明确地认识事物是什么，这里我也给出一个事物的定义：事物是人们在其生活实践中为了实现他们的某种精神理念而制造出来的物质实体。当然这种精神理念可能是实用的，也可能是审美的。根据这个定义，我们便不能把那些自然出现在我们面前的物质形体叫做事物，至少我们没有把它们当做事物的理由。

那么，这个自然地出现在我们面前的东西究竟是什么呢？就我们对事物已经说过的话来看，总之它们不可能是事物。不是事物的东西是什么呢？我的回答是：它们什么都不是。

---

① ［美］W.C.O. 蒯因：《从逻辑的观点看》陈启伟、张家龙、宋文淦译，中国人民大学出版社 2007-02 第一章论：何物存在。

可能会有很多人对这个结论感到意外，甚至会觉得它很荒唐。也可能会有很多人对这个结论感到羞耻和愤怒，认为我说他们什么都不是是羞辱了他们。不过说真的，我可一点也没有羞辱人的意思。如果说这里确实有什么使人难堪的地方，那也是因为我们没有足够的智慧，使我们真正了解人是什么东西，自己又是什么东西。况且，我说你不是什么东西，是就眼前这个站立着、行走着的东西来说的。就这个东西来说，它不是事物，所以它什么都不是。

真正说来，在事物与我们之间是不存在什么真正的沟通的。或者说，在我们与事物之间存在着完全的沟通。因为事物的话语全部装在我们自己的心灵里面，或者说事物本身并无什么话语。我这样说时，是把那些自然出现在我们面前的东西（姑且用“东西”这个词代替一下所谓“有生命的事物”这个短语）排除在事物之外的。当我们和自己的同胞人类打交道时，在我们之间有交流或没有交流。如果有交流，则我们和他们之间的交流就是一种双向的交流，并且这种交流是主体间性质的。因为这种交流是心灵之间的直接对话，主体之间必须通过对方给予的话语提示和引导才能互相认识。因此这种认识并非是对事物的认识，而是对一个心灵的直接认知。这一点值得注意，就是，人与人之间的相互认识，是发生在两颗心灵之间。也就是说，这种认识并不是以人的名誉或者在人的概念之下进行的。即是说，这种认识并不导致人的定义或者概念。在这种心灵的直接交流中，我们不需要定义或者概念。

但是如果这种交流只是单向的，情形会是怎么样的呢？如果我们的对象不能开口说话，或者说不能以我们能理解的方式和我们进行交流，那么理解就会变成非主体间的。因为对方无法将一个真实的自己交给我们，无法将自己的心灵与我们面对，我们只能按照实际当下的东西来认识它。或者说我们只能认识实际当下的东西。此时我们面对的就只是一个物体，或者一个纯粹的行动者。一个讲外国话，长相与我们很不相同的外国人就会变成一头怪兽。在这种情况下，我们就会启动那套认识事物的程序：以定义的方式给予对象一个名，然后将这个名当做一个概念去整理对象的存在，仿佛它是我们制造出来的一样。

这里我还想再强调说明一下什么是真实的理解。一种真实的理解只能来自于一种双向性的交流。因为只有在这种双向的交流中，才有对象作为主体在场。而只有对象的存在是作为主体的，我们才能说我们是在认识一个真实的对象。一次真正的理解从来不会在判断的场合出现。一次正在进行的理解活动中也不会出现判断。判断的出现已经说明了相互之间的交流中断了。一旦这种双向的交流中断，就会形成被言说的一方不在场的局面。不是说被言说者实际不在场，而是被言说者对你的发言不在场。事实上，当我们面对一个物体开始发言的时候，我们从来就没有过这种双向的交流。我们想用我们自己的语言将对象强拖出场。而我们实际拖出来的却是一个硬壳，一个不会开口说话的哑巴。现在这个哑巴虽然不会开口说话而无法与我们交流，但它却是我们能得到的唯一当下的东西。它虽然对我们的发言不理不睬，但是为了我们的发言能够进行下去，也就是为了我们的认知得于实现，我们必须要把这个哑巴当做就是我们正在进行认识的那个对象来对待。这样一来，这个实际当下的东西，一个物质的硬壳便成为了我们的认知对象。但如何来认识这个哑巴一样物质的硬壳呢？就是上面提到的那种方式：给它一个名称，把它作为事物确立起来。这就是我们成为事物的经过。因为看起来我们具有运动自己的特异能力，所以我们被说成有生命的事物，即在物理意义上的生物。但是对于这些自然出现的所谓生物，我们实际上并没有关于它们的概念，所以对它们实际上是什么，它们的本质究竟是什么，我们都是一无所知的。因此那些普通名词的作用实际上就只是以一个代号的方式（空的名）来建立事物的存在的。

一旦我们成了事物，同时像我们的这样的事物又缺乏事物之作为事物本身具有的透明性，我们就会陷入对自己的无知中，陷入存在的荒谬性中。

概括一下观念的先天性问题。我们现在已经知道，关于事物的观念确实是先天性的。道理在于先天性其实就是一种分析性，但如果某种事物对我们来说根本没有这种分析性的话，我们说具有关于它们的先天观念就完全是欺人之谈了。我们给了某种事物一个人的名称，是我们用了一个人的名称来承认了一种事物的存在，但是对于被我们称之为人的这种事物是什么，名称压根就没有触及到。或者这里人们也可以辩论说，我们是不了解人是什么，我们可以承认名称只是一个代号，但是我们认为，我们用“人”这个名称指称的实体是存在的，并且我们具有关于它们的先天观念。好吧，我们可以先不管名称的代号问题，但是我们得问一问，在你刚才的陈述里没有什么矛盾的地方吗？如果你先天地具有人的观念，你能不理解人是什么吗？这个问题是没有答案的。我们之所以以为我们具有关于这类事物的先天观念，乃是因为我们在某些做法上显然是不诚实的，即我们有意无意地把两类事物混同为一类事物了。或者至少可以说，我们无视自然出现的事物是未经说明的这个事实，而竟将它同那种在我们的概念运作中出现的事物等同起来。这导致了我们把给予自然事物或者如人们所说的有灵事物的原本只是一个代号的名称与制作出来的事物的概念等同起来。这是典型的强不知为知，是我们的认识发展过程中的一次恶性事故。或者还有另一种可能造成了先天性的观念，即我们忘记了命名事物的过程。由于无法说清楚从什么时候起以及为什么给事物这样一个名称，它对我们每个提到这个名称的人来说就似乎是先天的。这种情况对大多数没有受过哲学训练的普通人来说是极其正常的。把自然事物与制造的事物混同起来，有一个十分普遍的心理基础，即名称对我们来说是有实际意义的，也就是说，名称是有实际的所指。如果名称没有所指，那么我们所说的每一句话便没有意义，也不会被理解。这就是说，名称指示了一种实体的存在。有所指，实体，有意义，能理解，等等，这些表述似乎都是有道理的。我们能理解诸如"这是一个人"这样的一个谓述句。但如果说这个句子中的"人"指称了一种实体的话，你能告诉我人是什么吗？如果说你不理解人作为一种实体是什么的话，那么你说理解"这是一个人"这句话的意思便是假的。只有在我们理解了人是什么的情况下，像"这是一个人"这样的陈述才能成真。而要使人成为可理解的，人就只能是作为一个概念而非实体（或者名称）被我们提到。我们已经说过概念之所以有意义，是因为概念本身已经包含了事物的存在。或者按照弗雷格的说法，是因为在这个概念之下有真实的对象存在。比如说在"中国人民"这个概念之下，有13亿真实的中国人。（插几句题外话，我认为弗雷格关于意义和所指的分析是不够明白的。他没有明确地规定出是一个指称的名词和是一个概念的名词。这里我要强调说明一下：是一个指称的名词有所指而没有说明作用；反之，是一个概念的名词有说明作用但是没有所指。概念性名词有说明的对象，但不是有指称的对象。一个指称的名词不能被当做一个概念使用，否则我们就会被要求回答像"苏格拉底是一个什么东西"这类问题，而这类问题的答案是没有任何意义的。因为苏格拉底不是一个概念或制造出来的东西；一个概念名词也不能当做指称的名词使用，否则我们就会被要求回答像"你说的人是什么东西，马是什么东西"这类问题。或者说导致我们在这类名词下要求一种实体。如果一个普通名词是一个真正的概念，那么这个名词就不会没有说明的对象。因为一个概念如果是成立的话，它就创造了事物。比如"飞马"这个词。概念"飞马"创造了可以实指的事物飞马。哲学家们往往以现实世界中不存在真实的飞马，"飞马"这个词没有真实的所指为理由而拒绝承认"飞马"是一个真实的概念。他们不明白一个事实，即凡是事物都不是真实的——自体，而是创造出来的。假如我们制造出来一种形状像马而又会飞的东西，难道我们不可以把它叫做飞马吗？但是我们必须弄明白，概念之中包含着事物的存在，并不能理解为概念指称了事物的存在。假如把一个概念当做一个指称的名词来用，那么你给我指出一个人、一个马来看看？这里就产生了什么大写的人，大写的马这种完全是臆想的东西来。也是什么普遍与特殊，一般与具体等这类逻辑假象的由来。）这里我们能不能把人和中国人这两个词拿来做比较？显然，“中国人”是一个概念，因为并没有一种被称之为“中国人”的事物。是“中国人”这个概念制造中国人。这个意思是说，这个概念把某些特定的人群规定为中国人。因此当我们在“中国人”的意义上被理解的时候，我们是一种事物，这种事物的名称叫“中国人”。在“中国人”这个概念名词中，有一个次级的名词是未得到解释的，这就是“人”。乍一看，“人”和“中国人”这两个概念似乎是等值的，但事实并非如此。因为我们往往认为虽然不存在中国人，但人却是存在的。我们要批驳这种错误的观念。假如人存在的话，你拿来我看看？因为人不可用来指示一个东西，所以“人”也是一个概念性质的名词。既然如此，那么这个词也不能用来指称，而是只能用来说明，而当我们用这个词来进行说明的时候，我们用这个词建立起了被说明的对象即作为事物存在。这就是说，人乃是一种事物，是被我们用“人”这个概念建立起来的。通过这一段冗赘的分析，我们大概已经明白“人存在”，“这是一个人”这些话语的意思了。但即使我们能够正确地理解这些话语的意思，那对于我们对存在的真相的了解还是没有任何帮助的。因为比如我们关于人的概念终究是以定义的方式得来的，它只是一种描述，而非一种创造。究竟自然中何以出现了这种形式我们最终不得而知，因此对于它们实际上是什么，我们也是不得而知的。

因为事物若想被我们理解，它就必须是一种实体。事物之为事物，就在于它是某种东西。是某种东西，是事物的意义。比如说，一座桥梁的意义就是一座桥梁，一间房屋的意义就是一间房屋，等等。如果一座桥梁不是作为一座桥梁存在，那它就不是一座桥梁，它要么是一个别的什么东西，要么什么都不是。一间房屋的情况也是如此。桥梁、房屋正是一个建筑物成为一种事物的根据，正是桥梁、房屋将一个建筑体揭示为一个事物，也正是桥梁、房屋使得一个建筑物出现在此。这就是说，桥梁和房屋乃是一种建筑物的实体性。因为这种建筑体是在这种实体性中呈现出来的，所以这种实体性乃是本体（建筑物）之所是的规定性。因此，我们说事物是什么，说的是本体作为一种事物是什么。

因此，但凡在我们说起事物的时候，总有某些实在的东西被我们提及或引用。因为事物是实体性对物质材料的规定，或者说事物是物质材料的意义。所以说到事物，都必须有本体。事物就是本体之所是。本体和实体性是构成事物的两个要素；缺一不成事物。实体性是事物之所是，本体则使事物的存在成为可能。

因此，实体性乃是我们认识事物的关键。

但是，不是所有事物的实体性都是能被我们认识到的。已经提到过的房屋、桥梁、雕像、锤子、钢笔等，以及飞机、汽车、电脑等，总之所有人工发明制作出来的东西，我们是百分之百地掌握它们的实体性的，因此我们不能说自己不了解这些事物。而对于那些自然出现在我们面前的东西，我们显然没有对它们的实体性有所了解，甚至于它们有没有一种实体性我们也都是不得而知的。因此严格说来，我们是没有把它们当做事物看待的理由的，我们把这些实在的物体作为本体来看，也是十分唐突的。

但事实是，这些自然出现的东西确实已经被我们当做事物来立论了。一些来历不明的物体被与人工制作的构体想当然地等同起来。

任何自然摆在我们面前的东西，当我们把它们当做事物时，它们是囫囵的。我们无法找到理解它们的突破口。在这样的事物面前，我们唯一能做的就是承认它们是它们所是的。这种办法就是通过一个或一系列的规范性的描述活动形成一个关于该事物的定义。定义当然是在一个名称之下进行的。于是，事物就是如定义在其名下描述了的那种事物。所以，在语言哲学中，我们可以看见事物的这样的定义，事物是一系列或有穷或无穷的描述形成的函数的值。

但是以定义的方式，无论如何详尽，我们总也不可能把事物的实体性揭示出来。定义不像概念。一个概念一旦被掌握，被概念言说的事物就是随时在场的。而定义只触及事物可以观察到的表层部分，无法说明事物之所以存在的机制。因此我们的理解无法进行。

只是对于我们确实能将其作为事物来把握的实在，实体性才是某种需要认识的东西。我们是在实体性中来追溯事物的存在的。根据这种实体性，事物被说为某种实体。但是，在这里我们必须要弄清楚，并不是因为事物是某种实体，我们才去认识它的实体性。这样说我们将永远不能认识事物。我们是首先得到了对事物的实体性的把握，然后才将事物作为事物（作为某种实体）确立起来的。事物被我们认识，是根据我们得到的这种实体性，是在这种实体性中被我们认识的。并非反过来，是根据事物的存在去认识它的实体性，这样的秩序将造成事物的神秘化。

根据我们对事物的起源和机制所做过的分析，我们已经知道，事物是在我们的概念运作中出现的，事物本身是概念的产物。因此我们可以这样来概括什么是事物的实体性。事物的实体性即是概念的内涵；而事物本身则是被概念之外延提到或者说包含的东西。

但是在面对自然摆在我们面前的事物时，我们的概念思维模式却无法运作起来，即使我们想对这种事物实施一种概念性的干预，但是由于无法得到关于它们的实体性，因此即便我们真的对它们实施了概念的干预，这种干预实际上也是无效的，我们也仍然不可能对它们获得一种真实的认识。所以对这种事物，我们唯一的办法就是让它们永远保持在一种神秘性中。这种神秘性，则要依靠人们以哲学的智慧或宗教的神秘洞见去阐述和揭示。为了将自然摆在我们面前的这种实在建立为事物，为了使这种自然的事物有一种可以被我们人类的思维理解的实体性，我们需要找到一种原始的依据。这种原始的依据将取代概念在我们认识事物的时候发挥作用（在我们依据概念认识事物的时候，我们并没有认识到事物的存在并非是原始的，我们用于说明事物的存在的概念也并非是先天的，由于这种疏漏，很容易导致将人工的事物和自然的事物看做是同样的物理对象。在此我要说明一下，我的观点和蒯因有所不同，我不认为实体的观念都是通过概念的实体化得来的，只是对于比如床这类非自然的事物来说，才存在概念实体化的可能。但是对于自然事物，因为这里没有概念的活动，自然事物也不可能成为概念活动的场所，所以也就没有概念来被实体化。须知我们如何称呼一种自然事物，那并不是一个概念，而只是一个名称而已。而这个名称所指的对象本身已经是一个实体。因此，为了找到理解自然事物的途径，概念的思维方式已经是没有出路的。我们必须寻找另外的突破口）。

事物在概念中被我们认识，概念即是事物的实体性。但是由于概念的性质并没有被我们仔细地分析过，我们总认为概念是说明先在的事物的，是为事物的存在服务的，因此反倒误以为概念是用来说明事物的实体性的。或者说，由于我们不了解事物本身是概念运作的产物，事物的实体性只是一种可理解性，即事物本身作为什么存在的可认知性。如果我们已经知道事物本身是在我们的概念活动中出现的，那我们就会知道，事物的可理解性已经先天地蕴含在了我们的概念之中。

我们已经指出了，所有可以正确地回答的问题都显示为一种分析性命题。对于后天的事物，它们的答案已经包含在它们的概念之中。对于自然事物，我们也必须找到这样一种可理解的先天性，这是逻辑的需要。像非自然的事物的存在蕴含在它们的概念之中一样，自然的事物也必须蕴含在某种与概念相似的东西中，根据这种东西，我们就能阐释自然事物存在的机制。这种东西会是什么呢？它就是柏拉图表述的“原型”或者理念实体。从这里开始，也就是为了理解自然事物的存在，我们发明了形而上学。

那么，形而上学是否真的解决了自然事物的存在问题呢？当然没有。它只是解决了语言的问题，即事物的称谓的根据，而且这种解释是主观唯心的，缺乏可理解性。因为原型或理念实体本身是不可分析的。基督教的哲学家奥古斯丁和阿奎那以言语的实现和道成肉身来解释自然事物的存在，似乎使自然事物成为了可理解的。因为创造的观念中包含了分析性，并且若是以言语的方式创造，那么事物的名称之中确实已经包含了事物的本质，事物也就是名称所揭示出来的那种事物。在这种解释中，名称起到了概念的作用。

表面上看，基督教哲学的解释似乎确实比柏拉图的解释有了更进一步的可理解性。但是，基督教哲学中自然事物的存在是在上帝的无限权能中实现的，由于上帝的这种无限权能对我们来说是不思议的。因此，从逻辑的角度，即从认知主体的我们这方面来说，说存在着原型或者理念实体与说上帝创造了万物是一样的。事实上，对于进行理解的我们来说，无论是原型哲学还是创造的哲学，自然事物的囫囵性都没有被触动。后者包括前苏格拉底古希腊的自然哲学，亚里士多德的自然形而上学哲学，基督教的上帝创世哲学。实际上，这些自然神学的、宗教的解释之间并无本质的差异。当我们对最后的根据进行追溯和落实的时候，我们会发现是可以在自然、原型、上帝之间画等号的。这些东西都可以作为解释自然事物存在的根据，但是我们却理解不了这些根据本身。问题的关键不在于这些根据本身作为一种实体的深奥难测，而是在于它们根本就没有被理解的可能。因为自然、原型、上帝这些概念对我们来说不是被分析地给予的。我们很少或者从来没有认真地分析过一个概念之所以能为我们理解的根据或者说特质是什么。自然、原型、上帝既没有作为一个实在东西像一个人一样被我们亲身看到过，也不是在我们的概念运作中产生的事物，而且我们也无法产生出自然、原型、上帝这样的概念，像产生桥梁、房屋、钢笔等这样的概念一样。因为不可能出现要我们设计制造出一个以自然、原型、上帝之名来称谓的，没有任何目的和动机因此也无法描摹的事物的契机。再说一遍，概念创造事物。概念说明事物是依据概念创造事物的机制来进行的。在此，我们要注意把对事物的观念与概念区分开来。观念是对事物的印象，没有事物便不可能有印象，但是没有概念便不可能有事物。因此我们要清楚观念本身并不含有揭示事物之所是的潜质。只是由于并不清楚这个差别，人们往往把观念之是与概念之是混为一谈，使得很多哲学家陷入本质与属性、必然与偶然、内因与外因、内感知与外感知等无谓话题的无休止的争论中。他们费尽心机发明出很多种理论想要把事物本身呈现给我们，如单子、摹状词、意向对象、可能的世界与现实的世界等。结果仍然无法像一个自我一样得到我们想要的事物自身，甚至于现象学哲学家们慢慢地就不再敢谈论存在的问题了。

现在我们已经知道了我们能够知道什么，不能够知道什么。同时我们也应该知道，哲学的努力是不能结出真正的果实的。之所以会如此，是因为思考世界的真相的人们一开始就误读了世界，他们被存在的世界的现象给迷惑了，他们误将一些活的实体当成了事物，对它们进行考古学式的研究探索，企图发现它们的存在之谜，就像科学家对人类自身活动的遗迹进行考古研究那样。但是我们却缺乏对自然事物进行考古的据点，因为它们不符合我们认识事物的模式。因为我们不能判定它们是某种活动的成果，我们这样说的根据一点都没有，我们甚至不能说它们是自然的成果，更不要说是某种另外的创造活动的成果了。之所以会有哲学的产生，正是因为有了这些不可索解的事物存在，它本身是一个错误的结果，所以当然也不可能产生出正确的结论来。另一方面，如果说哲学不能揭示生命存在的本质，那么，当科学把自然存在的对象当做事物去研究的时候，科学也不能最终揭示出生命的奥秘。

那么，那些自然存在的客体是如何进入了事物之列的呢？原因只能在主客体的关系系统中寻找。

首先我们说什么是认知。所谓认知就是认识和知道的意思。我们要在人们的认知活动中区分出两种不同的认知来。其中一种认知是获得一个对象客体的观念。这种认识本身不能作为一种真正的知识来对待。比如博物学方面的知识就不能说成是真正的知识，比如说我认识某某人，知道某某人的许多不为人知的秘密，知道某些历史掌故，等等。另外一种认知是获得对事物的本质本性的认识。因为认识了事物的本质本性也就是获得了对事物的存在认识，所以这种认识是一种真正的知识。作为这种认知活动的结果，就是我们得到一个关于事物的概念。

但是，在日常生活中，我们并不会注意随时把表示观念的词与表示概念的词区分开来，我们甚至不知道普通名词中还存在着这种区别，我们是把两种性质不同的名词等同混用的。在这种情况下，像人、马、鱼、大象等表示自然客体的词便会与像桥梁、房屋、雕像、钢笔等表示非自然客体的词混同起来，它们所指称的对象也会被混同为一类。这就导致了在所有的事物中，有些是我们能够理解并解释的，另一些却是我们能够理解但不能解释的怪现象。

如果我们事实上知道表示观念的名词不能当做概念使用，那么我们也能够明白，当我们在指称自然客体的时候，在我们的指称当中是不包含任何问题的。当一个人指着一个陌生的东西问“这是什么”的时候，他真实的意思是什么，他的真实的意思是，人们管一个如此这般的东西叫什么。这里的问题只涉及对象可能被观察到的外在性的特征。因此问题中的“什么”是对人们的观念提出来的；他的真实的意思不是，“这是一种什么实体？”因此，当被提问的人回答完了“这是一头大象”，“这是一只海狮”的时候，不会再从提问的人那里冒出来一个多余的问题：“大象是什么？”“海狮是什么？”但如果问的实体，我们就必须继续回答他的问题。因为他的问题不是多余的，因为实体不是无端地出现的。当你指着一个东西告诉一个人说，这是一座桥梁，这是一所房屋的时候，你的实指行为对他来说毫无意义。你只是指出了一个实体，但你还没有告诉他这个实体是什么。我们还得对他叙说桥梁、房屋的实际功用、结构、建筑过程等，他才能弄清楚桥梁、房屋实际上是什么东西。也就是说，只是通过对一种意义的领会，我们才能理解实体意味着什么。但是在自然的对象面前，我们是用不着什么意义的。

为了把表示观念的名词和表示概念的名词明确清楚地区分开，我们再来界定一下观念和概念：观念是客体显现给认知主体的方式；概念是事物（作为什么存在）的本质规定性。比如，当我们知道了这是一座桥梁，这是一所房屋，这是一个雕像的时候，我们现实地看到的桥梁的跨度和结构，房屋的大小和颜色，雕像的姿态和材质等这些就是这座桥梁、这所房屋和这个雕像呈现给我们的方式。我们在这些方式中获得了这些对象的具体观念，对象也在这些具体的观念中呈现给我们。但是我们必须记清楚，事物的实体性，即事物作为什么的存在是不会在这些方式中显露给我们的。我们无法通过对一个物体的表象来达到对事物本质的认识。事实上，在我们的表象中，只存在着一个特殊形状的物体。我们不可能毫无根据地说，这个特殊形状的物体是什么是什么。一个物体就只是一个物体，如此而已。只有当别人告诉我们，这个如此这般的物体都用来干什么，表达一个什么意思的时候，我们才可能知道它原来是一种事物，才会认识到它原来是有一种本质的。当我们认识到了一种物体是一种事物，是何种事物的时候，我们获得了一个概念。

在把通过表象获得的观念当做概念使用时，自然存在的客体也就进入了事物之列。通过观念的概念化运用，我们将自然存在的客体挤入了它们的物质性中，或者说，我们将自然存在的客体的刚性部分从它们整个的存在中拉了出来，并使之本体化。这样一来，存在的世界就变成了一个唯物的世界，而这也就为解释这个唯物世界的存在的形而上学哲学和宗教的出现在客观上奠定了基础。

自然存在的客体之进入事物之列，还有一个容易引起误会的客观方面的原因，自然的对象和非自然的对象之间有一个共同点，即它们都展示给了我们一个物质实体。确实，当我们面对所有客体的时候，我们显然都是面对着一个物质实体。在此，如果我们不是特别小心的话，是极有可能将两类客体混为一谈的。有学者指出亚里士多德错误地将有生命的事物与建筑物等同起来，这种指责是有道理的。这种混同忽略了自然客体的自在特性。即是说，在我们对自然客体与非自然客体进行比较的时候，我们没有注意到或者是有意不去提及自然的客体仅仅只是显现给我们的东西这一点。自然的客体是一种显现，犹如镜像。镜像是一个镜子之外的实体反映到一个能照鉴的镜子里的像。自然中的客体就是这种像，而我们就是那面能照鉴的镜子。我们通过这个像捕捉到了另外一种实体。我们知道，镜像不能独立存在，不是一种实体，因此它没有成为本体的潜能。与此相反，非自然的客体却绝非仅仅是显现出来的东西，因为我们清楚地知道，它们经过了一个实现的过程，而且我们也知道这种实现是在某种目的中的实现，它们实现为它们自己。因此，对于非自然的客体来说，一个已经形成的物质实体就是一种事物的本体。比如说，当我们提到某所房屋的时候，就是说的某个具体的建筑物。概略地说，对于自然给予的客体，我们是不会只领取到一个空壳的，我们不会像一个盲人一样逮住一个物体问它是什么，因为我们知道它不是一个本体。这是一个非常显见的常识，普通人是不容易在这样的常识上犯错误的。这样的错误大概只有哲学家才会犯。比如亚里士多德就明确地把某个肉体表述为苏格拉底的本体。这个错误被坚持了几千年，远则从泰勒斯开始，所有的哲学家概莫能外。

从认知主体这一方面来说，自然呈现的客体之进入事物之列，是我们不能正确认识观念的差别性造成的。观念的差别性一如人与人之间只是相貌不同而已，而我们总认为这是不同事物之间的差异性。当我们把自然呈现的对象的硬性部分单独取出来在自然呈现的对象这个系统中做比较的时候，就会显现出一种事物间的差异性的假象。这时我们面对的所有客体，自然的和非自然的，都是一样的，都是一个物质实体，显示不出什么本质性的差异。表面看来，事物的本质是从事物之间的差异性中得来的。例如我们以为一座桥梁与一所房屋的差别就在于桥梁和房屋的结构和样式不同。但这种观念是完全错误的。结构和样式只是事物的所与性，即事物显现给我们的样式。一座桥梁与一所房屋的差异是什么的正确回答是：桥梁和房屋的差异，这是一种实体之间的差异，是一种本质的差异。我们必须要弄明白一点，使一事物作为一种事物存在的本质，是从它作为什么存在的实体性中获得的，而并非是从它们与其他事物的差异性中获得的。明白这一点非常重要。它能防止我们犯类似福柯在《词与物》中所犯的那种无法指称事物自身的错误[①]。事实上，我们在大多数的语境中使用本质这个词时，这个词都只是意指着一些差异，本质就是差异性本身。对差异性的这种错误理解，使得形式被提高到了形而上学的高度，在形式的表述中，事物丧失了它们的可理解性。

对于非自然存在的事物，因为我们掌握着它们的产生机制，我们知道它们的实体性，因此我们了解作为一种事物的本质。但是对于自然存在的客体，我们除了拥有一些在与其他客体的比较中获得的一些差异性之外，我们并没有关于它们起源的任何消息，因此我们也没有关于它们的实体性的概念，也不可能有关于它们的本质的知识。因此实际上我们并没有理由将这些自然存在的客体当做事物来理解。至少我们得承认一点，我们从来也没有在自然存在的客体上看出过什么秘密或真相，即，我们不了解人是什么，马又是什么。

差异性既然不是事物的本质（实体性）的来源，那么我们应该立刻能够明白，在面对所有自然存在的客体的时候，我们通过一些差异化的音节来称呼它们的时候，我们实际上只是做了什么。使用那些音节，我们实际上只是命名了一些差异性，而绝不是命名了一些实际存在的实体，比如人和马等。事实上，对于所有自然存在的这些客体而言，除了能够命名出一些差异性之外，我们其实不能再做更多一点的事情。

因此名称不指称事物。人和马不是一种事物，不是一种实体。

我说，将每一种给予我们的对象都弄成事物，是哲学家才会犯的错误。这种事情的发生是因为有一些人的精神因为受到科学的刺激和蛊惑，当他们把目光移向那些自然的客体时，他们就把科学中的概念思维带了过来。对于没有科学思维的人来说，他的事物的观念会是很模糊的。如果你问一个老百姓人是什么，马是什么，他可能会听不懂你在说什么。他不明白你说话的意思，如果你不告诉他你的意思是人作为一种事物是什么，马作为一种事物是什么的话。但即使你这样告诉他，他也可能不会明白，人和马为什么是一种事物，事物又是什么东西。如果

① “适当地认识归于一个个体的一切东西，就是在这个个体面前拥有关于所有其他个体的分类或分类的可能性。同一性和标志着同一性的一切东西，都被残余的差异性所限定。动物或植物并不是我们发现烙在它上面的印记所表示或暴露的一切；只就它被能与它相区分的东西限定而言，它才是自在存在的。”［法］米歇尔．福柯：《词与物》莫伟民译，上海三联书店 2001-12 第 192 页

你再接着举例告诉他，事物就是像桥梁、房屋、锤子、刀剑等那样的东西，他可能会哈哈大笑，他可能告诉你那些东西与人、马、牛、羊等这些东西是绝对不同的。为什么不同？他也许说不出更多的道理，但他会告诉你，像桥梁、房屋、锤子、刀剑等除了是一种用具之外什么都不是。因为那里没有一个谁。

这就是一个普通人眼中的世界与哲学家眼中的世界不同的地方。你说谁眼中的世界是真实的呢？“那里没有一个谁”是一个简单的陈述，却也是一个真理，哲学家也无法否认。就哲学家作为一个生活着的人来说，他其实与普通人对世界的看法并无不同。当他与自然存在的对象打交道时，他不是与一个僵硬的物体打交道，他清楚地知道，那里确实有一个谁。

如此肯定了普通人眼中的世界是真实的，那么问题（如实地认识世界）就只在于哲学家一方面了。在于哲学家超出常人的那部分见识之中。这部分见识就是事物的见识，就是从一个物理实体上以理解事物的方式认取存在的习惯。从常识的角度，即在普通人看来，哲学家的这种放纵无异于画蛇添足，是一种败坏行为。

那么常识，普通人其实又是如何理解和看待世界的呢？他如何理解存在与物理对象之间的关系？从他们的行为和态度中我们不难发现，在他们的眼里，实际上并没有一个叫做物理世界的东西存在。当然，他们在日常生活中无时无刻不在和物质和物理打交道，比如说他们要利用土木石金属之类的材料来制作生产生活用具、修桥建屋等，但是既然他们知道那里没有一个谁，他们也就不会把一个物质物理的对象当做一个真实的东西。他们知道，打碎一只缸子，拆掉一所房屋，其实并没有真正毁坏掉什么，因为它们原本是没有的。于人的情形却不相同，他们不会像哲学家们一样，从一个物体着眼去认识人的存在。相反，他们是从人的存在上去认识所谓他的身体的。前一种认识将导致把人当做一种事物，后一种认识则没有这种危险。而在人是一种事物的情况下，人是什么就是一个可以合理地提出来的问题。因此，普通人有关于存在的观念，却没有关于事物的概念（当然他们也可以有关于事物的概念，通过学习，他们会知道事物是怎么来的。事实上，在不断地学习和生活实践的过程中，他们积累了大量的关于事物的知识，并且最终学会了科学地思维。）在普通人的信念里，如果我们有一个具体真实的观念，那么这个观念必定蕴含着某个谁的真实存在。如果我们教会普通人使用哲学术语的话，那么他也会使用“实体”这个词来表述那个谁。这个谁是一个实体，但这里说的实体已不再是作为事物的那种实体，而是一个自我性的存在者。而这个自我性的存在者才是我们要表述的真实对象。我们的观念就是关于这个对象的。我用我关于这个对象的观念表述了这个对象的存在。在我陈述这个对象的存在的时候，一个物质物理的东西会进入我们的视野，它就是那种被我们叫做身体的那种东西。它将被我们描述，但是我们同时也清楚，这个现在正在被我们描述的东西是作为那个我们正在陈述其存在的对象（那个实体）的显现被我们引用的。

事情也就这么简单。从中可以看出，有一样东西在这样的陈述中没有得到特别的重视，它没有被单列出来作为一个考察的对象。这种情况说明，我们并没有把那个硬性的物体视为一个什么，视为一个真实的东西。

如果是在哲学家批评性的眼光里，情形可能会倒转过来。从硬性的物体着眼去把握存在，这个硬性的物体就会变成本体，存在也就会变成事物。

现在我们能够理解康德的困境了吧？康德的困境是因为没有弄清楚日常生活中人、马这些普通名词并不指称事物造成的。这些词在日常生活中意味着一些观念，意味着一些显现的方式，意味着一些差异。倘若说这些词在人们的生活中有什么实际意义的话，那就是，它们说明了存在是可以以不同的面目呈现给我们的。

如此说明了之后，我们可以把康德的命题变成：我们具有事物自身的知识，并且我们不可能没有事物自身的知识；但是我们不可能有关于存在的知识，因为存在不需要知识。

关于非指称事物的名称，我们还要再多一点的讨论。

因此，当一个少见的人指着一只蝙蝠问你："哎呀，这是什么？"你回答他说，"这是一只蝙蝠。"你们之间的对话交流了什么？很显然，当那个好奇的人问你这是什么的时候，他是有所指。我的意思是说，这里的"这"是一个实体，并且这个实体是我们如上指出的那种自我实体。但是，这个问题却要以指称或者说描述一个物体的方式来回答。根据我们上面做过的分析，这里产生了一个答非所问的矛盾。但我们有什么办法克服这个矛盾呢？似乎是没有办法的，我们的语言就是如此。也许这就是"不可说"所表述的我们面对事物自身时面临的真实情形。但如果你认为"这是一只蝙蝠"是一个回答，那麻烦也许就大了。因为你的回答指陈了一个物体，那我问你，你怎么就知道这样一个物体就是蝙蝠呢？即便我们不追究名称的问题，你总已指示了一种实体。如此一问，你便会陷入到关于事物的尽可能有的麻烦之中。倘若我们始终明白，我们是以对一个显现在此的物体的指称或描述来指向一个自我主体的存在的，那么我们也就不会不知道，我们给予这个被我们描述的物体一个名称，其实是给了那个以如此的方式显示给我们的主体一个如此的名称，我们用这样一个名称去称呼那些以如此的方式显示给我们的主体对象。因此这样的一个名称本质上是一个假名。这个假名既不着落在一个物体上，也不会把我们所要的对象主体变成一个不可思议的实体（在事物的意义上）。

还有，关于事物，我们所使用的名词，即概念性名词也是假名。因为事物不是自在的，它们不是一种真正（在主体的意义上的）实体。它们本质上只是一团物质，在那里没有一个谁，我们只是使用一个名称将它们假立事物，因此，所有事物的名称也都是假名。因为事物为假有，是一种因名而设立的存在。

所有自然给予的对象都是自我性的，或者说主体性的。这一点任谁都明白。我认为，实体一词，只是在用来指谓这种自我性的、主体性的存在者的时候，它才是恰当的。说来奇怪，一种自我性、主体性的存在者竟然对自身的存在不了解，不能不说是有悖常理的。

可以说，在对人类自身以及一切自然存在的对象的认知方面我们面临的所有窘境都是由这种事物性的存在引起的。我们不知道自己是什么东西，是一种什么性质的存在；我们不知道自己从何处来，我们莫名其妙地就来到了这个世界上而又必有一死；我们在这个世界上空走一遭究竟有什么意义？因为我们终有一死，我们连自我的存在也无法控制，难道还能真的拥有别的什么东西吗？既然我们是一种非理性的存在，我又有什么理由不由着我的性子在这个世界上胡乱地折腾一翻，像尼禄一世在罗马城中纵火高歌那样；既然我最终要落在空处，那么我此生经历些什么，苦难也好，骄奢也好，最终也要落在空处，如此等等。所有这些问题，均由事物的观念引起。

毋庸讳言，这都是一些真实的问题。现实中绝大多数人都生活在这些问题的压迫之中。只不过相对于受教育程度较低的人来说，因为他们的心灵受到现实吸引太深，没有得到有意识的翻动和整理，他们的心灵的状态是压抑和隐晦的。但是这些问题不是不问就不存在。它们存在，它们只是在暗处发酵而已。一旦发作，便足以摧毁一个人的人格。事实上，在文化严重落后的偏远乡村，经常会出现有人看似毫无来由地“疯”掉的事，那种事情看起来非常诡异。因为看着是平白无故的，所以老乡们只能做一些辟邪驱鬼的把戏来挽救他。相对于无知的乡民来说，受过良好教育的人的生活要安全一些，因为他们知道问题存在，并且他们也知道这些问题是什么。这就有可能使他们找到某种方法来解决这些问题，从而使我们的生存具备起码的可忍受性。由此他们发明了许多种哲学和宗教的体系作为自身的托庇之所。

没有人逃脱这些问题的折磨。不管你是不是意识到了这些问题的存在。因为这些问题是根植在我们的文化里的。我们受着社会性的文化熏陶和塑造，可以说，我们都是自己的文化的直接产物，文化在我们的成长经历中将这些问题注入到了我们的血液里。

因此，如果说这些问题的存在给我们的生活造成了一种非正常状态，那么其根源就是在我们的文化里了。显然，我们的文化是有问题的。或者说，我们的文化在基础上就出了问题，它是在一个错误的判断上发生的。而这个错误便是事物的观念，事物的观念融贯在我们所有文化的背景中，成为我们的一种别样的精神动力。

在事物的基础上，即便承认我们是实体，我们的存在仍然是无法捕捉的。事物使我们成了镜中花、水中月，成了一种在聚散离合中随波逐流的过客。因为但凡说到事物，总有一个事件被我们暗中陈述了。通过事物，实际上我们是在指陈一个事件，而事物本身只是作为这个事件的结果被提及的，因此它反倒是不重要的。事物总是一种造成的东西，因为这种造成，它的存在总是依赖于事件去维系的，它永远只能居留在造成它的原因之中。毋宁说，它其实只是事件本身而已，或者说，它只是事件本身的一个冗余性的附着物。我们在这个事件中漂移，既不能左右自己，也不能左右事件，而是只能当一个看客。

还因为这种造成，使得作为一种事物的我们生存在了一种永远也无法去除的他者性中。一方面，我们是一种主体，是一种能够掌控自己的行为、享受自己生活的自我实体，另一方面，由于是一种造成的事物，自我与其存在之间始终存在着一个无法弥合的裂隙。我们自身的存在不由我们自己说了算，而是决定于他人之手，不管这种决定自我存在的力量是上帝还是自然，它都造成了自我生存在理智上的不适感。

事物在主体与其存在之间造成的紧张是根本性的。因为事物导致了主体在选择其存在时的无法决定状态。首先是，如果事物是主体的存在性质，那么主体将作为一种事物而存在，那么它将陷入事物作为事物的所有特性形成的缺陷中，这些缺陷我们已经列举出来。这种状态是主体无法忍受的。事物当然不会有属于自己的历史，主体也就没有自己可以追溯的过去。只是这一条，便否定了自我的主体资格，使它作为主人的身份沦为一种狂想。另一方面，这种事物性的存在却又是主体能进行的唯一选择，否则它的存在便会沦空。

选择一种事物性的存在，就是选择与所谓我们的身体认同。拉康认为这种镜像式的认同其实在主体的身上造成了某种深刻的断裂。但是拉康没有能够揭示出发生在主体上的断裂事件的真实过程。如同我们在此所说的，某种认同是不可能不发生的。问题在于，为什么这种认同竟会导致主体的破裂呢？如果不是被主体认同的对象在被认同之前其实就已经与主体断裂了话，这种认同会导致主体的破裂吗？或者说还会有认同事件本身的发生吗？

认同是对一个在我之外的东西的认可和亲近。把一个在我之外的东西认同为我，逻辑上本就是不可能的。因为有一个东西在我之外，而且其地位是与我平等的。因此，在与这个等待认同的对象的相互对待中，如果主体不能独自决定自己的存在，那么这个在我之外与我面对的东西将反客为主，它将作为它自己而决定主体的存在。如此，当主体被迫从一个外在于我的对象上反观自身的存在时，其自身的分裂就是在所难免的。

为什么会有一个外在于我而又与我的存在紧密相关的东西需要我去认同呢？本文中我们已经分析了现在这个与自我面对的物体并非是事物，而是主体自身的显现方式。假如主体一开始就能识得那样的一个物体是其自我的显现，那么这种认同就不会产生什么问题。而且，我们必须说，主体进行这种认同是必要的，否则主体自身的存在就会落入无意识之中，显现出另一种盲目的存在方式。

至于为什么主体不能对自己的显现进行主动的认同，以至于在主体之外另有一个自我存在？根源在于另一种断裂。这个是另外一篇文章的内容，这里暂时不提。

总之，自从进入了事物之列，我们便已迷失了自己。什么叫做迷失？迷失其实就是面对现实之境的时候找不到自我的一种状态，就是迷失在事物之中。我们将自己当成了一种事物，然而我们又不可能获得自己作为一种事物的确切知识，不可能将我们自己如同用我们自己的手作出来的那种事物一样，用一个概念将我们自己的存在收回到自己的掌心里。我们被自己所不能理解的事物挟裹着，不明白自己是个什么东西，毫无道理地就存在了，又毫无道理地必将消灭。又为什么只是叫做迷失？根据我们现在作出的分析，我们已经知道，我们之所以是一种事物，并非因为我们真的是一种事物，而是源于我们在对自己的存在做现实把握的时候，事物的观念取代了主体的观念，使得一个如此实在的物质形体没有被作为主体存在显示出来的东西被认出，使得显示出来的东西成为一种独立的实在，使得主体与显现之间的关系被颠倒过来了。如果没有这种误认，如果我们明白一个实在的形体是主体自身的显现，那么我们将这个实在的物体称之为事物又有何不可呢？只是有一个前提，就是我们必须清楚，这种意义上的事物不再是独立的存在，对于主体来说，它不是什么外在的东西，因此也不再能以事物本身的名称对待它。

相对于这种由事物的观念引起的迷失，有一种无知却是真实的。这就是主体对其自身现实的存在的无知。抛开事物的观念不说，不问我们是什么这样的问题，主体对其自身存在的真相事实上也是无知的。也许正是这种无知才使得人们去认知事物，从而陷入了另外一种无知之中。但这个问题在我目前撰写的文章里可以是不必探讨的，如果我的文章可以写得从容一些，或者说我有足够的能力的话，我会试着阐释它的。目前来说，我们只要记得自我是一个绝对的主体就够了。

困扰人生的问题还有价值问题、自由问题，等等，这些问题为何几千年来被争论不休？因为它们是与我们的存在的性质联系在一起的。因此它们实际上提出了真理的问题。但是真理问题的提出，却又是事物的观念引申的。因此说价值和自由的问题是事物的观念的衍生问题。只是因为我们是一种事物性质的存在，我们才会受制于真理。因此，如果我们的存在性质被揭示出来并非是事物性的，那就说明了我们在本性上是自由的。因为事物之为事物，事物之被创造，体现某些意图，遵循某些原则。事物在这些原则和意图中存在，这就是它们的真理。它们体现某种意图，这就是它们的价值，它们遵循某些原则，就是它们的自由。相反，人不是某种事物，他们的存在既不体现某人的意图，也不遵行某种既定的原则。可以说他们自身的存在即是他们的原则和意图，这里没有真理的地盘。

认识到这些以后，或许还会有人说，即使事情如我所说，但我们仍然是不自由的。你当然不是自由的。但是我要指出，你作为一个绝对主体性的存在者，即作为一个自我主体而去要求自由，寻求价值和意义的问题，你是在要求和寻找已经实现，已经存在了的东西。这不啻是一种僭越和妄想。但这是另外一个重大问题，同属于认识上的错误，我会在本书中进行澄清。

这个引论至此结束。我希望读者通过这个引论已经获得了对事物与存在的关系的初步认识。我曾与有志于探讨人生问题的朋友谈过，想要在自然科学、哲学与佛学之间搭建一座沟通的桥梁，以方便众生开化。朋友认为我的这个想法过于狂妄。但不管怎样，我还是决定试一试。因为我知道搭建这样一座桥梁是可能的。我知道自己水平有限，不管是在佛学修养方面，还是在自然科学和哲学的素养方面都非常浅陋，因此可能搭的这座桥会非常粗糙和简陋，行人可能无法通过。若结果真的如此，那就算我抛砖引玉吧。我也知道想要使当今的人们接受一些自然科学之外的学说是会非常困难的，因为现代人，特别是西方人一直是在自然科学的环境中成长起来的，他们受着自然哲学的熏陶，事物的观念深入人心。因此要消解掉自然科学的戾气，阻断哲学的臆想也会是非常困难的。

上 篇

现象的世界和真理

第一章　作为现象存在的世界

第一节　探索真相的必要性

子曰，朝闻道，夕死可矣！

如果我们把儒学里面的道换成佛法修证上的道，换成哲学论辩里面的真理，换成科学探索中的奥秘，则所谓夕死可矣，就是我们的现实人生的一种放心状态。

为什么我们要追求道？为什么我们要探索真理？为什么我们对真理的向慕是如此真挚，对真相的追求是如此迫切？

我们不停地奔波劳累，其中有一些是迫于生计，也有一些是为了追求享受。我们的奋斗经历着成功，也经历着挫败。但是不管成功还是挫败，总之我们在不断地付出着。这付出的是我们的体力、精力，是我们的生命。付出是艰辛的、真实的，但是换回来的对我们自己来说是真实的吗？我们能以这种不断地付出换回来我们生命的延续吗？既然不能，那么我们所谓的收入就难说是真实的。因此我们自身的存在也是值得怀疑的。

因此，为了不糊里糊涂地活着，为了有理由承担起我们自己的存在，负责任地生活，或者说为了让我们的人生，让我们的付出和娱乐都是有价值和意义的，我们也必须对我们自己的存在作出解释。也就是要探索我们这种在迷蒙中的存在者的真相，探索自我性的根据。

而我们为何陷入迷茫的生存困境中，这是一个认识上的问题，还是一个存在上的问题？

人，由于某种神秘的（至少科学上今天仍然无法解释的）原因，注定了有朝一日要在他自身的存在上醒来。这种醒悟在产生了自我观念的同时，把他作为一个在存在上独立的个体与身边的世界区别开来。就自我是一个完全独立的个体来说，他与世界的存在可以说是对立的。对他来说，他不是世界的一个部分，毋宁说，世界是他不得不与之拼搏的对象。从他一醒来，他便发现自己完全赤裸地暴露在空气中，什么依恃也没有；他没有会飞的翅膀，也缺少其他动物那样坚韧的皮肤和厚实的毛发的保护，他是脆弱而易受伤害的；他的脚也不像植物的根紧紧地和大地连接在一起，而是像一块平滑的肉板，飘浮且没有抓力，仿佛注定了他只能在大地上不停地漂泊行走。并且，这种醒悟如同从一次无梦的睡眠中醒来，他完全不记得过去的事，不知道在自己睡眠的过程中曾经发生过什么事情。事实是，当主体一开始认出自己的时候，他已经在那儿了。他不知道自己是怎么来到这个世界上的，他不知道怎么就有了自己的存在。唯一可以肯定的是，他自己并没有参与实现自我的存在这一过程。因此，对自我来说，他是被带到这个世界上的，他是一种被给予的存在。用海德格尔的话来说，他是一个被抛出来的东西[①] 。

把话说慢一点，以免将重要的问题遗漏了交代，使得我们本来想要论述的问题混乱得无法说清。首先我们要弄清楚，当人们在自己的存在上醒来，当主体进行自我的认同时建立起来的自我是什么。显然，对自我的认同是一件发生在心灵的事，但是我们一般对这件事情的解读都不会认为这只是一件心灵内部的事情，是心灵对其自身的认同，因此自我的本质唯是心灵。相反，我们普遍的观点是，这种认同是发生在心灵之上的对一个业已存在着的身体的认同。因此这种认同的结果是产生了一个身体性的自我。后一种解释是如此普遍且历史悠久，他早已成了人们的一种常识，从人类进入文明时代起就没有人怀疑过他。因此，只是从主体是在一个物质性的身体上确立起自我的存在这个常识性的解读中，自我才是一种被给予的存在。这里还有另外一种常识帮助建立了一个身体性的自我。这种常识就是人们告诫我们说的要相信我们自己的理智[②] 。我们确实接受了理智在对我们自己的存在的判断上的指导（在此我不知道是否应该把这种理智称为肮脏的理智），因为理智只发生在自我与外界的关系环境中。因此，依据理智的常识判断，当自我建立自身的存在时，他是不会接受现实以外的存在的。对他来说，只有现

① 参看［德］海德格尔：《存在与时间》陈嘉映、王庆节译，生活、读书、新知三联书店 2006-4 第六章：烦——此在的存在。

② 科学的认识论力图想要我们建立一种关于我们自己的存在的认识的客观性。参阅［美］托马斯．内格尔《本然的观点》，贾可春译，中国人民大学出版社 2012.08

实之中能够为理智承接为自我的东西才是为我的东西。而现实中存在的与自我有关的，就是那个已经先于他的认知存在着的物体—他的身体。因此，自我除了是他的身体之外别无所是。于是，存在的势态发生了逆转：由于身体存在于认同发生之前，因此自我是被身体的存在决定的。而根据理智的常识，众所周知的是，我们身体并非是某种原始地存在着等待我们去认同的东西，而是某种被造成的东西。因为认同，我们自居于这个被造成的东西，所以我们是被造成的存在。也就是说，有某种力量在造成了我们身体的同时造成了自我的存在，或者也可以说，某种力量以创造身体的方法创造了自我。这个意思是说身体即是一个自我。现在，可以这样来表述自我对其自身的认同：这个认同是那个物体—我们称之为身体的东西—对其自身的认同。在这种情况下，我们所谓的心灵是属于那个自我认同的物体的。这个物体具有心灵，它具有的心灵使它能够认识自己。根据这种对存在的解读，我们上面提出的那个问题，即我们为何陷入迷茫的生存困境中，就不是一个认识上的问题，而是一个存在上的真实问题。

这里还有一个至关重要的问题必须引起我们的重视，就是由于这种认同，产生了存在是事物的错误共识，产生了“事物自身”的观念。

顾名思义，“事物自身”这个观念把存在看做是事物，且事物具有维持其自身的存在和其所是的能力，也就是保持自己在存在上的同一性，在其存在着的所有时间内始终将自己维持为一个不变的同质的存在者。它们都是事物。因为有了“事物自身”这样的观念，世界上才有了作为人的人，才有了作为万物的万物。因为这个观念指出了一种自性，即，事物作为事物是一种自体，因此，事物之为何种事物，那就是它的本质。

事物的这种神秘的品质让探求事物真相的人们大惑不解，一种物体，一种物质性的物体之具有生命，并且这种具有生命的事物能成为一种自我主体，如此的景象不能不让人们产生出无尽的遐想。同时，这种自我主体由于是一种事物性的存在，使得它们在进行自我认知时，始终无法抓握到自己的根，无法获得自身存在的真相，这种情形，使得自我的生存陷入了一种存在的危机意识中。

第二节 事物的历史

事物的观念，并不是从人类一开始认知自我的时候起就存在的。事物的观念是文明时代的标志。可以说，在此之前，在人类未开化的野蛮时期，在神性自然的时代，事物是不存在的。这是在事物不自在，事物是被创造的严格意义上来说的。因为在那个时期，万物充满着神性，每一个活的东西自身都是一个精灵，它们是自在的。没有什么外在的力量创造它们，它们在这个世界上自由出没，显现（生）或者隐遁（死）。

我认为，在西方文化中，直至整个古希腊文明结束（我把这个时间确定在柏拉图死亡的时间），人们并没有确立起真正事物的概念。虽然事物的存在，从古希腊科学文明兴起的那天起就已暗中出现了，但正是由于古希腊文明的科学特质，使得古希腊文明在探讨事物的时候超越了科学本身，同时也超越了事物本身，从而变成了对自然宇宙的发问，即对真理和真理之源的追溯，从而没有使事物回归它们自身。在整个这一时期，事物的观念是模糊的。在追溯真理的背景中，存在的主题词是宇宙和自然，而个体的存在没有被重视和强调，它们消失在了宇宙自然的背景中，或者说只是作为宇宙自然本身的一部分被认识的。因此它们作为个体的价值和意义并没有受到关注，它们没有被说明为什么存在和是如何存在的。在事物的严格意义上，柏拉图的床也并不是事物。因为它是一种绝对的原始存在，而我们并不能认识绝对原始的存在者，因为它超出了我们关于事物的想象力。即使我们承认柏拉图的床是存在的，而且我们能够认识它，那么我们对它的认识也是原始直观的。而我们把它叫做床，那也不是在事物的意义上把它叫做床的，我们只是给了它一个事物的标签。

之所以说在亚里士多德以前，古希腊人事物的观念是模糊的，是因为古希腊人的自然观念里具有浓烈的理性色彩。我这里说的理性是指人们在自然的世界面前，对自然存在的主权的意识和尊重，把每一个自然的存在视为与自己同等的自主的存在。也就是说，这里所谓的理性是指一种人性的精神，这种精神把众生视为在存在上是平等的（当然不是指权能上的平等。）从而任何一个自然存在的个体都不会对其他自然存在的个体产生存在上的僭越欲望。我说僭越的意思，就是把对方看做是一种创造出来的东西，一种外在于它们自己的存在，或者说一种非分的存在。这种精神体现在恩培多克勒对组成万物的元素之聚散爱憎的解释中，体现在阿那克萨哥拉对独立心灵的强调和原子灵魂中，这个传统也贯穿在整个的基督教教义里面（神人同形同性论）。即使在亚里士多德的体系中，当亚里士多德明确地提出了事物的观念的时候，这种僭越也始终没有发生。因为亚里士多德始终坚持着人——主体的存在。这种精神一直抗拒着毕达哥拉斯学派、巴门尼德、柏拉图对现实世界的超越，从而在一定程度上消解了我们作为事物存在的僵硬性。

因此这里所谓理性，是一种人格理性，是一种对心灵之存在的认同。而非是对某种思辨性真理的认同（思辨性真理，如几何学、纯数学，它们本质上是一种逻辑运算。克塞诺芬尼有一个著名的神是球形的观点，体现了受这种思辨真理影响的世界观，在这种世界观中，不但是事物作为事物存在，而且事物是作为真理的影像存在的。克塞诺芬尼说神“作为一，它处处相同，全听，全视，并且拥有全部其他感觉，假如神有部分相同，那么它们就会相互制约和被制约，而这是不可能的。但由于处处相同，它就是球形的——因为它不是在这里这样而在那里那样，而是处处一样。（亚里士多德：《论麦里梭、克塞诺芬尼和高尔吉亚》）[①]

但是，仍然还须指出，真正的事物的概念来源于亚里士多德。这是因为在亚里士多德的体系中第一次明确了个体的价值和意义。亚里士多德不仅明确地指出了个体是第一性的实体，而且他还以实指的方式指出了这种第一性的实体，它就是这个[②]。这个，是我们能够通过感官功能加以确认的东西，它是一个物体。根据我们对事物的一般理解，如果一个物体是一个自体，或者说，如果一个物体被我们认为是一个实体的话，那么它是事物。

亚里士多德如何论述事物是一个事关重大的事情，但我们只能把它放在下文中去探讨。目前最重要的是指出亚里士多德如何一举永久地决定了在他之后人们对于世界的看法，决定了在人们眼中对事物存在的认知和理解，并使这种理解成为时至今日大众关于存在方面的不可改变的常识和信念。

亚里士多德在他的老师柏拉图之后把他观看存在的眼睛从无限遥远的理念天国转到了可以感知的现实世界，强调了现实世界在存在上的真实性和重要性。这种强调使他在存在的整个世界中划分出了个体。而对个体的指认又使我们得到了一个实在的物体。亚里士多德以将这个物体解释为事物的方式将它定位为乃是我们用存在这个词所要意指的东西。这个物体既是某个特定事物的本体，同时也是存在的本体，是存在之所以存在的基础和根据。

就是这样，亚里士多德通过指认本体指定了存在。在他以后，人们关于存在的所有话语都只有落实在本体上才不是空的，才是有意义的。而本体的性质如刚才已经指出的，是一种物质性的物体。因此，我们对于存在的所有探索只能从物质开始。也就是说，我们对存在的探索就是探索事物。

---

① ［英］泰勒（c. c. w. Taylor）主编，韩东辉、聂敏里、冯俊、程鑫译《劳特利奇哲学史》。中国人民大学出版社 2003-9 第一卷，马尔康姆．肖费尔德：伊奥尼亚学派，第 80 页。苗力田主编，中国人民大学出版社《亚里士多德全集》译文稍有不同（1993 年 1 月第七卷第 13 页。）

② 参阅［古希腊］亚里士多德《形而上学》卷（Z）七（章一、二、三）吴寿彭译，商务印书馆 1997.3

因此，“事物就是这个”这句话可以改述为“存在就是这个”而不改变其含义。存在就是这个，它规定了我们必须要有能够实指的对象才能有意义地谈论存在，这是我们话语的意义所在。离开了这个，存在就是空的，无从谈起的。比如，假如不是曾经有过一个在希腊城邦的大街小巷中到处走动，整日对着一帮年轻人大谈道德哲学的，被称为苏格拉底的身体的那么一个肉体存在过，我们便不能说苏格拉底存在。当做为苏格拉底身体的肉体被解释为一种事物时，这个肉体作为一种事物被叫做人，这个人就是苏格拉底。我们也可以反过来说，苏格拉底是这个肉体。因为是这个肉体成就了苏格拉底的存在。因此苏格拉底的存在是一个有机物性质的物体。

存在是物体。这句话可以作为科学的唯物的世界观之表述。因为物体这个词表达了一种惰性的存在，当我们想要表达一个实体的存在时，我们不会仅仅把这个实体说为物体，而是使用了事物这个词。事物就是用来表达实体的存在的。这样，在实体存在的意思上说，存在就是事物。我们发现，现代科学坚定地继承了亚里士多德关于存在的这个事物的观念。这就是我们所谓的科学常识。比如我们认为，这个作为事物的肉体就是存在着的我之本我。弗罗伊德清楚地表达了现代人对存在的这种看法[①]。至于站在科学主义者的立场上说，事物本身是幻想的，不真实的。我只想说这种看法是颠倒了工具与对象的关系。从工具的角度看来，当然只存在工具可以进入的缝隙，不存在事物本身。这是一种见舆薪而不见森林，见涓滴而不见洋流的视界。

第三节　事物的起源

“没有任何事物是自在的。”我们不得不承认这是一个真陈述，承认它是我们每个正常思维着的人的基本常识（当然要把上帝除外，上帝是自在的，并且上帝不是事物。）这个常识为我们每个人每天的生活经验有力地证明着：我们亲眼看到，世界上的事物，每时每刻都在经历着生生死死，每一个事物都有一个从无到有，从不存在到存在的过程。理智上的认识可能是这样的：事物的本体是一种物质性的物体，而物质是一种惰性的存在，它们不会自发凝聚成为一个有机的整体从而成为一种事物。所以每种解释事物之存在的哲学都必须能够提供一个宇宙论的根据，使它成为一个涵盖所有因果可能性的渊源。

① “自我首先是一个身体的自我；它不仅是一个表面的实体，而且它还是一种表面的投射。”车文博主编，杨韶刚译，高申春校，杨韶刚修订《弗洛伊德全集》长春出版社 2004-5 第 6 卷 127 页

既然所有存在无非事物，那么，至少是在理论上，我们能够有这样的信念：我们有办法找到存在之源，解开事物的奥秘，从而揭开事物存在的真相，或许也可认清自我的本质。

概括地说，探索事物存在之原因的努力，在历史上曾经先后以两种不同的方式展开。一种是传统的思辨方式，结果是产生了理性主义的哲学——形而上学；一种是近代以后实验科学的方式，结果是产生了科学哲学。思辨性质的哲学是把产生事物的原因和性质做了与事物本身同样的思考。因为事物本身表现为一种自体，是一种实体，所以产生事物的原因也被思考为一种实体；因为有些事物看起来似乎是具有灵魂的，所以创造事物的力量也应该是具有灵魂的；另外，事物不能够创造自己，是一种被动的存在，而创造事物的力量如果是一种实体，那么它是不能被创造的，因此它只可能是永恒的自在者，或者说永恒的现实。另一方面，狭义的科学（经验科学）却不承认创造的力量是某种实体，因为科学只承认可以证实的东西存在。

如果创造的力量是实体，则事物的存在是意志性的。反之，如果创造的力量并非实体，则事物的存在是现象性质的。

形而上学是从逻辑的立场为现实的存在提供一个本原或根据的学说。主观唯心主义的形而上学的典型代表当然是柏拉图及其理念原型的观念，这种形而上学因为把现实看做影像，只承认原型理念才具有真理的实在性，故而说是主观唯心的；客观唯心主义的代表是黑格尔及其绝对、宇宙精神的观念。因为客观唯心主义蕴含着对现实本身的思辨，以及承认现实的实在性，因此被称为唯理论的哲学；中国先秦时代的“道”和宋明理学中的“理”也属于唯理认哲学的范畴，因为“道”和“理”是在实体的意义被理解的。唯物论性质的形而上学是亚里士多德建立的，其形而上学思想体现在他的“完美自然”的观念里[①]。因为形而上学认为存在着本原和根据，现实是根据这种本原实现其存在的，所以现实世界的存在具有意志的色彩。

宗教是形而上学的极端形式。所谓极端，是说人们在谈论创造事物的意志性实体的时候，赋予了这种实体以事物本身同样的现实性。使之成为一个个性的实在者。世界及万物将在这个全能的实在者手中被创造出来，他就是上帝。《圣经》里说是上帝在六天里创造世界本身及世界中的万物，上帝用泥土创造了人，并用他那万能的手指轻轻一点赋予它生命或灵魂。类似的中国古代也有女娲造人的神

① 出于自然的都是完美的。参阅［古希腊］亚里士多德《形而上学》卷（A）吴寿彭译，商务印书馆 1997-3

话。因为在宗教里，世界的存在是一个理性全能者的创造，所以万物无一不体现着那个全能者的意志。

形而上学和宗教的好处在于保持了人性，使自我始终有一个依托之处。因为受造物从创造者继承了它的实体特性或者人格特性。

科学哲学兴起于20世纪初。它是经验科学与符号逻辑学相结合的产物。科学哲学，顾名思义，是以科学的态度去理解和看待世界上何物存在以及我们关于事物的知识的性质的。一方面，科学哲学以强大的实验物理学为基础，迅速地开启着现代人认识现实的理性目光；另一方面，科学哲学一开始，便从逻辑语言学的层面对传统形而上学展开了席卷式的攻击，使之在极短的时间内便丧失了人心（在哲学作家内部）。因为科学的世界观是地地道道的自然观，科学不承认超自然的力量和人格意志。在科学的眼中，世界及其万物皆是宇宙自身运动所产生的自然力量形成的产物。因此，科学哲学对形而上学的胜利，颠覆性地将万物定性为现象性的存在。

但是科学哲学的胜利似乎只是科学本身的胜利。因为科学既然已经将万物定性为现象性的存在，那就不会再有产生哲学的基础。所以有人指出科学哲学的贡献单纯是破坏性的[①]，因为不可能再在科学之上建立一种什么哲学。因为科学从根本上杜绝了一切对宇宙万物的存在做非自然解释的可能，所以他必须根据自己的理解，用自己的方法，重新承担起这个重任，即在宇宙自然之中探索事物之根，这是他必须努力做到的。

第四节 生命的自然之根

科学研究当然包括揭示生命事物的起源和发现它们存在的奥秘这种雄心勃勃的计划。否则科学就会索然寡味，或价值减半。

事实上科学早就已经开始了这项工作。在自然中探寻万物存在之根源，是现代科学的精神理念。达尔文的《物种起源》是这种探索的里程碑，也是科学世界观的奠基性的作品。它的出现，不但为科学哲学反对形而上学提供了事实依据。而且也为科学开启了在实际的自然环境中探索生命起源的道路。如果说在此之前的自然科学还是以物力学为主要内容的，那么为着要在自然中寻找生命的源头，促成了有机化学的兴盛。生命科学的出现，代表了当代科学最终要达到的目标。

① 就科学不能将生命还原到物质层面这个事实来说，它可能使人们对自我存在的意识陷入更深的，甚至是完全绝望的状态。

但是达尔文只是从物种来源的角度否定了宗教创世论的解释。如果说生命的源头在自然不是只作为一种设想的话，那么科学必须揭示出自然创造生命的整个过程。既然科学的世界观认定，宇宙间存在的任何事物都是宇宙中发生的物质事物的结果，那么，生命科学首先要做的就是在自然世界中找到形成生命的物质基础以及宇宙自身的运动如何创造出了这种物质。而且还要揭示出这种物质如何在自然的环境中通过自我组织最终产生出千姿百态的生命形态。

通过对生物机体的化学研究，科学家已经知道了生物机体是由蛋白质分子组成的。蛋白质是什么？蛋白质是一种复杂的有机化合物，氨基酸是组成蛋白质的基本单位，氨基酸通过脱水缩合连成肽链，蛋白质即是由一条或多条多肽链组成的生物大分子。构成蛋白质的元素有碳、氢、氧、氮等，一般蛋白质中可能还有磷、硫、铁、铜、锰、钼、硼等微量元素。

以上所列举的构成蛋白质的元素是大自然中原始存在的，根据科学的解释，它们是宇宙大爆炸创造出来的。关键的问题在于，蛋白质如何从这些元素中创造出来。这就是生命起源的化学进化理论。

那么，我们能不能在自然的环境里面找到合成蛋白质的最基本的活性材料呢？1969 年 9 月 28 日，科学家在澳大利亚麦启逊镇的一颗碳质陨石中发现了 18 种氨基酸，其中有 6 种是合成蛋白质所必需的；在格陵兰距今 38.5 亿的岩石中发现了来源于生物的有机碳……类似的发现似乎确实可以成为大自然创造了生命的证据。

为了要证实生命的自然起源说，科学家还必须证实是自然的物理作用创造了形成生命的物质基础。为此，他们必须以实验的方式把自然的这种创造过程模拟出来，也就是说，我们必须制造出人工合成的氨基酸、蛋白质来。

1953 年，美国芝加哥大学的研究生米勒以实验的方式诠释了自然的作用如何从无机的物质中创造出有机的化合物来。下图是米勒实验的示意图。

米勒实验是一种模拟在原始地球还原性大气中进行雷鸣闪电产生有机物（特别是氨基酸），以论证生命起源的化学进化过程的实验。

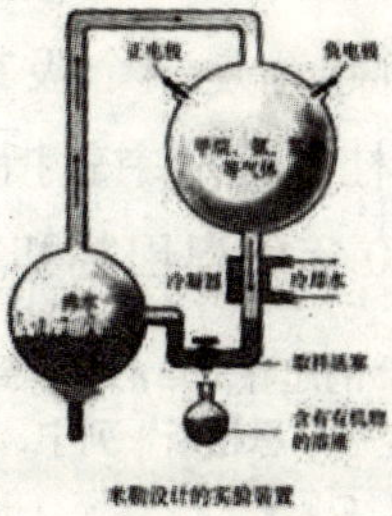

米勒设计的实验装置

米勒实验假设原始地球的大气是没有游离氧（O_2）的还原性大气（参考一些远离太阳，历史上可能变化较小的巨型小行星的大气情况），其主要成分是氢(H_2)、氦（He）、甲脘（CH_4）、氨（NH_3）。

实验操作：先将玻璃仪器中的空气抽去，然后打开左方的活塞，泵入甲脘、氨、氢的混合气体（模拟还原性大气）。再将燃烧瓶内的500毫升水煮沸，使水蒸气和混合气体在密闭的玻璃管道内不断循环，并在容量为5升的大烧瓶中，经受火花放电（模拟雷鸣电闪）一周，最后生成的有机物，经过冷却后，积聚在仪器底部的溶液内（模拟原始大气中生成的有机物被雨水冲淋到海洋中）。

实验结果：此实验结果共生成20种有机物（如图1所示）。其中11种氨基酸中有4种（即甘氨酸、丙氨酸、天冬氨酸和谷氨酸）是生物的蛋白质所含有的。以后，米勒认为，设想原始地球还原性大气的成分是CH_4、N_2、微量的NH_3和H_2O的混合气体更为合理，因为NH_3不可能在大气中大量存在，它会溶于海水中。他和他的合作者于1972年在上述混合气体中进行火花放电，结果得到35种有机物，其中有10种组成蛋白质的氨基酸，即甘氨酸（440微克分子，以下均同此单位）、丙氨酸（790）、缬氨酸（19.5）、亮氨酸（11.3）、异亮氨酸（4.8）、脯氨酸（1.5）、天冬氨酸（34）、谷氨酸（7.7）、丝氨酸（5.0）和苏氨酸。若在分析之前进行水解，还可生成天冬酰胺和谷氨酰胺。若增加H_2S，则可生成甲硫氨酸。在CH_4、NH_3、H_2O和H_2S混合气体中进行光解作用，可以找到半胱氨酸。对CH_4及其他碳氢化合物在高温下进行热解，可以得到苯丙氨酸、酪氨酸和色氨酸。到目前为止，用米勒模拟实验和其他类似实验，已能合成出20种天然氨基酸中的17种；其余3种（赖氨酸、精氨酸和组氨酸）相信在改进技术之后，不久亦能合成。由此实验可以证明：由无机物合成小分子有机物是完全有可能的。

机理分析氨基酸生成的可能机理：米勒在火花放电的头125小时内，不断打开“U”形管的活塞抽样，进行分析，发现首先合成了大量的氰化物和醛类；以后它们的合成速度逐渐下降，而在整个实验期间，均以近乎恒定的速度合成氨基酸，也就是说，首先甲烷与氨作用生成氢，甲烷与水作用生成醛类；然后氢、醛类与氨作用生成氨基腈（aminoni- trile）；氨基腈水解就生成氨基酸。

米勒实验的科学意义：生命起源是一个极其复杂而又难以研究的问题。虽然19世纪70年代恩格斯在《反杜林论》中就指出：“生命的起源必然是通过化学的途径实现的[①]”；20世纪20年代奥巴林和霍尔丹也相继提出生命起源的化

① 恩格斯：反杜林论：“因此，关于生命的起源，自然科学到目前为止所能肯定的只是：生命的起源必然是通过化学途径实现的。”中共中央马克思、恩格斯、列宁、斯大林著作编译局编《马克思恩格斯全集》中国人民出版社 1972 年 5 月第三卷 112 页。

学进化观点，即认为在原始地球的条件下，无机物可以转变为有机物，有机物可以发展为生物大分子和多分子体系，直到演变出原始的生命体；但这些都只是理论的推测，还缺乏令人信服的实验证据。米勒首次在实验室内模拟原始地球还原性大气中的雷鸣闪电，结果从无机物合成出有机物，特别是多种组成蛋白质的氨基酸，这是生命起源研究的一次重大突破。后来，科学家们仿效米勒的模拟实验，已合成出大量与生命有关的有机分子。例如，有人用紫外线或 γ 射线照射稀释的甲醛（HCHO）溶液获得了核糖和脱氧核糖（1966）；用紫外线照射 HCN 获得了腺嘌呤和鸟嘌呤；用丙炔腈（N ≡ C-C ≡ CH）、KCN 和 H_2O，在 100℃下加热一天得到了胞嘧啶（1966）；将 NH_3、CH_4、H_2O 与聚磷酸加热到 100℃～140℃获得了尿嘧啶（1961）；将腺嘌呤和核糖的稀溶液与磷酸或乙基偏磷酸盐（ethyl-metaphosphate）放在一起，用紫外线照射，可生成腺苷（1977）；将腺苷、乙基偏磷酸盐封入石英玻璃管中用紫外线照射，可产生腺苷酸（A）（1966）。此外，长链脂肪酸也可通过在高压下用 γ 射线照射乙烯和 CO_2 而获得。可以说，几乎全部的生物小分子，现在都可以通过模拟原始地球的条件，在实验室内合成了。

纵观地球生命形成的历史，大致经历了这么一个过程：大约在 38 亿年前，在地球形成的晚期，当地球环境趋于稳定时，产生了形成生命有机物质——氨基酸，这一时期人们称之为冥古宙；在冥古宙形成的有机质经过大约 13 亿年的漫长积累，在太古宙演化出了初级的生命形式，原核生物，如细菌和低等蓝藻；在距今 2.5 亿～ 5.7 亿年之间的元古宙，细菌和藻类开始繁盛，原核生物向真核生物演化，单细胞原生动物向多细胞后生动物演化，在元古宙晚期，无脊椎动物偶有发现；5.7 亿年前寒武纪开始，生物逐渐向高级阶段进化，动物已经具有了外壳和清晰的骨骼结构。

自寒武纪开始，生物进化事件主要是多细胞的动、植物的出现，真核生物取代了原核生物成为生物进化舞台上的主角。

真核生物（eukaryotes）：是所有单细胞或多细胞的、其细胞具有细胞核的生物的总称。包括所有多细胞生物——原生生物、动物、植物、真菌，以及一些单细胞的原生生物。真核生物的另一个特点是它们的细胞在制造蛋白质时可以用同一段基因制造不同的蛋白质。这个功能在术语中被称为选择性剪接。

这里没有必要过分详细地引述科学在生命的形成和演化方面所做的研究和考证，我们只要记住科学的世界观认为是宇宙自然创造了生命并在自然的作用下进化出了千差万别的生命形式就够了。这是科学所描述的地球生命的进化路线：地球上的生命，从最原始的无细胞结构生物进化为有细胞结构的原核生物，从原核生物进化为真核单细胞生物，然后按照不同方向发展，出现了真菌界、植物界和动物界。植物界从藻类到裸蕨植物再到蕨类植物、裸子植物，最后出现了被子植物。动物界从原始鞭毛虫到多细胞动物，从原始多细胞动物到出现脊索动物，进而演化出高等脊索动物——脊椎动物。脊椎动物中的鱼类又演化到两栖类再到爬行类，从中分化出哺乳类和鸟类，哺乳类中的一支进一步发展为高等智慧生物，这就是人。（注：关于生命形成和演化的科学方面的资料来自百度百科）。

第五节 评价

探索存在的奥秘，或者说，对存在之奥秘的真正探索，并不是某个时代的专利，它也并不是从以物理学为典范的现代经验科学产生之后才开始的。我们不能说除物理学探索之外的其他方式的探索，比如说形而上学、唯理论哲学的思辨就不是科学的探索。我这样说是因为在人类文明的发展史上，我们曾经有过不同的世界观。即对何物存在有过不同的认识。现在我们通常指谓的事物一词的意义在亚里士多德以前和以后，特别是在近代物理学兴起以前和以后是大不相同的。而科学一词的含义在近代物理学以前和以后也大不相同。人们眼中的世界不同，他们认识世界的方法自然不同，他们对科学的理解当然也就不一样，这应该没有什么可奇怪的。在人类文明的早期阶段，在神话时代以及在亚里士多德以前，人们对事物的理解，很少具有物理学方面的意义意味。如果说那时人们也将事物这个词挂在嘴边，那么，那时候这个词很少被用来指称一个物理实体。因为在亚里士多德以前，本体的观念并不突出。人们主要是从心灵（物性的化身）方面来理解事物，理解存在的。因为心灵不是某种物理实体，所以我们不能用现在我们所理解的事物去取代早期人们心中的事物。因此在传统哲学中，科学对事物的考察主要是以论理和思辨的方式进行的——我们不能说论理和思辨就不是科学。给科学一个较为宽泛的定义，那么所有发现原理的活动都应该被称为科学。以精神的思辨作用主动地从存在的现象上“升华”出一些一般性的可能性原理来，用以说明存在的现象，是人类精神的本能。这些说明性原理不能被验证，是因为这些原理只属于精神的范畴，这些精神性原则只适用于从心灵方面加以理解的事物。当然，这些提出来的原理也必须具有对于心灵来说广泛的可接受性，即它们必须是逻辑上无矛盾的。近代以后，随着物理科学的发展，人们对事物，或者准确地说，对存在的理解日益被固化在物质的层面上，只是在物质这个层面上，应该说才出现了真正的事物的观念，这就是唯物主义世界观中事物的观念。而科学对存在的研究也随之被降落到了所谓事物本身之上，在事物本身的内部结构中进行。通常，我们现在所说的科学，都是指近代以后的或者说狭义的科学，即研究事物的科学。这种科学是建立在实验基础上的探索和发现，它适用于人们从物质的层面来理解的存在，从而它拒绝接受那种看似魅人的对生命事物的存在的思辨也是合乎情理的事。

我想指出的是，解释心灵的存在自有适用于心灵的法则。人们具有的不同的事物的观念，那是不同时代的不同文化内涵。随时代文化的不同，人们对科学的理解也不同。不同风格的科学自不能应用于不同类的事物，这本应是一个常识。不管我们是否说古代因为欠缺相应的物理实验技术手段，因而古代没有纯正意义的自然科学，进而古人没有正确认识事物方面的知识，都是没有意义的。

不过，我这里指出一种不同的事物观，并不意味着我认为唯心论的哲学是正确的，也不意味着在我看来对现实世界的存在做唯理论的思辨性解释是可以被允许的。我的意思是，虽然形而上学哲学对存在的看法和解释并不正确，但科学哲学对形而上学的攻击也是不得要领的。

“理性是实体，也是无限的能力，作为一切自然生命和精神重印的它自己的无限物质，它同样也是使物质运动的无限形式。理性是一切事物从中获得存在的实体。”

《科学哲学的兴起》这本书一开始，莱辛巴赫便从黑格尔的《历史哲学讲演录》引述了这段话，对黑格尔的哲学进行了猛烈的抨击，其言辞之激烈，真的令人印象深刻。

我很同情莱辛巴赫的愤怒。当你花了很多的时间和精力读了《精神现象学》这部深奥难懂的哲学经典之后，我相信大部分 20 世纪的哲学家都会有同感的。因为我们是站在物理科学的立场上去对待哲学的，而不是以诗和散文的眼光去欣赏哲学的。科学要求所有的对象都必须是可以证实的。一个词必须要有可能实指或者侦测的对象，这个词才是有意义的。一句话，科学所允许谈论的是物理学上实在的对象或关系。站在现代科学的立场上，科学家要求哲学家只能使用科学上有效的术语。因此，如黑格尔所说理性实体，还有如柏拉图的理念原型，亚里士多德形而上学中的目的和意图、基督教哲学里的上帝等都被视作无意义的、无效的。科学方法运用于具体的实践活动，它是建立在事实的基础上的。科学陈述出来的律则要求可以做定量分析，从而不允许做辩证的解释。因此像黑格尔辩证法中“扬弃”的概念，从科学的角度来看，基本上就是无法理解的。

黑格尔之失是唯心主义之失。唯心主义就是以精神之能力想象地解释世界和万物的存在，这就是唯理。因为此种论理是从个人的角度看来“如此”的一种纯粹的可能性，它缺少可以验证的东西。因此这种论理即使说得舌绽莲花，引人入胜，也难免引生嫌疑。

与客观唯心主义不同的是，胡塞尔的纯粹现象学研究认知主体（作为先验的存在）实际如何把握对象世界的问题。因为它对对象世界的存在进行了“还原”，根除了世界作为“什么”的实在性，因此可以说纯粹现象学研究的是意识的现象。又因为在研究意识现象的时候，它注意消除了个人性质的心理学因素，使得对意识现象的研究显得似乎是在一般的水平上进行的，因此纯粹现象学似乎也可以称之为一门科学，即它是关于人类意识现象的科学。但是，由于纯粹现象学已经根除了世界作为什么的实在性，因此在纯粹现象学的“态度”中，世界及其万物的存在无一不是根据认知者的人类意识来确立的。这样一来，胡塞尔所宣称的“按照事物的本来面目描述事物[①]”的愿望其实不就变成了欺人之谈吗？按照纯粹现象学的方法所做的，胡塞尔的这句话应该说成“事物在认知主体意识中的存在”。世界在认知主体的意识中铺陈开来，世界在认知主体中以认知主体意识到它的方式向认知主体说出了自身的存在。这就是我们能够拥有的唯一的世界。

揭示出认知主体如何显现地把握世界的存在，这于我们有什么好处？它对于我们认识自己的存在能有什么帮助？因为缺少对这个问题的关注，可以说纯粹现象学运动除了可以让我们对世界发表一些有趣的感想之外，它是毫无价值的。在虚无中说出世界的存在，在语言的运思中让世界走向我们，世界中没有现成在手之物，时间在某个具体的预期中成为时间，未来在某个决心中成为未来，等等。这些就是我们从自己的心灵中发掘出来的东西。我们要问，我们把世界阐释得如此有趣，即便你说的都是真的，我们也都接受。但除了让我们说你真的有才华之外，你所说的对我们的实际生活有什么实际的帮助吗？

哲学不能沦为一种有才华的人们的一种高尚的消遣活动。但是唯理论哲学以及纯粹现象学基础上的存在主义哲学明显地都已变成了精神消遣，这与哲学一直以来惯有的作为一种严肃的最高层次学问的地位是极为不配的。正是为了匡正唯

① 所谓本质的看的方法，参阅［德］胡塞尔著，［荷］舒曼编，李幼蒸译《纯粹现象学通论》商务印书馆 1992-12.

理论哲学那种天马行空而又华而不实的流弊，哲学内部才发生了“语言的转向”，科学哲学才应运而生。

现代哲学（科学哲学）是建立在罗素、摩尔，以及维也纳学派的卡尔纳普、石里克等人以逻辑实证主义方法消解掉传统形而上学的根据之后在维特根施坦的影响下重新确立的实用主义哲学。实用主义哲学倡导在具体的生活实践中，或者说是在对世界的活的“使用”中来理解世界的存在的。这就是说，实用主义哲学放弃了在事物的名上探索事物实在性的努力，而把揭示事物的奥秘和解释事实的真理全部委托给科学去做。

如此一来，哲学家去干什么呢？确实，哲学似乎已经终止了[①]，它消解在了各种具体的经验科学中了。实用主义哲学严格说来已经不是一种哲学，因为它已不再关心事物自身的存在问题。而这种问题是哲学之所以成为哲学的根据。既然哲学的问题已被证明是多余的，那就不再会有哲学家产生的土壤。

那么，哲学的终结是不是说我们已经解决了所有与我们的生存有关的问题呢？是不是没有了哲学，我们从此就可以心安理得地生活下去了呢？也就是说，那些困扰我们的哲学问题原来是错误地提出来的？我们关注自我的本质，关注自我的过去与未来，这些其实都是杞人忧天的想法？实际情形远非如此。恐怕所有人都会被迫承认，这些问题是无法从自我的生存中抹去的。这些问题是科学只能加以悬搁而不能加以解决的。况且，科学究竟能否最终揭示生命的奥秘，我看是越来越令人怀疑的。

我认为，正视那些与我们的生存息息相关的哲学问题的存在，以及减少一点对科学全能的迷信才是明智的。这就是说，我们要关注这些问题之所以存在的客观基础。如果我们理解了问题赖以产生的基础，我们也就理解了这些问题存在的合理性。假如说这些问题终究是不合理的，那么，这种不合理性一定在其根基处。

如此，我们必须首先考察问题的根基，也就是说，我们要看看这些问题所关联的对象的特性，它们具有什么样的性质使得这些问题可以被合理地提出来？

那么，我们会发现，现实世界中的所有事物无一不是现象性的存在。所谓现象性的存在，是指那种不能自存的事物，或者说它们是另外的事物的衍生物。因为它们是一种副产品，所以在存在的舞台上它们是不能以主角的身份自居的。现象性的事物是需要有一种力量将它们创造出来，它们是从它们的创造者那里获得

① 海德格尔 1964 年发表了《论哲学的终结和思的任务》一文，从纯粹现象学的角度论述了传统形而上学的终结。但是形而上学的终结其实并不真正意味着哲学活动就从此停止了。纯粹现象学不是一种哲学吗？

其存在的。正是事物的这种现象性允许对它们的存在作出各种不悖常理的解释。柏拉图的现实从理念实体那里获得存在，基督教的现实从上帝的手里获得存在，而科学的万物从它们作为其一部分的宇宙世界、自然整体中获得其存在。只是我们说，在形而上学哲学和宗教中，由于创造和力量是实体或具有实体的性质，因此创造的过程具有意志色彩，这种意志性消弭一部分事物的现象性。但是在科学的世界里，由于自然的整个创造过程不包含任何预设，因此万物的存在纯粹是现象性的。相对于现象的这些不同类型的解释，我们的知识的最终目的也不同。柏拉图要超越现实，与理念合一；基督教哲学要皈依上帝；科学则要认识自然。

对存在做现象性的理解，如前苏格拉底的古希腊哲学和中国古代造化自然的思想。两种思想都具有科学的内蕴，典型地代表了自然存在的宇宙观。在这种宇宙观中，万物皆是由宇宙自然的运作产生的。自然是万物之母，是自然孕育和创造了万物。也就是说，如果不是自然之功，就不会有万物的存在。因此对于万物自身来说，它们只是自然界中的一种现象。

在这里没有必要过多地引述古希腊和古代中国的哲学家们都是怎样去论述自然如何孕育和创造万物的。我们只须记住自然哲学将万物阐释为自然的产物这一点就够了。只是因为这种自然观将万物视为一种现象性的存在，必将使得人们向自身之外的地方探求存在的真理，并产生一种将自己的存在向自然本身皈依，向真理皈依的生活态度。

古希腊思想将事物分为两大类，即有生命（或者说灵魂）的事物和无生命（灵魂）的事物。奥古斯丁以后，又在有生命的事物中分出两类，只具有灵魂的事物和具有理性的事物[①]。具有理性的事物在一切事物中属最高层次的存在。无生命的事物指物质及一切只以物质为其本体的构体。如铜、铁、大理石、铜球、房屋、雕像，等等。有生命的事物泛指所有生物，有理性的事物特指人类。在现代科学思想中，无论是无生命的事物还是有生命的事物，它们都是作为宇宙自然的产物出现的。即是说它们的存在是自然界的一种现象。为了更好地理解什么是现象性的存在，这里要对本书所说的现象的概念做一个简要的说明。

本书所说的现象，并非是作为柏拉图的理念原型之影像的现象，不是作为与实在、实体相对应的依附于绝对者的幻象的现象，即不是布拉德雷意义上的现象[②]。我们不用再去讨论什么理念原型、实在、实体、绝对这些东西，它们在我们这里

① ［古罗马］奥古斯丁《论自由意志》成官泯译上海人民出版社 2010-1

② 新黑格尔主义者布拉德雷在观念的领域是那样绝对，如果说黑格尔的理论系统因为是逻辑的，因而是可以理解的，那么布拉德雷则没有这样的素质。

是没有意义的。如果我们接受理念原型、实在、实体、绝对的思想，那么我们这里所说的事物就不是现象的存在了。因为如果实在存在，那么事物自身的存在就是一种有机的或者说意向性的存在，而不是一种现象性的存在了。我们这里所说的现象是自身真实的。并且我们还要说，我们认为只有现象的存在才是真实的，实在和绝对才是幻想的。我们所说的现象是前苏格拉底自然哲学家，爱奥尼亚学派、赫拉克利特、恩培多克勒、阿那克萨哥拉和德谟克里特等人眼中的现象，是古代中国哲学家“造化自然”观念中的现象，以及是现代物理学意义上的现象。自然主义的哲学家以及科学家们并不把感官的物质世界视为虚幻不实的，只是因为现实中存在的万物皆从宇宙自然的运动变化中生成而来，所以说万物的出现和存在是现象性的。

现象性这个概念有两个方面的含义。其一是对事物本身的存在来说的，其二是对自然存在的现象来说的。

其一，对于事物自身的存在来说，所谓现象性是指事物的非自在性。现象性指明，事物之作为事物是其自身之外的某种盲目力量的产物。对于事物自身来说，说它是一种现象性的存在，是说它有一个从无到有过程，并且这一过程不是一个自生的过程，而是一种他者性能量的实现过程，这种他者性的能量在其实现的过程中不预设事物的存在，因而对于事物自身来说，其存在完全可以说是偶然的、无机的、意料之外的。只是因为这种存在的被给予性，对于存在者自身来说，它的存在是现象性的。

其二，对于自然存在的现象来说，现象性则反过来意味着不可解释性或无须解释的自明性。有一些事物被认为是自然存在的。比如诸元素的存在及其物理化学的特性，水的湿润性，火的干燥性以及宇宙间各种事物运动的规律性，等等。

以现代人的科学眼光看，宇宙本身以及宇宙世界中的万物莫不是现象性的存在。这从宇宙及宇宙中的万物皆有一个出现和消亡的过程看来就是如此。

如就宇宙自身来说，现代科学界对宇宙大爆炸学说已基本上是一种共识了。宇宙由一个奇点上的爆炸产生出来的学说，宣布了宇宙自身并不是亘古以来自在存在的、原始的、永恒无限的实体，而是一个在一次爆炸事件中出现的有限的产物。建立在大爆炸学说基础上的科学天体物理学如今不但已经推算出了宇宙形成的大致时间，而且还推算出了宇宙消亡的可能时间，而且这些计算是建立在实验基础上的，值得信赖的。

宇宙是大爆炸的产物，那么在宇宙中存在的万物呢？是宇宙自身运动和演化的产物。

宇宙内部的运动在起点形成的基础上一直以来无时无刻不在剧烈地进行中。这些运动是物体之间相互吸引、碰撞、压缩、坍塌、膨胀、激散、形成、湮灭的过程。宇宙所有的事物都是在这些不停上演的事件中形成又消亡的。其中当然也包括像我们这种所谓有生命的事物。

正是因为万物的存在如此决定于那些宇宙间自然发生的事件，事物及我们自身才决定为一种现象性现象的存在。正是因为我们是一种现象的存在，在这个世界中，我们没有自我的根，没有自己存在之前的历史。我们不是这个世界的主人，这个世界也没有主人，我们不是自己的主人，我们也没有主人。我们只是我们自己，但是说不清道不明的我们自己。我们全部的都只是这个世界偶然的尘埃。当我们回过头来想要进行自我把握的时候，在我们自己的心灵之上总会产生一种患得患失的惆怅。我们知道，我们不会忘记，我们是终有一死的。自然孕育了我们的生命，创造了一种能够感知自身存在的事物，但它们却不能永享这个自然奇迹的恩赐：它们无法阻止自己向创造它们的自然滑落，那就是死亡。我们自己的人生，以及我们如今似乎能够抓住的一切总有一天要从我们的指缝间流去的，那就是等到我们死去的时候。而且在漫长的宇宙历史的长河中，我们自己的人生又是那么短促，如白猿过涧。弹指一挥间，我们又将告别自己的舞台。什么雄心壮志，什么理想抱负，什么不可抑制的爱与恨，到终了还不是过眼云烟，梦幻泡影，了无意义？一句话，一种无法消解的存在上的现象性一开始就注销了所有事物的实在性。

第二章　我们关于事物的知识

第一节　概念和事物

没有概念就不会有事物。没有概念，我们将不可能知道在我们眼睛里的世界中有事物存在。因为没有概念，存在就会变成一个平面。在这个平面上只有不同形状和颜色的物体。那么，（一）纯属一个物体的东西不会被我们称为事物，是概念将一个物体组织成为一个事物的；（二）没有概念，存在的一切都将只是在一个指示存在的词的同一个意义中被说出，这样我们也就不需要发明出事物这个词来，指示某种是它们自己的东西。因为在同一的存在的意义上，我们可以直接用存在这个词来代替事物，而不需再行费事用事物这个词来将存在再称述一遍。在这个意义上，事物完成或者说实现了存在的差异。犹如一团面被加工成了各式各样的糕点一样。而使得存在最终以事物的面目呈现给我们的，或者说，帮助存在实现为事物的，则是概念。

事物是在某种相关于人类生活实践的意义中成为事物的。事物本非固有，是人类在生活实践中发明和创造了事物。而事物与人类生活相关的方式，即是那种事物存在的原因，亦是那种事物的名的来源。这个名称在此不只是一个单纯的用来命名的音节，而是一个概念。这个概念规定着事物作为什么的存在并把它命名出来。因此，在一个概念性名词中已经包含有事物之为事物之根据的说明，并且这个事物对于人们具有的价值就是这个概念性名词的内涵。随便举几个熟悉的例子，比如说房屋、桥梁、雕像，等等。房屋、桥梁、雕像本身并不是某种自在的事物，而是人们的使用使它们成为事物的。是人们把它们当做房屋、桥梁、雕像来使用，它们才成为房屋、桥梁和雕像的。当人们停止了对它们使用的时候，它们便什么也不是了。也就是说，当它们不再发挥其使用价值，不再与人们的生活相关，不再在人们的生活中具有意义的时候，它们就停止了作为事物的存在。当某个物体或者构体实现了人们的某种价值时，该物体或者构体会获得一个相应的名称，这个名称是以所实现的价值的名称来命名的。对于事物来说，这个名称就是它们的概念。或者说，因为该物体实际地发挥着这种价值的功用，人们便根据这种价值的名称来命名该事物，因此这个名称便成为了关于该事物的概念。人们欲图追求某种价值，或者说创造某种价值，必须通过某些手段，创造出某种东西，或者借助于某些现成的东西来达到目的，这些制造出来的，或者现成的东西就是事物本身。比如说房屋，它的价值就是贮藏，保护人的生命财产免受伤害。如果有某种东西实现了这种价值，比如说一个天然的洞穴，或者说一种建筑物，那种我们就把这个物什称作房屋。桥梁的价值就是连通分隔开的两地，实现通行。如果有一种物体实现了这种连通，则我们就称之为桥梁，无论这个物体是一根圆木，还是一座水泥建筑。雕像的价值在于肖像，或者在于审美。我们制作雕像的目的只在于此，一个既无肖像功能，又让人看了不知所云的物体就什么都不是了。人有某种价值欲图，还不能创造出真实的事物来。人们还须知道如何实现他们的价值欲图。而这就是人们关于事物的知识。顺便澄清一下，不能说我们有关于某个概念的知识的话。关于某个概念，我们只要告诉人们，我们用这个概念来表述了一种什么价值理念，他们自然就能心领神会了。虽然事物是在概念中出现的，但是概念不是事物。所以理解概念并不意味着对事物本身进行理解的过程。概念并不对事物本身进行说明，正如我不能大喊一声“汽车”，就出现了一辆真的汽车一样。可能在我已经或鲜明或朦胧地有了帮助我们负重、行走等愿望的时候，我仍然没有任何关于具有这样一种功能的工具的直观设想。虽然我那时也可能已经考虑好了将要给这个事物的名称，但事物毕竟没有真的出现，也可能我连要怎样把这种东西弄出来，它可能会是什么样子的都还一点都不清楚。因此，如果我们误以为概念已经包含了事物的存在，或者说已经给出了事物存在的机制，那我们就会被“汽车是什么”、“房屋是什么”这类问题弄糊涂，即使我们可以指着一辆汽车、一所房屋告诉他这是汽车、这是房屋，但他仍然会搞不明白这个何以就是汽车，这个又何以就是房屋。以逻辑学教科书的方式来表述，我会说，一个概念可以在没有外延的情况下独自成立。我们须要仔细，概念不是用来进行描述的，因此不是事物的事先存在，才需要我们发明出概念来对事物的存在进行说明；概念也不是用来指称的名词，概念没有所指，但概念可能引发事物的产生，在这种情况下，概念被用来给事物冠名，并对事物进行谓述。不过我们必须记住，谓述并不是对事物进行说明，谓述只是说明该事物是由这个概念引申出来的。因为事物不是概念的逻辑后承，事物也不是概念的具象表达。我们必须纠正教科书给的概念定义，说概念是事物的抽象表达。因为没有概念就根本不会有事物，而概念的来源在于某种价值意图。这种价值意图根本就没有规定事物的存在。举例来说，当我们说这是一座桥梁的时候，实指词“这”指称的是一个物体，谓词“桥梁”道出了这个物体的价值和意义。也就是说，当且仅当人们认为这个物体具有这个意义的时候，这个物体才被当做事物并被称为桥梁。“桥梁”之所以是一个概念，是因为这个词所含有的意义和价值将一个单纯的物体塑造成了事物。如果我们认为句中的实指词“这”指示了一个实体的话，那么，像“这是一座桥梁”这样的一个句子就会理解为一个简单的陈述句，或者一个判断句。而我们说出“桥梁”一词就会是对事物的翻译，或者是对事物的言语诠释。如果是这样的话，我们就不可能真正理解我们用“桥梁”这个词说出来的事物是什么。我们必须清楚，某个词之所以是一个概念，并不是因为这个词对存在进行了规定，而是因为这个词赋予了存在以某种意义，从而使存在成为某种事物。概念对存在的塑造并不是对存在进行设计和组织，而只是赋予存在以意义，因此我们不可能通过概念了解事物，也不可能通过事物来理解一个概念。事物与概念是不相及的，事物是物体，概念是物体的意义，而这种意义却不内在于这个物体，相反，这种意义是相对于认知主体的。

有一种较为流行的，但是错误的说法，这种说法认为我们有我们所熟悉或理解的事物的概念。我现在举一个实例来说明这种说法的错误。假设我们现在正面对着一个我们之前从没有见过，也从没有人向我们提及过的，貌似有某种意味的物体，并且我们能够认定，它是一种人工的制作，凭我们掌握的机械制造的知识，我们很快就弄清楚了它的结构原理，但是有一点我们无法弄清楚，这个东西究竟是用来干什么的？它对把它制造出来的人来说究竟意味着什么？假如我们始终无法得到这个问题的答案，我们就不可能弄清楚这个物体究竟是个什么东西。我们无法确定它是哪种事物，也就无法确定它是一种事物。但是我们这里却做到了一件事，这就是我们搞明白了一个物体。搞明白了一个物体，这就是我们在无法确定我们的对象的价值和意义时能够做到的全部。也就是说，在搞明白了一个物体的时候，我们并没有同时搞明白了一个事物，也就是说，在我们仅仅是面对着一个物体的时候，并没有事物对我们在场，或者说我们不能（或至少没有把握）将一个没有意义的物体确定为事物。如果我们主观地将一个不明其意义的事物确定为事物，那就会出现所谓事物自身，这样的话，即使我们给这样的事物一个名称，我们也将永远无法理解究竟事物自身是什么，不理解那个名称的含义。这就是说，概念不是通过抽象思维得来的，概念根本不关乎实在的东西，不关乎事物。恰恰相反，在概念之先没有事物，只有物体。当我们在某个概念中打量一个物体的时候，这个物体才开始变成事物。而我们能将某个概念赋予某个物体的前提，是这个物体对人们的生活来说具有某种价值和意义，而且这个前提是唯一的。当某个物体在某个概念中，或者说在人们的某种意义赋予中成为事物的时候，对这个物体的认识也就是对事物的认识，因为事物其实只不过某种形式的物体。同时，对事物的认识也不是对概念的认识。概念并没有什么需要认识的。概念只不过是事物的意义，要认识概念，搞明白事物在人们生活中扮演什么角色就行了。

因此，我们关于事物的知识包括两个方面的内容：一是对事物之是的认识，即知道事物是什么。知道事物是什么，即是知道事物是在哪个概念中成为事物的，这就是对事物的概念性认识。通俗地说，就是要获得事物的名称。一个有意义的名称就是一个概念，对这个名称的意义的了解就是对这个概念的理解，而对概念的理解同时也是对事物的意义和价值的认识。通常情况下，我们不可能通过事物本身来达到对它的价值和意义的认识，从而对事物本身是什么有所认识。通常，某个事物是什么，总是由别人告知我们的，这个人只可能是事物的原创者。因为他是某种意义和价值的原生者，只有他有权解释事物的存在。二是对事物本身的认识。即对一个成为了事物的物体的构造的认识。这种认识使我们发现了原理。

事物的构造对事物本身的认识是对一个物体的解剖学观看。给你一个事物，实际也就是交给你一个物体。对于一个现成的事物的认识，可以不必在知道它是哪种事物的前提下进行，因为这种研究不含有对事物的评价。举例说明，现在这里有一辆车，我们可以先不管车是什么的问题，要认识这辆被叫做车的东西，我们只要把它当做一个物体，研究它的结构和构成就行了。关于一辆普通的汽车总体构造，教材上是这么说的，一辆汽车总体上由如下部分构成：发动机、驾驶室、车厢、车架、后悬架、车轮、车轮制动器、驱动桥、传动轴、手制动器、变速器、离合器、从动桥、前悬架、转向器、车头构成。

汽车的一级构成：发动机、底盘、车身、电气设备等。

汽车的二级构成：

① 发动机。由曲柄连杆机构、配气机构、燃料供给系、冷却系、润滑系、点火系及启动系等构成。

② 汽车底盘。由传动系、转向系、制动系、行驶系等组成。

③ 电气设备。由点火系、灯光装置、音响装置、启动装置、仪表等组成。

汽车的三级构成：

一、发动机

① 曲柄连杆机构。由汽缸盖、汽缸垫(床)、汽缸体、下曲轴箱等组成外部机体；发动机内部由活塞、连杆、曲轴、飞轮等装置组成；活塞上装有活塞环，用活塞销与连杆小头连接，连杆大头与曲轴的连杆轴颈连接，飞轮装在曲轴的后端轴上。前端轴上装有启动爪、正时齿轮和曲轴皮带盘等。

② 配气机构。由传动组件（凸轮轴正时齿轮、凸轮轴、挺杆）及气门组件（气门、气门座、气门导管、气门弹簧等）组成。

③ 燃料供给系。由汽油供给装置（汽油箱、汽油滤清器、汽油泵、汽油管）、空气供给装置（空气滤清器）、可燃混合所形成装置（化油器）、可燃混合气供给的废气排出装置（进排气歧管、排气管、消声器）组成。

④ 冷却系。由散热器、风扇、水泵、百叶窗、节温器等组成。

⑤ 润滑系。由摇臂轴、上油道、机油泵传动轴、主油道、旁通阀、机油压力调节阀、机油细滤器、机油细滤器进油限压阀、粗滤清器、机油泵、阀门、磁性放油螺塞、机油集滤器、机油传感器、机油压力表、机油尺组成。

⑥ 点火系。由蓄电池、点火开关、点火线圈、分电器、电容器、火花塞等组成。

二、底盘

① 传动系。由离合器、变速器、万向节、传动轴、驱动桥（主降速器、差速器、半轴）等组成。

② 转向系。由方向盘、转向器、直拉杆、转向节、转向节主销、横拉杆和球销等组成。

③ 制动系。液压式制动系由踏板、制动总泵、分泵、车轮制动器、油管等组成。气压式制动系由空气压缩机、贮气筒、气压表、制动总泵、制动分泵、车轮制动器、气管、抽动踏板等组成。

④ 行驶系。由车架、车桥、减震器、车轮和悬架组成……

汽车的四级构造 离合器……

事物的原理相信稍微受过一点教育的人都不难理解，认识一个事物，就是弄清楚它的构造。但是弄清楚事物的构造，并不仅仅是看清楚它的连接方式。一个小男孩在好奇心的驱使下拆解掉一个闹钟，并且他小心谨慎地记住了拆解的全过程，以至于他能够凭着他的记忆把这个闹钟重组起来，使它和原来一样正常地工作。在这样做过了一次或者多次以后，直到小男孩都能够不假思索地拆解和重组这个闹钟了，这个时候，我们能说这个小男孩已经理解了这架闹钟了吗？当然不能，知道一个事物如此，还远不是关于这个事物的知识。因为在这种知道里面不包含有对事物如此的说明，而知识就是用来做说明的。这种说明是对事物何以如此，何以能够如此的解释。因此，真正的知识是发现隐藏在事物背后的东西，发现支持事物之构造所依据的东西，这种东西我们称之为原理。事物是原理的每一次运用的产物，从原理支撑了事物的存在这个意义上说，是原理实现了事物。因此认识事物其实是一个发现原理的过程，而不仅仅是知道事物是如此的过程。原理并不是某种可见的东西，一个还不能进行抽象思维的小男孩看不见原理的存在，也没有原理的意识。原理是长辈们教给他的。关于一辆汽车究竟包含了多少种原理，大概只有制造汽车的专业工程师能全面地阐述清楚。但是其中粗浅的原理，我们这种外行人还是知道一些的，比如说我们知道汽车的主要原理是动力学原理，知道动力学中摩擦阻力、动力传输、惯性、流动运行、滑动运行等这些术语的意思，也知道发动机的工作原理是依靠活塞在汽缸内的做功将由燃料提供的化学能转变为热能，再通过曲轴连杆机构的运动转化为机械能，向外输出动力。

这里只是举一个实例来说明我们可以通过什么办法来实现对事物本身的了解，因此没有必要把一辆汽车的层次结构分析得过细。总之，采用结构加原理这样的办法，我们可以达到对事物本身的任何程度的了解。这里我想指出的是，在做了这样的全面细致的了解之后，我们可以说已经认识了事物。但也仅仅只是认识了事物，认识事物仅仅只是认识了一个物体，我们其实并没有最终达到我们的目的：使事物活过来，使得我们能够接纳它的存在。即是说，面对着一个如此的物体，我们不知道它有无所谓。我们只能莫名其妙地面对着它而无法建立起与它的联系。它会因与我们没有任何关系而永久地滞留在物质的昏暗中。有一点我们是要记清楚的，只有在与人类的关联中才会有事物的存在。就是这种关联的方式最终形成了事物的概念。因此，我们不能误以为是构造事物的原理形成了我们关于事物的概念，因此概念之中包含着说明事物之存在的原理。事物不会凭据其构造的原理与我们发生联系。因此，规定事物之是的是概念，事物之所是中也不包含构造事物的原理。说得明白一点，事物不是凭据其构造它的原理成为其所是的。一个概念性名词除了表示它的意义之外，没有别的构成要素。当我们说这是一座桥梁的时候，桥梁这个概念并没有说明桥梁的构造原理的意思。因此，解释什么是一座桥梁的正确的方式是：桥梁是用来连通分隔的两地以实现过渡的这样一种物体，而不是从桥梁的结构或建造一座桥梁所要运用到的原理解释。再比如我们刚才做过分析的这辆车，你已经对这辆车的构造做过了非常仔细的分析，并且你已经理解了制造一辆汽车所涉及的一切原理，按理说你应该已经掌握了关于这辆车的足够知识。但我也有可能还会问你，你知道这个你已经非常了解的东西是什么吗？你知道我们都把这个东西叫做汽车，因此你也会把它叫做汽车。但如果你从来不曾知道，不曾看见过人们用汽车来干了些什么，你不知道一辆汽车如何关联于人们的生活，你对汽车的价值和意义没有任何了解，因此你会对这样一个物体的存在感到困惑。这时你不可能说你已经知道了汽车是个什么东西。我们会说你还没有建立起关于汽车的概念。

第二节 关于事物的知识

没有概念就没有事物，然则没有人们对某种价值的预期亦也不会有关于事物的概念。因此，当人们产生了某种价值预期的时候，为了实现这种价值，便出现了概念对事物的邀约。这就是创造的行为。创造产生了具体的事物。

因此，事物之作为事物的存在，是寓于概念之中的，即寓于人们的价值意向中。离开了人们的价值意向，事物就蜕变为物质。也就是说，关于事物所有的认识都必须建立在人们的价值意向的基础上。只有事物存在，我们才能谈论事物本身。

那么，我们首先要说的就是事物的本质。因为事物说到底毕竟只不过是一个物质性的物体，若是这个物体没有某种本质，它就不会成其为某种事物。那么，这个物体又是如何获得其本质的呢？首先请注意分清楚一个事实，即当我们谈论某个事物的时候，我们的意思是说某个物体是作为某种事物存在的，我们的意思不是说某种物体是某种事物。也就是说，当我们谈论某种事物的时候，我们从来都不是谈论一个物体。这个问题并非是不重要的。因为很多情况下我们做了傻事，就是因为不明白是否有事物在场的情况下面对着一个物体来谈论事物的。结果我们绞尽脑汁，也不能肯定我们判断是否与真相相符。我们只能猜测它曾经可能是一个什么事物，要证实我们的猜测，就只能采取类似考古学的办法对它的身份进行认证，考古学也许能够告诉我们它在当时的时代可能是用来干什么的，从而也就告诉了你它是一个什么东西。但是考古学在确定事物的真相方面无论怎么说都只能具有某种程度的真实性，而不可能是绝对可靠的。因为不管它是不是作为那么一个事物存在于我们都是无意义的。生活中的所有事物，当我们不清楚它们被用来做什么，不清楚它们在人们的生活中所扮演的角色的时候，它们通通都会沦为物体。要求我们将这些物体判断为事物，这是无理的。在这种无理的要求下，这个物体就会变成它自己，结果就出现了不可思议的情景，类似于这个物体突然之间获得了生命。在这种情形下，我们马上就会被引入歧途，我们就会思考和探索这个物体的生命来源，并回答这个有生命的物体是什么的问题。自从有哲学以来，我们就是这样认识事物的。我们的思维被一个物体纠缠着，我们所做的一切都是为了认识一个物体。哲学如此，科学也是如此，只不过是在认识这个物体的时候添加了某种意味而已。一个滑溜溜的物体有什么意味吗？一个滑溜溜的物体意味着一个实体的存在，从而这个实体是某种事物吗？对此，哲学家们感叹说，大自然喜欢隐藏自己的秘密。但其实这里根本就没有隐藏着什么秘密。我们总以为认识一个物体就是认识事物，但认识事物与认识物体根本就是不同的两回事情。认识事物是实践某种价值和意义，而认识物体，则是要弄清楚它的属性，结构和原理什么的包含在这个物体之内的东西。一个物体在还没有被赋予任何现实的价值和意义的情况下，它什么都不是，这里没有事物。不可能一个物体把它所没有的东西标注在自己身上让我们去看清楚。即使我们用某种意义或价值将一个物体标注为事物，亦不能将事物作为实体去认识，事物不是某种实体等待着我们去与它会面。

现在我们应该已经明白，当我们把某个物体作为事物来认识的时候，我们不是认识这个物体本身，而是要认识它的意义和价值。因此，虽然我们对事物的认识最终可能会与现实发生联系，但不可能说的是某个具体的事物。

被指为事物的，是一个实在的物体。当我们说某个物体是事物的时候，我们是说这个物体是作为什么被人们理解的。我们不是说这个物体是一个事物。这样说就是把事物理解为实体的意思。如此，当我们说一个物体是一个事物的时候，我们就是说这个物体是一个实体。这是一个严重的错误。事物这个词在与实在相联系的时候，是用来标示实在的属性的。说一个物体是事物与说一座建筑是一所房屋意思完全相当。事物是一切在人们的现实生活中充任某种角色的物体的称呼。因此，关于事物，我们只有种类上的区分。我们不知道世界上究竟有，或曾经有过多少种类的事物，但我们肯定不能说世界上有多少个事物。因为事物不是用来指述实在的个体的，因此为了说明事物的存在，不涉及数量关系。因此，比如对“据统计，目前世界上大约有一千万座各式各样的桥”这样一个陈述的正确理解应该是，目前世界上大约有一千万座各式各样的桥的建筑。如果我们把这个陈述改为，“据统计，目前世界上大约有一千万个桥”，那么桥也就成为了一千万个实体的称谓。

其实只要我们谨慎地对待事物这个词的含意，我们就不难明白，凡是被称为事物的，就不可能是实体。因为事物作为事物必须是某种东西，必须能够体现某些意向。这种意向通常就是我们给予事物的那个名称的含意。因此，事物之为事物是创造出来的。事物之是某种事物，即是对事物的规定。只有在这种规定性中才有事物的存在。这与实体的特性是不相符的。我们曾经指出过，真正的实体是那种自在的主体，一个自在的主体本身不会包含什么内在的规定性，主体不是，它不需要扮演什么角色才能是它自己。因此实体也没有事物需要的那种本质。

对于事物的理解，也就是对事物本质的了解。但是事物的本质亦不是来源于事物的内部，本质并不是事物内部的一种素质。事物的本质即它的是。一辆汽车的本质就是汽车，一所房屋的本质就是房屋。但这个是人们赋予的。因此事物之为事物，是一种因名上的存在。对我们来说，说出事物是某种事物，就是对这种事物的理解。是某种事物，即是我们关于事物的概念。因此，知识的原理就是利用已经熟悉和理解的概念来述谓某个具体的事物。

在此也还有必要指出，只是对于事物而言，即对于这种因名的存在，我们的知识才会是关于种和类的知识。概念将事物划分为种和类，我们就在种和类中言说事物。因为事物之为事物不是自在的，而是被概念整理为事物的。整理事物的概念也就成为了事物的种。若是自在的实体就不会接受这种整理，因此对于实体，我们没有关于它们的概念。

关于如何认识事物，我想亚里士多德说得已经够清楚的了。首先亚里士多德指出了事物就是这个。这个是事物的本体。为什么在说到事物的时候，一定要指出本体来呢？不仅因为没有本体就没有事物，更重要的是因为没有事物就无所谓本体，可以这样说，是事物导致了一个本体的出现。以上我们已经说明了如何是对事物的本质的认识。但对事物本质的认识并不是对事物本身的认识，即不是对事物之本体的认识。认识事物本身，就是认识本体。在任何地方，本体都只会是一个实在的物体，因此认识本体，即是对这个物体属性的认识。一个物体的属性由构成它的物质的特性以及它的构成形式组成。这就是亚里士多德所说的质料因和形式因。因为一个物体是由这两个要素造成的，所以质料和形式内在于事物本身。一般说来，对于普通人来说，对于事物的认识只要求掌握事物的本质，即知道事物是什么就够了，而对于本体的认识则成了一种附加的知识。但是由于是本体成就了事物的实在，所以对于认为事物是本体之所是，也就是认为本体是一个实体的人（科学家）来说，对于本体的认识才是真正的知识。

对于本体的研究，科学的探索不会超出亚里士多德明确划分出来的两个范畴，即质料和形式。在制造技术领域，任何工业产品的设计和制作都是在质料和形式的选择中进行的。对质料的选择形成的材料科学，产品所需具备的功能决定了它可能有的形式。形式是由物理构造提供的。其实，一件工业产品的出现，对事物是什么和事物的存在已经做了完全的解释。对于一件人工制作的产品来说，我们不会产生所谓事物自身的迷茫感。因为我们不会认为一件人工制品是一个实体（那种自在的主体）。我们完全掌握着我们自己创造出来的东西，首先也是最重要的是我们知道它是什么，只是这一点，它就不会使我们迷惑。其次它是我们自己创造出来的，我们对它的来源明明白白。如果说我们还需要对它进行更多一些的了解，那就是对构成它物质材料的特性和它的形式结构所依据的物理学原理的认识。这就是我们在认识事物时所需要的全部，也是事物这个词的含义的全部内容。在这里需要说明的是，仅只是对一个物质物体所进行的质料和形式的研究还不是对事物的研究。毋宁说，事物是包含在它的目的因中的，是事物所具有的价值和意义命名了事物的存在。由于不明白这点，有一些人就误以为研究本体就是在研究事物。包括亚里士多德本人也坚持了这样的错误，他研究所有看到的自然存在的物体，企图从它们身上研究出事物来，结果是走向了形而上学的陷坑。对一个物质物体所进行的研究，如果不是在事物的名义下进行的，那自然不会产生什么疑问。亚里士多德“四因”中的前两因囊括了这种研究的全部内容，当代科学中最前沿的学科——生命科学对所谓有生命的事物的研究，所干的亦只不过是同样的事情。只不过是比早先的时代干得更仔细和深入罢了。对物质材料的研究，我们发现了构成生命事物的物质——蛋白质；我们还发现，不同的蛋白质结构——DNA 最终形成不同的物种。但是我要说明这种研究归根到底就只是对一个物质物体的研究，事物最终不可能在这种研究中出现。假如我们不能在这种研究中发现事物，那么我们很可能弄不明白我们所干的一切究竟是怎样一种性质的研究工作。因为我们不明白这样一个自然存在的物质物体究竟是什么东西，不明白人是什么东西，不明白说这是一个人是什么意思。也就是说，假如我们不能真正做到在事物的名义下干活，那么，我们现在对之进行拆解和分析的物体根本就没有作为本体的资格。

第三节 我们没有自然存在的事物的知识

康德令人沮丧地宣称了他的伟大发现，说我们没有通向真理的道路；事物自身是不可知的，他说出了一个事实[①]。

当然，对一个没有哲学头脑的人，或者一个不把事物理解为实体的世俗的唯物主义者来说，康德说的不是实情。生命科学的探索者们兢兢业业地工作着，我想他们也不太会愿意思考事物这个词所具有的哲学含义，他们只是忠实于现在自己手上的对象，对他们来说，研究、了解和看护好这个对象就足够了，要是让他再把我们的问题加到他们的工作中去，我想他们同样是会绝望地放下手上的工作的。

对于从事实际工作而不关心现实的含义的人来说，科学在对自然事物的研究和了解方面的工作已经够多的了，并且不能不说已经取得了丰硕的成果。制造业方面的不断发明姑且不说，由于生物学技术不断进步，人类对生物体的了解正在趋向明朗。如今，我们已经能够做到对所发现的所有生物体进行解剖学的描述。确实，自然中存在的一切，似乎都已不可能在科学的探究中遁形或隐藏住什么秘密。我们似乎有理由为我们人类所享有的智慧和能力感到鼓舞和欣慰。然而谨慎的人却不会因此释怀，有一些人反而会因此忧心忡忡：科学确实描绘了自然中所有的一切，但如果那就是科学所能做到的全部，那可不是我最终想要的。我最终想要的是弄明白这一切究竟是怎么一回事。科学描述给了我一个物体，我毕竟只是一个物体吗？他们说这个物体是个事物，那么这个事物是什么？他们说这个事物是人，那么人又是什么？因此我又是什么？这最后一个问题其实也就是提出了一个概念的问题，一个关于自我的概念问题。由于我没有对我自己的概念，我不可能了解我自己，不可能把握自己的存在。

还有，我没有自己的概念，而这个概念是关于一个事物的。也就是说，我们没有关于自我的知识实际上因为我们没有关于事物的知识。

我们没有自然存在的事物的知识，又是为什么呢？

---

① 真的存在关于生命存在的最终真理吗？假如我们同《纯粹理性》的作者一样，认为世界上存在事物，并且存在着关于这种事物的真理，那么我们不得不被迫承认，我们真的没有通向真理的道路。时至今日，我们不得不怀疑科学是这样一条正确的道路。

在上一节中我们已经分析过事物之为事物的四个要素，即亚里士多德的“四因”。其中质料因和形式因只是为我们指出了一个特殊的物质形体，我们对事物的理解不可能发生在这个物质物体内部，为了实现对这个物体的理解，我们尤其指出了事物是在“目的”因中成为事物的。“目的因”是事物概念的来源，是指明了事物在人们生活中所承担的意义和价值的概念命名了事物，概念是事物之所是的根据。假如事物没有这种根据，那它就不会被我们作为事物去看，我们也不会产生对它的理解活动。

我们没有对自然事物的概念。因为自然事物缺少与我们的意义联系。准确地说，它们的存在与我们无关。

概念赋予了事物的本质。我们没有自然事物的概念，我们也就不了解自然事物的本质。

就本体而言，因为事物是概念邀约出来的，为了体现概念的意义，也就是为了能够发挥某种特定的价值和意义，本质对事物本体的质料和形式都作出了具体的规定。或者可以这样说，本体是概念定制出来的。但自然事物却非出自人类的预定，因此自然事物没有我们可望了解的本质，那些自然而有的物体甚至都不能被视为本体。

在人工制作的产品与自然存在的事物之间没有任何的可比之处。严格说来，我们只能理解人工制作的产品，因为它们的存在出自我们自己之手，我们把它们叫做事物没有任何不妥之处。说得直接一点，没有人类自己就不会有所谓的事物，所见一切都只不过是物体而已。但是，由于见不及此，人们在对事物的理解上犯下了大错，忽略了事物对人类生活的依赖性，以为事物是自在的。于是产生了一种错觉，认为存在着自然事物，把那些自然界中随处可见的自在对象也叫做事物。并解释说，所谓自然事物是那种自身成为事物的东西，它们是另外一种事物，一种有生命的事物，神创造了它们。

头脑谨慎而清醒的亚里士多德本该注意到，正是“目的因”和“动力因”才是事物存在的关键。但是当他对自然存在的对象进行研究的时候，他却把这两个关键因素给忽略掉了：他没有注意到，由于我们根本无法在自然对象上适用这两个因素，因此这些自然存在的对象根本就不能被称为事物。由于他的这个疏漏，造成了事物成为物质自体。当他在论述某个肉体是苏格拉底的时候，他明显是在解释那个肉体，那个肉体才是存在的主题。也就是说，是那个作为自己的肉体被称为苏格拉底，这个肉体是一种事物，这种事物被叫做人，因此苏格拉底是人。

第四节 形而上学

给你一辆汽车，相信你不可能就这辆汽车构想出一种形而上学来。因为站在这辆汽车背后的东西就是我们自己。

然而在很多时候，在概念与实际存在的事物之间，我们很容易产生一种飘浮不定的感觉。每当我们想要切实地把握住自己和外界事物的关系时，我们总会发现，似乎只有在想象中，我们才能维持事物的存在。只要一做现实的打量，事物便消失不见了。当我看着一所房屋时，如果我没有某种被称为“房屋”的设想，那么我实际看着的就只是一座架空的土木建筑体；当我看着一辆汽车时，我实际上也是看着一堆铁的物质。我无法从这样的一些物质上“看出”人们所说的“房屋”、“汽车”来。甚至，我能够满意地从这些物体上看出事物来，并把它们理解为房屋和汽车。但每当我想要动手接触一下事物的时候，事物却在我对一堆物质的翻弄中消失了，从而房屋、汽车什么的也随之不见了，如镜花水月，经我的手一触弄，便隐去了身影。我们不理解这究竟是为什么。

我们只是看见了一坨铁，而没有看见汽车，我们只是看到了一个大窟窿，而没有看到房屋。这是真的，我们没有撒谎，谁来解决这个困扰人的问题？没有谁能解决这个问题。但是我们能解释这个问题，并且这种解释原本只应该是对小孩子说的：没有人能看见不存在的东西。我的意思是说不存在汽车和房屋这些东西吗？我的回答是，是。不存在汽车和房屋。上节中我已经说明了一个概念性名词是什么，是一个意义和价值的符号，它不是用来指称存在的，和实在的存在无关。假如我们误以为一个概念性名词是指称事物的，你就会在现实中寻找这个名词提出来的东西。一个概念性名词作为一个符号当然也可以说有所指，但其所指是某种价值和意义，而价值和意义不是实体，你当然看不见。另外，我们说某个物体因为与人们的生活有某种关联成为了事物，但这种关联性是因人而有的。因此价值和意义不是内在于事物，而是内在于人的。因此你也看不见汽车和房屋，或者说汽车和房屋这两个名词提到的东西。

有很多人抱怨科学肢解了事物。我认为这种抱怨是没有道理的。科学分析事物并不意示着以实际行动拆散、破坏掉一个自在的事物。也就是说，科学对事物所做的透视并没有对现实产生实际的效果，像拆掉一座桥梁或汽车一样。假如科学对事物采取了实际的行动，那也并没有破坏掉什么，除了破坏掉一些实际的价值之外，并没有破坏掉所谓的事物。哲学家们的担心，是因为他们认为对事物的分析使得一个实体消失掉，其实这种担心是理解上的错误造成的。因为事物只是一个概念，而不是实体。在一个实在的物体之中也没有隐匿着一个实体。在没有事物存在的地方，我们总认为有事物存在，在我们设置了事物的地方，我们又只看到了一个物体。这种感觉的原因一方面来源于词语的强制，来自于被实体化了的概念性名词的压力，我们认为用来叙说一个实在者的那个词语是指称某种实体的，因此我们也习惯于把被这个名词说明的对象理解为实体。另一方面也可能来源于认知主体的某种错觉，我们被某些自在物体的特性弄糊涂了：这些自在的物体显示给了我们一种自为的特性，这些自为的特性把它们刻画为实体，我们称这种自在自为的实体为事物。

当事物被用来指谓一个实体，而那个实体是一个物质自体时，我们如何能理解事物呢？当亚里士多德用“四因”来说明事物的存在时，我们并没有在这种事物中领略到一个实体。我们自然也不会对把这样一个在“四因”中突显出来的物质对象称为事物感到不解。但是，当亚里士多德指出来一个存在的本体时，一切就都变了。如果说实体是存在的——任何人也否认不了自我是一个实体，那么，由于本体的指定，我们就成为了一个物体，虽然是一个自主性的物体，但它和那种人工制作的产品并没有什么差异。面对这样一个物体，如果我们不能把它们看做是无意义的，那就必须把它们看做事物，而且这种事物是实体。

为了解释这种是实体的事物的存在，显然亚里士多德的“四因”说是不够的。况且“动力因”和“目的因”在这种事物上是找不到根据的。因此，为了解释事物的实体性，亚里士多德不得不在这个物质性的本体之中再加入另外一种本体：“灵魂”。灵魂的特性是能够进行自我认知。当灵魂本体融入到物质本体之中，这个综合体便成为了一个实体的事物。从此，身心关系便成了哲学无法避开也无法克服的难题。

还有一个问题要补充说明，在本章中所说明为事物的，确实有正确的事物与错误的事物的区别。因为事物的出现，是为了实现某种意图构想，如果制作出来的东西能够完满地实现人的这种意图构想，它就是正确的。如一辆赛车在多大程度上满足了赛车手对速度的追求，那么它便在多大程度上是完美的。假如制作出来的东西不能实现人们的价值意图，它就是不完美的，甚至是错误的。比如说如果一所房屋盖起来后漏雨，或者因为它的结构不合理，无法稳定地支撑住自身，则它就是一个不圆满、不成功的建筑。等等。

第三章 现象的世界及其本质

在这个世界上存在着形形色色的事物，在我之前，我不知道有多少种曾经存在的事物消失在了历史的长河之中，而在我之后，我也不知道会有多少种事物将出现在这个世界上。我们能够亲眼见证的世界历史太短暂时，然而即使如此，在这个短暂的时期内在这个世界上共存物种究竟有多少种，我们恐怕也是难于悉数统计的。每时每刻都有一些物种消失灭绝，又有一些新的物种涌现出来，使得世界变幻着方生方死，方死方生的场景。个体方面的情形亦复如此，在物质的能量解释中，物质随时处于挥发的状态之中，使得任何物体的存在终将是有限的，而在生物体内部，代谢在不断地进行着，是代谢维持着生物体的存在，这不但是说生物体吸收营养排出废物的代谢，而且是指生物体的细胞的生灭替代。古希腊的哲人赫拉克利特的名言“没有人能两次踏入同一条河”说明了个体方面所遭遇的这种无间的改变。分分秒秒，没有任何事物能以自我者的身份在其上驻足。如果说物种的更替体现了自然在形式上无尽的创新能力，那么个体的生生死死则至少说明了存在是可以在有无之间不断涌现和消散的。总之，在时间的长河中，没有任何有形的事物能永垂不朽。

这种流逝引起了人们存在上的忧愁。没有任何事物能逃脱时间的冲刷，我们都会在时间中改变自己，改变直至消失，这是我们无法改变的命运。在极端的情况下，我们甚至会认为根本没有真正意义上的事物存在，如上面提到的赫拉克利特，还有现代科学意义上的一些科学主义者，他们从流变的角度说明只存在过程而不存在事物，因为在无间的流变中，我们无法寻找事物之为事物所需要的同一性。有一些人则对人生采取了一种豁达的态度，这倒不是因为人人都有一死，既然逃避不了，他们也就只好随波逐流，接受了、顺从了自己的命运，而是因为他们看清自身的存在本来没有的缘故。本来无的东西本质上也无，即使看似有暂时的存在，但只是一个现象，最终这个现象必将消失，归向本来的无。因此，我此生的得来，只是一个意外的事件，自我本质上只是一个现象而无实质，不可执著。持这种哲学的人如中国的老庄。

但是，抛开事物的本质不说，我们毕竟不能否定事物的存在。这是因为我们是因着事物而言说存在的。如果我们毕竟不能否定存在，那么我们就不能否定事物。我们不能否定存在，赫拉克利特自己也不能。如果说赫拉克利特能否定存在，那他就应该能连自己的存在也否定掉，这样才能证明不存在才是真的。但谁来作出这个否定呢？如果没有人来作出这个否定，这个否定就不会存在。但是赫拉克利特确实作出了“没有人能两次踏入同一条河”这样一个判定，这是赫拉克利特自己无法否定的，也是我们众所周知的事实。事实是，假如赫拉克利特存在，事物就存在[①]。

事物，就其为事物而言，乃是一种物质事件的结果。因此，当我们作为事物存在时，事物和存在之间的矛盾和对立将永远无法被克服。因为事物之作为事物，乃是一种生成，我们无法在这种生成中寻找到存在所需要的那种自我认同的根据，但存在确实是在自我感知的意义上才存在的。因此事物和存在是对立着的。此外，凡是事物，都处于不间断的变化之中，它缺乏自我的同一性。还有事物是一种物质或物质成就的东西，既然是成就的东西，它不可能如自我那样是一个实体。因此当我们作为事物存在时，所谓自我，实体这样的观念都是幻想不实的。我们必须服从我们对事物的观察和理解，我们必须服从我们自己的理性，承认我们对事物的性质所做的说明，即本来无、变易不居、非实体等是真实的。但是，除非是作为事物，我们又怎样获得自身的存在呢？我们无法解释这个问题。至少到目前为止，我们还没有提出过其他的解释，即是说，我们还没有过其他的思路。我们笃定了我们就是事物，这是我们唯一的想法。

那么，为了克服事物和存在之间的矛盾，我们只能在认识上寻找出路，各种各样的关于事物和存在的思辨性的理论不断被那些奋发昂扬的精神构想出来，它们是我们这些陷入生存迷茫之中的芸芸众生的导师和指路明灯。

事物的现象性是有目共睹的。事物在两个方面展示为现象性的存在，一是事

① 这是一个笛卡尔式的论证。

物的易逝性。任何事物都不会永远存在下去，人固有一死，沧海可以变成桑田，高山可以变成平地，短暂者如白驹过隙，所谓长久者亦指日可待。由于这种终将灭失的特性，事物呈现出一种无主的、虚幻的色彩，使得它们的存在显得不过是一种难于捉摸的现象；二是事物的生成性，每个事物都不是自身有的，而是生成的。事物的这种被给予性使事物不能认识自身的存在。因为是一种无中生有的东西，所以只能是一种现象。现象自然不是真实的存在，不是实体，它始终展示着它本来无的本质。比如事物的三态变化，我们在每一种形态之中见到的事物都不是真实存在的。由于事物的现象性本质，由于事物自身的不可把握，使得哲学在解决事物与存在的关系问题时采取了一种倒转过来的办法，即从存在上来解释事物，而不是从事物自身去解释存在。而且自从哲学诞生以来，这种方法就是我们的唯一模式，似乎我们也不能有其他的模式。

明确地从存在上来解释事物的第一个哲学家应该算是巴门尼德。因为巴门尼德是第一个把物质世界看做现象性的存在，从而有意识地超越事物去追求真理的人。因此从纯粹哲学的意义上说，巴门尼德才是传统哲学上的第一个哲学家。虽然说赫拉克利特一切皆流的观念和逻各斯的观念蕴含着对物质世界深邃的观察并且已经预示着形而上学的产生，但“实在”这个词绝对是一个伟大的发明。没有这个词的创造，所有后来各种伟大的形而上学理论可能都不会出现①。

赫拉克利特的“逻各斯”是什么？即是事物背后的东西。赫拉克利特在论述他的逻各斯时说：“对这个永恒存在的逻各斯，人们无论是在听到之前还是初次听到之时都不领会；因为尽管万物根据这个逻各斯生成，但人们在经验按照本性划分每一样事物并说明这是如何时所指出的无论是话语还是实践时，却像是初学者。但是它使别的人们想不起他们醒时所做的事，恰如它使他们想不起睡时所做的事一样②。”万物根据逻各斯生成，但普通人不了解生成万物的逻各斯并没有什么奇怪的，正如我们这样的只受过一些粗浅的科技知识教育的人不了解航天科学家的工作中包含着一些什么样的思想和原理一样。如果说逻各斯就是用来解释事物生成的原理，那么它可以说和一般的物理学原理不会有什么两样。只不过赫拉克利特给它赋予了一种文化的色彩而已。不管逻各斯是作为事物背后的意义，还是作为一般的物理学原理，赫拉克利特的逻各斯都不是一种实体。因此逻各斯

---

① 巴门尼德对实在的思考，参阅爱德华.胡塞：毕达哥拉斯学派和埃利亚学派。（[英]泰勒（c.c.w.Taylor）主编，韩东辉、聂敏里、冯俊、程鑫译《劳特利奇哲学史》。中国人民大学出版社 2003-9 第一卷第四章。

② 凯瑟琳.奥斯本：赫拉克利特。同上，第一卷 第三章

只能说是一种伴随事物永恒存在的现象。但是巴门尼德的存在却不是现象，而是实在，是实体。尽管实在没有形象，却不是某种抽象的东西。存在的观念也许与赫拉克利特的逻各斯有关，也许是逻各斯的实体化。但巴门尼德的真理的观念却开启出了另外一个世界，一个相对于虚幻的现象世界的真实的世界。是这个真实世界的存在解释了现象世界的事物，同时也是这个真实的世界提供了现实世界中逻各斯的根据。

既然物质世界是变化的，有生灭的，因此是不真实的，不实在的，那么一个无变化的、无生灭的真实永恒的世界就应该是可以愿望和设想的。这个愿望和设想并没有逻辑上的障碍。正如我可以设想任何事物的对立面一样。我们也许可以这样来评价巴门尼德的存在，它其实是一件体现出大智慧的小事件，看似平凡简单却又不是人人都能及时想得到的。就像哥伦布敲碎一枚鸡蛋让它直立在桌子上一样。不过哥伦布确实发现了真实存在的美洲新大陆，但巴门尼德的存在却不是一种发现，而是一种地地道道的发明创造。不过这里不是讨论实在的地方，目前我们要讨论的是巴门尼德的存在意义。

如果说在无间流变的世界里，我们很难严格地说事物存在。但是有了实在以后，关于世界上是否有事物存在的问题便迎刃而解了。因为实在是本来有的，事物根据本来有的实在生成，这是事物之所以能够存在的逻辑根据。不管事物的生成过程是如何的，它们都是实在的体现，我们可以根据实在来理解事物。

我们不难发现，根据实在存在的事物，和我们在上一章里所分析的概念中的事物是完全相同的东西。在分析人工产品的时候我们说过，事物是为了实现人们的某种价值意想而被制造出来的，事物所承载的价值和意义是事物所以为事物的根据，而这个根据就是事物的概念。总之人工制作的产品凝聚着一种目的和价值，是这种目的和价值将事物建立为事物的。而这种目的和价值来源于人。但不管怎么说，事物之为事物，是在概念之中成为事物的。而说到自然存在的事物，则是为了体现实在的存在，这就是自然事物的意义和价值，也就是它们之所以是事物的原因。因为它们体现着实在的存在，所以它们也是在概念之中的，实在即是它们的概念。举例来说，现实世界中之所以有物质性的人，有物质性的马，有木制的床，那是因为实在世界里有实在的人，实在的马，实在的床的缘故。因为实在的存在即事物概念的来源。

实在，当柏拉图继承了巴门尼德的这个观念时，实在获得了形象，变成了型相。型相是原始的实在，是存在之所以存在、存在之所以能被说起的基础。是现实世界中事物的范本，也是这些现实事物的规定性。因为现实世界中的事物是根据实在而有的，它们体现着实在，因此它们具有实在的一切特性。柏拉图把物质世界中事物具有的这些特性称为分有。因为它们是从实在那里分有自己的存在的，所以也必然分有了实在的特性。即是说，现实事物也具有自己的本质。只不过因为现实事物是分享实在而有的，且有必然朽坏的特性，所以对于它们自身来说，它们的存在就不能说是真实的实在，而是一种暂时的，现象性的或者说影像式的存在。它们虽然也具有自身的本质，但这种本质也是现象性质的。我们发现，自然的事物，或者说现实世界中的事物，经过实在的解释，它们与人工创造的事物一样，都没有自我性可言。它们的出现总是出于其他的实体，它们是由于被赋予了某种价值和意义，或者是因为体现了某种实体性而成为事物的。对于出于人工的事物，造成它们的实体是人。对于自然的事物，造成它们的实体是实在，或者是柏拉图的型相。还有，当实在的观念被人性化之后，造成宇宙及万物的，就是那唯一的实体——上帝。再后来又出现了黑格尔的绝对精神，宇宙灵魂之类的东西。

以上所说事物，即人造品和作为实在的影像的事物都不是自我性的事物，即不是为着自身，不是展示自身存在的事物。本章所要论述的现象世界中的事物是自然科学意义上自然世界中的事物。有一种世界观承认有一个自然世界存在，这个世界就是我们凭自己的感官观察到的感性世界。与柏拉图把理念的型相看做真实的实在相反，科学的，或者说唯物主义的世界观将感性的世界看做唯一实在的。并且，在唯物主义者看来，所有自然存在的事物都是它们自己，它们自身的存在并不出于某种意志，也不代表某种意志（或实在）存在。

我们这个世界是一个自然世界。所谓自然，在科学的理解中，就是自身生成的意思。这个世界存在的基底是物质。是物质和宇宙自身内部的运动生成了在宇宙中存在的万物。因此，宇宙和宇宙中的万物都是自然存在的。

宇宙是自然存在的。按照当代科学的解释，现在的宇宙产生于约 140 亿前的一次大爆炸。这是一次怎样的爆炸？我的意思是说，是什么东西发生了这一次爆炸？根据科学的解释，我们现在发现的所有物质都在这次爆炸事物中产生出来。那么，可以推想，那次爆炸是也一定产生在一个物体上的爆炸。这是一次物理事件。一个物体自身产生了爆炸，爆炸的原因是这个物体的密度达到了无法支撑自身存在的临界点。如果爆炸是一个事实，那么，临界点的出现和超越临界也必然是事实。这就是说，一定有什么原因造成了爆炸之前的那个奇点。这个奇点也许也是由于运动形成的。那么，在如今这个宇宙形成之前，也必然有之前的另一个宇宙曾经存在过。只不过我们无法想象它的状况而已。不管是从逻辑上，还是从能量守恒的科学事实上，从一个宇宙进入到另一个宇宙都是可以设想的。一句话，宇宙是从运动变化中产生的。这就是宇宙自然。

宇宙是自然存在的，宇宙中万物也是自然形成的。宇宙内部的运动——大爆炸所释放的能量充满宇宙并维持着宇宙的运动——形成了自然界诸现象。而宇宙中的万物就是在这些事件中涌现出来的。因为各种自然现象是一种纯粹的物理现象，自然造就的一切事物显然也不体现什么目的和价值，因此自然造物是没有本质的。在自然造物上，我们看不出人工事物具有的某种价值或功用，它们的存在没有什么寓意，对于人来说，人为什么存在明显的是一个没有意义的问题。

如果说自然造物具有本质的话，那是因为我们误解的本质这个词的含意。我们已经说过，事物的本质不是本体的构造特性，而是事物之作为事物的存在属性。比如说如果我们把一个人形的肉体称为“人”，那么，肉体这种特性便不能作为“人”的本质来看，而是“人”作为这个肉体的本质。但是这样一来，除了在形而上学的解释中，被称为人的这种自然造物是没有本质的。所有的自然造物都应如此看待。

自然造物既然没有本质，那么作为事物毋宁是不存在的。或者说它们是不能被当做事物的。但它们确实存在。这个世界中存在着各种各样千奇百怪的生物，而且它们都显示出某种自体的特性——通常我们把它们称为有机体，它们都不是事物吗？

如果我们是从物质上定义存在的，那么自然中每个显示出自体特性的物体理所当然都应该称为事物。但由于这种事物不具有我们在概念中所阐述的那种事物所具有的寓意，它们对我们而言确实是不可理解的。

抛开这个问题暂且不说，目前我们仍然把它们看做事物，并且就是自然的造物。我们要来考察这种自然造物的现象性本质。

首先，自然科学家或者说唯物主义者基本的观点是，宇宙中所有存在的事物都是自然事物，是由自然的力量创造出来的。所谓自然的力量，指的是宇宙中的物质及其运动。宇宙中的物质，古代的哲学家将它划分为地、水、风、火四个基本属性的种类。原子论者阿那克萨哥拉又把物质设想为具有一切属性的基本微粒。但哲学家们怎样定义物质的种类，这里不关我们对自然事物的讨论。我们只需知道在宇宙中存在着形成自然万物的物质硬件就行了，并且我们还要记住，自然科学家或唯物主义者的基本观点就是，事物是在物质基础上创造出来的。在佛教的解释中，地、水、风、火为基本色，是造成现象世界的能造色，事物为所造色。宇宙中的运动，泛指宇宙中曾经发生的、正在发生的和将要发生的一切事件。这些事件是在各种自然力的作用下发生的。而自然的作用力又是物质膨胀、收缩、上升、沉降等的运动，是物质的存在方式。

物质和物质的运动，正好构成了自然科学的全部研究领域。物质的特性可以由化学家去研究发现，运动则属于力学的范畴。如果说世界中的所有事物是，而且只能是物质及其运动的产物，那么，事物就是自然科学家的对象，它们的存在要由他们的研究来加以揭示。我们知道，自然科学的研究方法是机械论的。如果这种研究取得了成功，或者被认为是成功的，则我们所谓的一切自然事物都是一种机械性的物质产品。

所谓机械性，指的是事件以力学的方式发生，而不以任何人的意志为转移。正是因为这种事件的发生不包含任何人的意志因素，没有任何目的和意义，也没有经过任何事先的设计安排，所以这种事件不是一种决定性事件，而是一种纯粹的随机事件，所以我们把这种事件称为现象性事件。

一个事件如果产生了某种结果，那么这个结果的性质只能根据这个事件的性质来解释。比如说一个行人被一个从某家阳台上落下的花盆砸中，排除蓄意谋害的动机，那么这是一个偶然事件，而结果也是一个偶然结果。因为所有的自然事件性质上都是偶然事件，所以所有由自然造成的事物都没有获得其本质的根据。对于事物本身来说，它们身上所具有的所有特性也都是偶然获得的，因而只是现象性的，或者说不真实有的东西。所以，自然界中的所有事物，从存在到其属性，都只是一种现象，不可执著为实体实性。

事物，如果我们毕竟承认是事物是存在的话，那么只能从现象的属性上来理解事物。对于事物自身来说，因为它只是某一事件的产物，因此它的存在总是可以还原成事件的。而事件本身只是一种运动，因此事物的存在也只是体现了一个运动的事件。因此，所有自然存在的事物，无一例外地都无法去除其无的本性。人固有一死，万物莫不如此。本来无的东西只能归于无。《圣经》有云：“虚无，虚无的虚无，一切皆是虚无[①]。”归向于无，并非是死的到来。因为对于事物本身来说，它的存在并非实有，其生既不真实，其死亦必不真实。生非我生，死亦非我死。既不曾生，亦不曾死，这就是庄子的齐物。

这种生死梦幻的感触恰如其分地反映出一个朴素的唯物主义者对自然事物的

① 《圣经．传道书》

理解。如果说在老庄哲学里，以及在赫拉克利特怀疑的眼神里，事物本身是不实在的，那么，道以及逻各斯的实体性则宣称了自然作为造化万物的实体是存在的。它是一种理性的平衡力量，不可被凡夫俗子察知。玄而又玄，众妙之门；生生者不生，化化者不化；视之不见，听之不闻，搏之不得；大言希声，大象无形，大禺无方，等等。这些对道的描述，与赫拉克利特对逻各斯的描述非常相似。在这些古代朴素的唯物主义哲学家身上有一种对自然的人文情怀。

但是纯正的自然科学（即庄子竭力反对的那种机械学）却是与人文情感不相容的。在这里唯一客观的是物理学原理。在自然科学中，自然就是在其中不断上演着各种物理事件的宇宙。但是，正确地理解这个物理学上的宇宙，我们还不应该把它看做是一个物理上的实体。因为离开了物质和运动，宇宙自身是不存在的。

就现在这个宇宙而言，据说它产生于约 146 亿年前的一次大爆炸。在大爆炸之前，宇宙是不存在的。或者准确地说，当今这个宇宙并不存在。是那次爆炸产生了这个宇宙，在那个爆炸的奇点，宇宙不存在。然而，我们还应该看到，形成那个爆炸的奇点的，仍然是物质和物质的运动。这就是说，物质和物质的运动，乃是宇宙存在的原因。或者说物质和物质的运动，即是宇宙本身。就宇宙和宇宙中万物的关系而言，我们可以把它概括为一句话：假如没有什么存在，就不会有什么存在。假如没有物质和运动，就不可能出现那个大爆炸的奇点，如果没有那次大爆炸，就不可能有当今的宇宙。

既然宇宙是被物质及其运动展开的，那么宇宙性就是宇宙自身和宇宙中的万物的本质。宇宙的本质就是宇宙，宇宙中万物的本质也是宇宙。宇宙的存在从根本上揭示着一切物质性存在者本质上的虚无性。这里所说的虚无，并非指事物本身不存在，而是指事物拥有宇宙的本质。宇宙即运动和变化，生成和消灭。事物既是在运动和变化中出现的，也必被运动和变化所消灭，其间没有的意志性的因素可以化解生灭之间的矛盾。这就是我们平常所谓的自然。总之，在这个自然世界里，对于事物自身来说，一切皆决定于外力，并没有什么内因之说。这个世界的本性就是——一切皆流。

宇宙是一个大众日常用语，即是物理学上时间和空间。时间是运动的结果，指明运动的存在；空间即广延，指明物质的存在。运动是指物质的运动，因此，事物是时空中的事物，只有在时空中才有事物存在，也只有在时空中才能得到描述。时间和空间构成的坐标可以把事物在宇宙中的存在指示出来。

假如没有什么存在，就不会有什么存在。假如没有物质，就不会有运动，没有运动，就不会有时间；假如没有物质，也就不会有广延，没有广延，也就是没有空间；假如有物质而没有运动，这个世界就是一个静止的世界，在这个世界上不会发生存在的更替事件，不会有任何新事物在其间生成，也不会有任何事物在其间毁灭。就像大爆炸从来没有发生过，永远停留在那个奇点上一样。没有物质的运动也是不可设想的。另外，我们也不可能设想出一个运动的起点，假如大爆炸确实发生过的话，它也是运动导致的结果。

假如事物是某些物理事件的产物，那么我们就不能违反物理学的原理来设想事物的存在。而那些产生了事物的物理事件，本身只是运动中的物质在某些条件下的碰撞。因此作为结果，事物只不过是体现着那些事件的存在。比如一件陶器，我们自然不会问这件陶器自己是怎样来的。因为我们都知道，这件陶器是由一块黏土经过人工的捏塑，再经过高温烧造而成的。如果说有生命的事物亦可作如是观，则我们应当能在自然事件中寻找到生命事物的起源。所不同的是，有生命的事物不会停留在造成它的原始物质上。有生命的事物要维持自身的存在，还需要提供源源不断的物质支持，因为生命是消耗物质的。如果说有生命的事物最初是由某种特殊的物质形成的，那么，当有生命的个体得到自己的存在后，它也必须能够从自然中获得这种物质才能维持自身的存在。但是，即使能源源不断地从自然中获得与自身同质的物质，这种事物仍然有消灭的一天。由于某种仍然还不清楚的原因，这种个体会自动地渐渐地减慢直至最终停止代谢，从而使得已经存在的东西自身消灭掉。从生理学的角度说，生物的死亡，原因在于生物体的老化。这种老化将生命展示为一个过程，将生物体的存在展示为一个过程。这个过程如同宇宙的形成、消灭一样，都可以用物理学的方式加以说明。它们也是物质的运动和碰撞的结果，当碰撞之初产生的能量被运动本身消耗殆尽的时候，也就是事物消灭的时候，我们把这种消灭称为死亡。

这里有问题的地方是，一般情况下，我们说到死亡，那都是指某个主体的消失。我们不会说一辆报废不能用的汽车死亡了。虽然天体物理学上会说一颗行星死亡了这样的话，但我们都知道那是一种比喻的说法。在现实生活中，我们不愿意抹杀我们自己与无生命事物之间的差异，甚至不愿意承认人类与其他动物本质上是无差别的。但是，从存在上说，我们又实在无法建立起有生命的事物和无生命的事物之间的差异，因为我们同那些无生命的对象一样，本质上都是事物，有着物质性的本体。所谓“有生命的”，于我们而言，就只是一个描述性的词语，它并不改变我们的存在属性，不改变我们作为事物的本质。

既然是作为事物进入到存在的行列中的，那么作为事物存在就是我们不得不接受的现实。从事物是时空中被我们指认的主题的意义上说，在时空中的存在就是我们共同的命运。而时空的本质就是运动和变化，所以我们都必有一死的结局。但我们没有抱怨的理由，因为如果说你必有一死，但你的生也不是你本来有的。大自然给了你一次生的机会，又把你的生命夺走，这并没有什么不公平的地方。当列奥那多·达·芬奇惊叹于大自然法则永恒的必然性时，他学会了谦逊、宁静和宽容[①]。因为他知道，我们是人，是大自然的造物。我们不是神，不能逃脱永恒的自然法则的制约。而以自身的存在体现大自然的法则力量，这才是我们的本分事。

概括一下，在本章里，我从事物的角度把存在从整体上解释为现象性质的。因为我们是从物质上定义存在的，物质上的存在就是事物。而事物的生成服从物理学的说明。在物理学的说明中，一切事物都不是自在的，而是物质运动和变化的结果。这种非自在性将所存在的一切，包括宇宙和宇宙中的万物揭示为现象性的存在。现象性的意思是，其存在并非是某种幻觉产生的幻境，如梦境，而是某种附属物，或者准确地说是一种伴随物。因为这种伴随物不承担自己的存在，没有自我的特性，所以说是一种现象。现象性的存在非有非无。非有，是说事物不实有，不是一种实体；非无，是说事物作为一种存在的现象是有的，它毕竟不是一种幻觉产生的幻象，如梦境。因为它们独立于我们的感知，且能为我们的感知把握。

在物理学的解释下，既然存在只能因事物而能说有，那么存在便不能说自身。所有的一切，都只能被我们作为现象来认识，而终不能被我们把握为实体。事物如此，时空如此。因此，现象的世界从起源处就是无本质的。在这个现象的世界里，一切是一切的原因，一切是一切的结果。

① 梅勒什可夫基：《诸神复活》郑超麟译，生活、读书、新知三联书店 2007.07

第四章 论自然的本体

这里之所以仍然把那些自然存在的对象称为本体，是顺应着人们将这些自然存在的对象也称为事物的习惯。

除了人工制作的产品外，还存在有数不清的非人工的对象，据说它们是自然的产品。根据亚里士多德对存在的指定，以及根据科学对存在的实际理解，我们暂时也把那些自然中实在的对象称为事物。

人工作品与自然作品的一个显著差异是，人工作品看上去是死的，而自然的作品却是真正活着的，通常我们称这些“活”的物体为有机体。自然事物指的就是这种活的有机体。

在本书第二章里，我们曾经说过，没有概念就没有事物。人工作品只是在某种寓意中才成为事物的，这种寓意是因人而有的。即是说，那种人为的东西是不会在首先成为它自己的时候成为事物的，事物的本体始终坚持着一种物质的僵死性。然而自然的作品却正好是在成为它们自己的时候成为事物的，事物指的就是本体自身。因此只是对自然存在的事物，事物自身的说法才是恰当的。

能否依照我们对人工产品的理解来理解自然的产品呢？或者说我们在对人工产品的认识和对自然产品的认识上存在些什么差异呢？

首先，对人工创作的产品的认识，实际上只是对这种产品的意义和价值的认识。认识一种人工制造的产品，本身并不需要对这件产品本身进行结构性、原理性的了解。

其次，与对人工产品的认识相反，认识自然事物是对事物本身即本体的认识，至于事物本身是何种事物，对我们来说是没有意义的。

在从对人工产品的认识过渡到对自然产品的认识时，情况似乎变得异常复杂了。本来一条顺势流淌的河流现在被堵塞了。现在我们面对着一种本质上与人工事物完全相反，却与我们自己完全相似的东西。可以说我们是在面对着自己。我们又怎样来认识和自己完全一样的存在者呢？

关于对人工制作的产品的认识，我们已经阐释得够清楚的了。它们之作为事物被我们认识，是因为它们是从我们这里得到其存在的。我们不可能不了解自己行为的意义，不可能不了解自己行为的结果，在我们自己的行为是受控的范围内，我们也不可能不了解自己作出来的产品。这是人工制作的产品对我们的认识来说是透明的缘故。

但是自然的存在却与我们自己毫无联系。我们不是自己的行为的结果。对于我们自己，我们所知道的全部，就是我们有一个肉体，或者说我们是这个肉体，又或者说这个肉体是我们。还有就是我们把这样的肉体称为人，等等。如果我们把这个肉体当做事物，从而也把我们自身的存在等同于这个肉体，那么，对这个事物的理解，从而对自我的理解，相比于对人工的产品的理解，就缺少了两个关键性的要素，而这两个要素才是事物之为事物决定性或者说命名性的因素，这两个要素即是动力因和目的因。这是在前文里已经说过的。因此，我们确实无法依照理解事物的正常途径来理解自然事物。

对于人工制作的产品来说，它们之作为事物，目的因和动力因是来源于本体之外的因素。由于这两个因素的缺乏，我们对于自然事物的认识，就无法超出本体之外。而是只能局限在本体之内，满足于对它做结构性、原理性的描述和说明。按理说，根据我们对事物概念的说明，这样做其实不是在认识事物，而是在了解一种物体的构造。

可能有些人会对这种见解提出反驳说，对本体的研究确实是对事物的认识，科学的研究给我们提供了关于自然事物的有用知识。我这里要再次说明，关于本体的知识并不是关于事物的知识，有用性不包含在关于事物的知识之内。很有可能，我们这里存在着一个误会，就是认为我们的研究工作是在事物的名义下进行的。比如说，当科学家在解剖一个人体的时候，我们就是在研究人这种事物。而我们关于人体的解剖学知识，就是我们关于人这种事物的知识。其他所有自然事物的知识依次类推。

但是对于这种反驳，通过我对何为事物的分析，相信它的错误之处已经指出来了。因为共相的问题是一个古老的哲学问题，也是现代哲学实在论与反实在论争论的焦点，因此关于共相的问题，我们还要做进一步的澄清。

在我们的知识体系中，共相不但是划分不同种类事物的根据，而且，我们要特别指明的是，共相是事物存在的依据。可以这样说，没有共相，就不会有事物。

从柏拉图的时代起，事物就是在共相之中成为事物的。柏拉图以共相为实在的形解释事物的存在。虽然根据我们前面对事物的分析，以事物反映实在的形而成为事物在道理上是说得通的。但是用共相来命名事物则是一个根本性的错误。亚里士多德显然也被共相迷惑住了，他在共相与第一实体之间的实在性上纠缠不清，证明他对共相的存在究竟是怎么一回事是不理解的。

我要解决的就是这个问题：共相与事物有关吗？

我们似乎从来都没有怀疑过，共相与事物是共存的。或者说我们认为情况是这样的，首先是事物存在，然后共相把事物划分为不同的种类。但是事物之成为事物，若不是同时成为某种事物的话，它能成为事物吗？这就是说，事物是向着“某种”事物去实现它的存在的。在这样的认识之下，甚至可以说，共相是先于事物而存在的。它不但是事物成为可能的根据，也是事物之是何种事物的规定性。

抛开共相唯名唯实的争论先不说，在常识的世界中，我们是从相上来认取事物的，这一点总是事实。为什么共相总是与事物黏在一起？在分析人工事物的时候，我们说过，事物是从它的意义和价值上去定义的，而且人工事物并不是它们自身。但是自然事物却是它们自身，我们不得不就它们自身去认识它们，而认识它们除了是认识它们的相之外，我们不能认识别的，于是相便成了它们自身标志性的东西。我们是按照事物在相上的差异把事物认识为某种事物的。

这样一来，如何看待我们据于划分不同种类事物的相也就成了哲学家们需要考虑的事情。共相在现实世界中存在着，这是有目共睹的事实。关于共相实在与不实在的争论，实际上是关于事物实在与不实在的争论。在实在论的立场上，我们认为事物是实在的，即是说，平常我们说存在人、马、床，等等，这都是真的。人、马、床等标示出了一些种类的实体。也因此，我们说人、马、床等等之间的差异是本质上的差异。站在反实在论的立场上，我们也说事物是存在的，但事物不是一种实体。比如说，我们承认个体是一个实体，但当我们把这个个体看做某种事物的时候，它所属的这种事物就不能在实体的意义上来理解。也许我们可以这样来理解唯名论观点：不同种类的事物只不过是存在的不同表现形式而已。在物质上定义的存在，存在的基底是物质，存在（或者说物质）的不同表现形式便是事物。因此亚里士多德的事物是在“四因”中规定出来的。所有的事物在存在的基底上相同，这样事物之间的差异就不会成为一种实体间的差异。而所谓事物的本质也就是存在的表现形式，不同种类事物之间的差异只是形式之间的差异。因此所谓事物自身是唯名的。打个比方，就动物而言，所有的动物都是一个肉体，而这就是它们的存在。就动物作为事物而言，那么就有牛、马、羊，还有水中的鱼类，天上的鸟类等不同的事物。这就是说，作为事物，它们在种类上可以有不同。但在存在上它们是相同的。这就说明了事物不是一种实体。

如果在唯名论上说事物不是一种实体，那么可以说事物实际上并不存在。或者说亚里士多德的这个不是事物。但这个毕竟是存在的，而且是一个实体，一个物质实体。如果我们不把它称为事物，我们也仍然得承认它是一个实际的存在者。我们又如何来解释这个实际的存在者的存在呢？当这个物质实体作为它自身存在时，我们仍旧可以在一般的意义上把它称为事物，只是我们对它的理解不再是对它的所是者的理解，而是对它自身的理解。但是我们已经说过，如果我们不能在某种意义中来理解事物，那么事物毋宁是不存在的。如果一个物体是它自身，或者说要求我们将它理解为它自身，那么我们除了把它看做一个物质构体以外，我们就不能做到更多的了。这又将使我们回到一个纯粹物理学的世界中。

假如我们认为事物实在，即事物之所是者是一种实体，那么我们对事物的认识即是对事物之所是者的认识。而在事物自身的情况下，事物之所是被共相命名的。这样，我们对事物的认识也就是对共相的认识。

这是一个非常简单诱人的观点。认识事物就是认识相，认识相就是认识事物。犹如我们通过见面认识一个未曾谋面的朋友一样。因为相是在直观之中被认识的，所以关于相，没有什么可以解释的。

在这里，我们认知的思维撞上了南墙。仿佛是这座南墙是天然的，自在的。它的存在仿佛是代表了我们的认知思维的自然极限。共相，或者说用于指物的普通名词就是这堵南墙。比如说，当我告诉你这是一条鱼，并且我知道这是大家的共识或者说意见的时候，你只能把我的话当做是真的接受下来。尽管你不知道这样一个东西何以被人们叫做鱼。等到你已经习惯人们这样一个称呼，你也没有丝毫怀疑地运用起来这样一个称呼时，你就会发现，其实这里根本没有什么理解活动发生，没有什么真正的认识发生。你甚至可能会聪明地明白了人们之所以把这样一个东西叫做鱼是一种约定俗成的结果，而不是什么认知的结果。这就是说，通过这样的一个称呼，我们认识到了鱼的存在，或者说，有这样的一种东西被人们称为鱼。但是，对于鱼的存在，“鱼”这个名称并没有帮助我们实现对它的理解。实际上我们对鱼是什么仍然不理解。我们不能理解鱼，不能理解作为事物的自然中的所有存在者。这就是我们的真实处境。柏拉图认为共相实在，有真实的形，欲图以此来挽救我们思维的绝境，但提供这样一种无须解释的依据，除了麻痹和迟钝我们的思想之外，我认为没有什么真实的好处，它只是让我们找到了一个把这种不可能解决的问题束之高阁的借口罢了。

共相为什么不能命名事物？原因就在于共相的存在是未经解释的。事实上它也是不能被解释的。它不能被解释，是因为它只是一种存在的事实。世间有这么一个事实，是我们凭直观观察到的。但是我们不能对任何存在的事实提出一种解释性的理论来。我们不能问世上为何存在共相，这种问题与问你为什么会有感觉一样的愚蠢。我之有感觉纯粹是一个存在上的事实，假如要问我为什么会有感觉，那我只能回答你，是因为我与生俱来就有感觉（注意，用我们具有生物神经来解释感觉没有逻辑上的正当性。）我有感觉不是我能控制得了的事，对于这样一个事实，任何人也不能给出一种解释，它发自那种我们无法揣测、无法预期、无法控力的事件。如果我们把这种无法解释性归结为自然，那倒是对自然一词的很好理解。

共相既然只是一个存在的事实，那就不能成为存在的解释性因素。相反，它倒是应该被作为一种存在的结果来看。比如对于我来说，如果我存在，或者说如果我作为一个事物存在，那么我是有我的相的，如果我具有与其他的个体类似的相，那么我就会被说成具有某个形。如果说我们是按照事物的构形来检索事物的，一如按照给定的图样裁剪衣裳，那么在这样做的时候，我们已经有了关于事物的认识。但是这里有一个问题，对于自然的事物（如果说它们是事物的话），是不是按照某种理念来设计和制造的，这可是一个永远决定不了的事件。即使假设存在这样的设计理念，我们亦不得而知。因此我们也就无法从形制上把事物断定为什么。这就是说，在我们仍然没有获得某种事物所蕴含的具体意义之前，形式（型相）是不能被我们作为认取事物的根据的。理解，就其本质而言，是对事物意义的把握，而不是把一个现成的，具有一定形状的物体理解为什么东西。这是我们无法做到的。每种事物都有一个我们从哪里对它进行理解的角度或者说视点，那便是事物在我们看来所具有的含义。但是自然的事物不可能提供给我们这样的一个视角。除了显示自身的存在外，它们不表达任何含义，因此我们无法将它们作为什么领取过来。这就是当我们面对自然事物时，共相作为一个存在的事实没有认识上价值的原因。说句多余的话，我存在，但是没有谁告诉我我应该是什么东西。

既然自然的事物没有提供给我们理解它们的角度，那么，按照我们所说过的，我们只能在概念中认识事物的话，我们是不能理解自然事物的。因为没有关于自然事物的概念。但是，在自然事物面前，我们所处的这种绝境真的是由自然的神秘莫测，或者是由于我们的认知能力有限造成的吗？或许情况远非如此。

诚然自然没有向我们提供理解它的产品的机会，但是自然曾经告诉过你说这些都是它的产品了吗？我们只能在四要素（四因）中理解事物，但我们为什么一定要把那些自然存在的对象当做事物来理解呢？

如果我们一定要把自然存在的对象当做事物来理解，那么我们是在什么意义上来定义事物的？我们是在“物质以某种形式所成就者”这个意义上来定义事物的。这样一个定义将存在牢牢地锁定在物质上。我们已不再坚持亚里士多德对事物的界定了，因为这个定义直接取消了事物的目的因和动力因。这样，自然对象，即那种以维系自身存在为目标的，被我们想象为有生命的事物就被我们称之为生物了。现在我们对事物的理解换了一个角度。我们现在把事物看做是生命的不同形式。但是事物存在的基底仍然是相同的，只不过生命事物的物质基础是有机物而已。

如果说关于共相的问题解决的是事物的“是”，那么在事物是生命的不同表象这个定义下，对事物本身的研究实际上是研究生命现象的起源和构造。

然而生命是什么？生命既非一种实体，我们也不清楚生命的价值和意义，即使假设生命具有意义和价值，这种意义和价值也不是对我们来说的，而是对那个产生了“生命”这种意想的创造者来说的。我自己不能说对我自己有什么价值，因此站在自我的角度上，我不是事物。但是否存在这么一个创造者，谁也不能指证。也就是说，生命不能作为说明事物的概念来使用。况且，生命只是一种现象而已，是某些种类的事物维系自身存在的那种运动现象。我们已经说过，对一种存在上的事实，我们没有解释的可能性。所谓生命的起源问题完全是臆想出来的，没有逻辑根据。

我们既已不能依据亚里士多德对事物的解释（在概念中）来理解自然事物，然而又必得依据亚里士多德对本体的指定来认识存在，这种情况让我们在面对自然中的本体的时候变得一筹莫展，我们甚至无法确定应该怎样去认识自然中的本体。

如果仅只是从物质上来定义存在，那么自然的作品和人工的作品并无不同。

有机性和无机性并不会造成两种产品作为事物本质上的差异。因为作为事物，我们只能一义地加以理解。不能说出一个有机的事物和一个无机的事物这样的话来。然而自然的本体和人工创造的本体在性质上确实大不相同。即使我们承认自然的本体是事物，我们也不能以理解人工本体的方式对它们加以理解。因为人工的本体是单义的，而自然的本体是歧义的。人工的本体具有同一性，自然的本体却没有自身同一性。而同一性正是事物之为事物所必需的。

人工的本体是单义的，当我们把它理解为某种事物的时候，这种单义性保障了事物作为一个整体地给予我们，或者说保证了我们思维的一致性。举个例子，比如一架钟。这架钟除了是一架钟以外什么都不是。这架钟之所以是一架钟，是被设计和制作它的原理和工艺决定的。所有人工制作出来的产品依次类推。但是人的情形却不同。一个人除了是一个人之外还是他自己。说一个人是一个人，是说这个人作为事物是人。麻烦在于，我们是了解一个作为他自己的人，但是我们不能了解作为一个事物的人是什么。我们不了解作为事物的人的原理和工艺，即使我们能通过解剖学实际地发现人体的所有由粗至细的结构，我们也不清楚这样一种结构意味着什么。况且，所有生物体的运动都是导向自身的，都是为了维持自身的存在。这与一架钟的运动目的——为了走时——大不相同。

假如一架钟是为了自己而工作的，那么它就会把它的运动据为己有。这种运动会产生出额外的适合于钟的存在的结果，而不是单纯地为了运动而运动。可以这样说，事物性就是一种机械性。事物若要作为事物存在，它就不能变为自己。反过来也一样。

因为人工的产品和自然的产品存在着这种本质上的差异，因此不能把两种本体混为一谈。如果说我们把人工的产品称为事物是恰当的，那么称自然的本体为事物可能并不恰当。因为自然本体的存在并不是为了完成某些机械性的动作，不是为了实现某种与自身无关的价值，它们除了承担自己的存在之外，不扮演任何角色。因此说它们是事物，可以说是一种捏造，也可以说是一种诽谤。事物与自我本来是一对矛盾的概念，当我们从自我的意义上来把握存在时，事物是从我们的存在中划分出去的。我们不能把我们从自己的存在中划分出去，当做一种事物。然而从物质上去定义存在，并把我们自己的身体当做事物去认识的做法表明了我们正在做这样的事情。我们不能认识自己，正是因为我们把自己当成了事物。这样的做法与正确的自我认识相去何止十万八千里？可以说，我们活剥了自己。

第五章　存在与真理

取了这样一个题目，很容易使人产生误会，以为我企图像那些伟大的哲学家们那样，打算宣布一种我自己发现的真理，宣称我已经揭开了存在的奥秘。情况不是这样的。我要说，任何人都不能宣称他发现了真理。而且按照科学哲学家的观点，也不存在什么超越的真理等待你去发现。按照科学哲学家的观点，只存在被我们称为真理的那么一种现象，并且那么一种现象是在我们的经验认识中产生的。在能够接受经验证实的程度上，我们把那种现象称为真理。因此，在科学哲学中，（一）真理是一种现象，是一种存在之间的关系，绝不能超越在经验中存在的实在事物去认识真理；（二）真理是在认知的过程中产生的，是一种认识的产物，或者说真理的存在揭示了认知过程中主、客之间的关系。

在这里我要先表明我的态度。我承认科学哲学的真理观，即不承认超越的真理的存在，而在受经验检验的限度上承认自然的规律是真的。在此基础上，我要探讨一下自然规律何以是真的，使它们成真的条件是什么，以及如果自然规律是真的，必然性的，它们是否揭开了存在的奥秘。顺便我也要谈一下逻辑哲学的本质。

粗略地把哲学史划分为古典哲学和现代哲学，或者传统哲学与科学哲学，那么它们之间区别的特质在于，传统哲学是逻辑性的，而科学哲学是经验性的。传统哲学探讨关于存在的一些本质性的问题，诸如存在是什么，存在与人的自由，生死的价值和意义，等等，但科学哲学把这些问题都作为伪问题抛弃了。科学哲学不考虑这些问题。似乎是，科学哲学只是在对什么是一种正当的、合理的认识方法，以及什么样的陈述才是有意义的问题的讨论中才成为哲学的。因为科学不讨论非事实的东西①，所以在科学中所谓的真理性是指理论与实在的符合性，真理也就是指的那些与实在相符的陈述。但如果把科学哲学理解为科学对实在本性的看法，则很显然，科学哲学并没有在这方面作出过什么明确的表态。然而有一点却是非常明显的，即科学家对实在世界中事物状态的决定论或非决定论的描述，在极大程度上共同地影响着哲学家和科学家们关于人格自由问题的判断。这表明科学家和哲学家对于现实世界所给予我们的对象（在这里我不说事物）有着同样的看法。或者说哲学和科学有着共同的存在基础。这个基础是什么呢？是事物。

第一节 理论对存在的介入

有时候认真地想一下这个题目会感觉有一些奇怪，我们的存在竟会与某种理论有关系？在我自己的私人生活中，我从来也没有感觉到自己是和某种理论并存的。我的出生没有附带的说明书，并且我自己也没有需要某种理论的说明和指导才能存在的感觉。除非是我的行动需要某种指导，我才会有理论的需要。但那是关于外界的对象而不是关于我自己的。一句话，自我存在的感觉是不受限制的。比如说，虽然我知道别人把我称作人，我也习惯于这样的称呼，但是没有人能告诉我，人作为人应该怎样去感觉、去生存，什么样的生活方式对于人来说才算是合理的、正当的。或者说，我确实知道我自己存在，我凭感觉知道我自己存在，但我不知道怎样去感觉人！准确地说，从自我的角度来说，存在不是人。事实上我也知道，人们实际上并没有关于人的概念，人实际上是什么，他们是不清楚的。因此，人这个称呼对我这样一个存在者来说并没有真实的意义和价值。

"从自我的角度"的意思，即是从自我作为主体存在的意思。这里主体不是与客体相对而言的主体，而是自我拥有，自在存在意义上的主体。"从自我的角度"认识世界，世界的存在与自我的存在是同质的。自我怎样认识自己，它亦怎样去认识外部的世界。这样的认识不会使外部的世界外在化，世界与我的存在是同一的。"从自我的角度"也是说自我对自身的把握。自我对其自身的把握从来不可能是一个由外向内的观看，而是由其身体上的感觉活动实现的。在这种感觉活动中没有理性意识的伴随。因此可以说，在这种对存在的感知中自我是不反映其自身的存在的。自我感知自身的存在而不反映自身的存在，使得自我和世界的存在都只是一个感觉到的事实。

① 参阅［英］吉尔伯特．赖尔《心的概念》徐大建译，商务印书馆 1992-7；［美］约翰 .R. 塞尔《心灵的再发现》王巍译，中国人民大学出版社 2005-9 等书。

存在只是一个被感觉到的事实。通过感觉，我发现在我之外，有其他的存在者存在，这是一个事实。但是在这个被我发现的事实中，存在不是作为事物给予我的。真实的情况是，在感觉的世界里，我通过我的感知活动认识到了其他的和我一样的存在者，但我并不认识事物。

外部的世界通过我的感知给予我的存在意识。我亦通过感知活动来认识外部的世界。外部的世界千差万别，我的每一次感觉活动也是真实而独特的。除非是对同一个对象，我的两次感觉是不会重叠的。虽然就感觉的内容而言，在不同对象上得到的体验可能是相同的，但不同的对象总有被我识别出来的特别潜质，这个特别的潜质来源于对象作为主体存在的唯一性。我整理我的感觉，我在我的感知活动中将外部世界中的其他存在者作为其他的存在者反映给我的思维，我思维它们，通过它们被给予我的方式，或者说通过它们加在我的感觉上的不同内容，我将它们思维为不同类的存在者。就是这样，我通过我的感觉感知世界的存在，感知世界中每一个真实存在者的存在，但是，在我对它们的真实的把握中，我真的没有认识到事物。

每一次具体的感觉活动都不能没有被感知的对象而自发生起。在每一次感觉活动的过程中，总有一个独立于我们的感知的对象在场，这个对象是个主体，或者说是我们的感知客体，因为我们始终能够确认，这个对象具有对于我们的感觉活动的超越性，而不是我们的感觉活动将它引入我们的感知活动中来的。我们的感觉是由这个对象引发的，而且只能由这个对象引发。这就是说，我的感知是对一个对象主体的感知。在我知道有一个对象主体在场的前提下，我不会用我的感觉、我通过经验得到的内容来取代这个对象主体的存在。如果我们对于存在的认知，真实情况就是如此，那么，我们就没有认识事物。

我不知道其他低等智商的众生能不能在没有对象在场的情况下想象出一个对象来。但通过对它们的所谓本能的观察，我们认为大多数的低等动物都是不能的。它们之所以能判断出这是同一个对象，那是因为同一个感觉经验的再次出现。当感觉的对象不在场时，感觉不能现时生发，经验也随之熄灭，当然对象也不复存在。这是动物很少出现记忆的原因。因为它们不能脱离对象而单独地在心灵上保留感觉经验。这种智力特点，使得动物不能形成事物的观念。

倘若心灵能够脱离对象单独地保留住已经获得的感觉经验，那么它是能想象出一个对象来的。记忆的形成，并不是同一种感觉经验的再次出现，也不是同一种感觉经验的两次显露。这是动物式的识别方式。没有理解，便不会形成记忆。

记忆是心灵反映自身感觉经验的结果。记忆的本质就是知道。

但是心灵反映的感觉经验是脱离对象，无主体的。也就是说，留在心灵上的只是一些空泛的感觉。倘若心灵依据这些空泛的感觉来还原对象主体的在场，那么心灵便只能以想象的方式维持对象主体的在场，而依据感觉经验还原出来的那个东西就只会是一个物质性的空壳。而如果我们把这个空壳视为一个真实的东西，这是因为我们把那个在想象中维持住的主体附加在这个空壳之上了。这时这个物质性的东西就成为了事物。

脱离了对象主体的感觉经验是相同的。我们在一切感觉对象的获得的感觉经验是相通的。当我们依靠这些纯粹的感觉经验去说明被感知到的那些对象主体的存在时，世界便作为事物被我们所认识。因为感觉经验的相通性，事物得以在某种齐一性被我们认识。

心灵脱离对象而单独保留纯粹的感觉经验，这是形成抽象的基础，因为那些感觉经验是构成事物的材料。但是智力低下的动物不能利用这些感觉材料来逆向地构造出一个对象来，否则它们便可能发展出形象思维来。对它们来说，形象并不会在感觉中出现。所以，对它们来说，所感觉到的东西，不会是某个对象的要素，而只会是对象显示给感觉的东西，只是一种存在的证据。也即是说，出于本能的意识虽然能够通过感觉察知对象的存在，但是对象并非是这些感觉材料的综合体。

如果对象是在这些感觉材料的基础上出现，那么这个对象便是一个事物。对低等动物来说，它们既没有利用这些感觉材料形成形象——即所谓表象事物——的能力，所感知到的东西便什么也不是。或者说，在结构简单的意识里，所感知到的对象，要么什么也不是，要么任何东西在它眼中都是活的（你没看见一条狗看着一只破鞋的表情吗？）总之动物不会有事物的观念。

应该说，在我们朴素的日常生活中，即在我们的感性生活中，我们也是没有事物观念的。虽然我们也用不同的名词来划分存在，但我们并不是在事物的意义上来使用名词的。而是用不同的名词来区分存在的不同表象。即是说，被感觉到的东西（姑且不论感觉本身的本质是什么），包括一个物体和在这个物体上感知到的这个物体的各种属性（严格地说，并没有所谓属于物体本身的被感知到的属性，感觉是属于感知者的），都只是作为存在者的表象或者说证据被我们引入关于对象主体的存在意识中来的。或者说，所有被感知到的东西，都只能作为存在的一个事实证据，我们通过这个事实证据，肯定了一个自在对象的客观在场。因为我们不知道对象为何在场。至少，我们知道对方的出现与我们无关，与我们自身的活动无关。我们只知道对方就是这样在场，这样被我们感知到的。

如有的哲学家们所说，存在就是被感知到[①]。诚然，不能被感知到的东西，我们不能有意义地说它存在或者不存在。但如果说，存在就是被感知到的东西存在，则在任何时候，我们都不能感知到一个“主体”。一个主体不会在感觉中给予我们，被我们经验。在感觉的世界里，我们所经验到的一切，不外乎都是物质性的物体。在低等众生的眼里，世界中的所有，就是这样一些物体，有些是会动的，有些是不会动的，但它们都没有本质的区别。而几乎所有哲学家都是这样划分世界的。一旦存在在感知的层面上被决定，世界便在物质性中展开其存在。而对于这样一些物质性的物体，如果我们认为它们是特殊的东西，则我们怎样来称呼它们呢？

事物，便是我们对这种物质性的特殊的存在者的称呼。如果说世界仅仅只是在纯粹的物质性中展开，如果说我们所感知到的所有对象都仅仅只是物体，那么我们就会像其他动物一样没有事物的观念。但当我们能够区别地对待每一个感知到的物体，也就是把它们都作为一个真实的对象——也就是一个独立的、具有自我性质的存在者——来看待时，我们就不得不把它们理解为事物。因此我们可能说，事物乃是我们人类在认知上的发明。

深入考察事物这个词的含义，我们能够发现，这个词从来不是无差别地指称存在的。一方面，从本体上说，事物虽然是一个物质性的物体，但事物作为事物具有多于一个物体的东西。事物是一种物质事件的结果，它是一种产品，具有产品的价值和意义。正是这种意义使一个物体成为事物的。低等动物不能从一个物体上看出这种意义来，因此它们不可能将一个物体理解为事物。我们已经说过，将一个物体作为什么来理解，是人类的认知能力实现的。因此事物的存在，是人类思维造成的。另一方面，事物的存在是差异造成的。没有差异，事物便不存在。事物是个高度抽象的词。在无具体所指的时候，事物一词的意思便和存在的差不多。但存在和事物毕竟是两个不可混用的词。存在仅仅指出来一个被感知到的事实，但事物却是用来命名（存在）的。也就是说，存在只有在被系名之后才能成为事物。我们不能说存在是或不是，但事物则一定是。我们自身以外的世界森罗万象，形态各异，但倘若这种形态的差异不能造成一种本质上的差别，那么事物也不可能出现。也就是说，只有当我们把一个物体领悟为一个实体的时候，事物

① ［英］乔治.贝克莱《人类知识原理》关文运译，商务印书馆 2010-11

才是有的。但是我们不知道低等动物的思维是否也能将一个物体领悟为一个实体呢？或许它们的思维没有将一个物体领悟为一个实体的能力，或许它们将感知到的一切对象都把握为实体，但它们把握实体的方式却不是对那个物体的理解。也就是说，在它们的眼里，差异性并不是实体性的由来。如果说这种差异性没有得到本质性的注意，它们只是作为存在的不同表现而没有价值和意义，那么事物在它们眼里是没有的。

在语法上，存在可以由指示代词它（It）来指示。这个它（It）可以指示一个纯粹的主体，比如说一个行为的决定者，一个某种生活的价值和意义的所有者；也可以指示一个纯粹的感官对象——物体。但是，无论是指示一个纯粹的主体，还是一个物体，当它（It）被单纯用来指示存在时，它（It）都不指示事物。倘若它（It）既指明了一个主体的存在，同时也指称了一个物体，那么，这里所指说的存在，就是一种康德式的物自体了。如果我们是诚实的，那么诚如康德所言，我们是无法理解这样的物自体的，对于这样的存在，我们没有通向真理的道路。无可奈何，我们不得不求助于上帝或者自然这样的不可知的渊薮，或者承认我们的智慧真的有限。本来，就“事物”这个词的最基本、原始的意义而言，它是没有什么神秘之处的。因为事物本来就是在我们的手中出现的，当我们说某个物体是某种事物的时候，我们只不过是指明了这个物体在我们的生活中所扮演的角色。它说的本来就是一个是物体的东西。这个是物体的东西是某种事物，并不是根据我们的判断是某种事物的，而是我们分派给它的。所以事物于我们而言是自明的。语法上，事物的存在由一个短语来表示：它是（It is）。这里，它（It）指示出一个物体，是（is）是对这个物体作为什么事物的陈说。但是这个陈述并非一个判断句，而是一个祈使句。正是这个陈述使这个物体成为事物的。我们通过一个具体的陈述指派给一个物体以一种角色，它就成了我们手中的一件事物了。我们已经指出，单纯一个物体是不能作为什么存在的，一个物体不能成为它自身，或者说一个物体作为自身无论何时都只是一个物体，即使它作为某种事物存在也仍然是一个物体。而一个如其所是的判断只能将一个物体判断为一个物体，而不能将它判断为一个异于物体的东西。动物的判断应该就是如此的。实际上，即使我们人类的智力也不会将一个物体判断为某种事物。因为在我们进行判断的智力上，并没有事物给予我们。如果说是我们人类自己制造了事物，而我们又对自己制造的东西是什么进行判断的话，那岂不是非常荒谬的？

那么事物究竟是怎么来的，以及我们和世界中的其他存在者是怎样成为事物的？

首先说，事物是在我们对世界的使用中出现的。我们惯常说，在行为方面，人类区别于其他动物的最大特点在于，人类知道使用并制造工具来获得他们想要的东西。这是人类智力上的优势。事物正是在对工具的这种使用和制造中不断出现的。有一些其他灵长类的动物也懂得使用工具，但是它们不可能具有事物的观念。工具在它们的手中可能仅只是偶然地适合做某件事情的一个物体而已。它们利用这样一件物体来做这样一件事情，可能仅仅只是出于本能。它们不可能明确地分派给这个物体一种角色。除非它们能反映工具的特性，或者说具有形象思维的能力，并且知道物体间相互作用的因果关联。

譬如说古人类使用工具与猿猴、猩猩之类使用工具就有本质上的区别。人类不但能使用现成的物什作为工具，而且能够制造工具。这表明他们已经发展出了明确的工具意识。

赋予某一物件以明确的价值和作用，这就是概念化活动。

这里我们要再强调说明一次，概念化活动并不是对认知对象的结构原理的认知。对事物内部结构的认识并不提供事物的概念。反过来说，概念化也不提供事物的这类知识。事物的概念是由人们对待事物的态度给出的。概念所提供给我们的是事物作为什么存在的知识。因此如我们现在所谓知识起源于人类认知和探索的好奇心这种说法是不合实际的。起源于这种认知好奇心的知识的探索实际只可能发生在世界已经被普遍概念化了之后。这种探索的本质是为知识而知识，或者说是对事物实际怎么样的认识。它发生在概念的指导之下，但这种探索无论怎么深入，都不会反过来改变概念，即不会改变人们对事物的态度。

因此，概念化活动的第一步，就是赋予对象以某种意义和价值。没有这种意义和价值，就不会有事物存在。但是对象的意义和价值不是凭空想象出来的，而是从人类的具体的生产生活以及审美的活动需求中产生出来的。世界若没有人类的这些活动，将是一个混沌的、光怪陆离的物质世界，不管它是如何千差万别。

我的意思是说，既然事物是在人们的生产生活活动中产生的，那么，如果说世界中有天然现成的事物等待我们去认识，这种说法是很荒谬的。对于那些自在自为的对象，我们不能使用它们，赋予它们什么价值和意义，使它们成为事物。概念化活动不会在这些自在的对象上发生。

那么，我们又是如何成为事物的？既然我们已经明白了事物是什么，事物是我们指派给某种物体在我们生活中的角色。从事物自身方面说，它所指示的就是一个物体。那么我们也应该能够明白，当我们谈到事物的时候，我们并没有提及一个主体，一个自我，也没有谈到实体，事物不是某种实体性的标志。我们之所以成为事物，与我们的工具性思维模式有关。首先，概念化活动是在而且只能在物质性的对象上发生。当一个物体作为某种工具被我们使用而成为事物的时候，它是作为一个物质的东西被我们认识到的。某种形式的物体具有某种功能，起初可能没有被明确地意识到，可能是偶然起到的这种作用。但是使用日久，当这种功能被认真对待，当这种功能被认为是这种形式的物体的所有属性时，这种形式的物体便会在这种属性中被区别看待，事物便在这种属性的差别中被确立起来了。当一个物体被确立为事物的时候，它们被确立为它们自身。因为那些属性是特有的。

当人类以这样的眼光面对世界时，世界中所有存在的一切无一不是事物。首先，世界是以物质的形式呈现给我们的（因为我们在使用工具时只与物质打交道，自然当我们带着认知的眼光醒来时，我们只能看到物质。）世界就是由一个个物体组成的。其次，它们各有其自身的特性。因为是物质的对象，因为各有其特性，所以它们是事物。当我们以这样的眼光来认识世界时，那些我们在世界中的形形色色的物体上察知到的特性就不再是我们在生活中与之打交道时的使用特性。但是那些形形色色的物体却被这些独立于我们的非使用特性作为事物保留下来了。于是乎，存在便只能作为事物被我们认识。

语法上的表现。在作为被使用的事物的意义上，当我们说某一事物是何种事物时，我们的意思不过是说，那一样东西是作为什么被我们使用的。或者说，它被我们如此运用因而成为我们所说的这种事物。在这样的表述中，有两点需要我们注意。其一，在我们所说的这种事物中所提到的事物名称，它是我们的生活活动的意义表述，而不是用来命名事物的；其二，在这样的表述中，名称并无确切地所指。或者说，当我们在使用特性上提到事物时，我们并没有对事物的特殊表象进行规定。因此在事物的这种意义上，事物一词并不用来指称特殊的群类。也即是说，事物不是用来划分存在的。说得简明一点，只有在与我们的生活的关联中才有事物存在。

比如说现在我们说到一台磨，我们都明白一台磨的意义。但如果是对一个从没有见过使用磨的人来说，磨是不存在的。也可以说事物不存在。因为两块圆形平面上下结构的石头若不被理解为磨，便什么也不是。这就是说，这里并不存在一种叫做磨的自性被我们认识。

这里倘若我们没有认真地搞明白事物的来由，如果我们一开始就认为我们是面对着一个自性事物，那么我们便会形成事物是个什么东西，或者说什么东西是事物这样一种认识。也就是说，我们会把进入我们视野里所有的一切都当做事物来对待，把它们看做自在存在、自然存在的事物。这样一来，我们便会得到一种自然的本体。而我们在日常生活中对事物的使用说明现在变成了对事物的自性说明。比如我们在说这是一台磨，说的是我们把这个东西当做磨来使用，而现在我们不得不说这样结构起来的两块石头叫做磨。在后一种情形下，就会如有些哲学家所指出的，没有判断就不会有陈述。

现在让我们来看看在事物是个什么东西，或者什么东西是事物这样的认识中世界在我们眼中是什么样的。那么，除了一台磨，房屋、桥梁、雕像、汽车、桌椅板凳等这样的日用工具，也就是所谓的人工制品是事物之外，还有人、马、猪、狗、大象、骆驼、鱼鸟花虫等这样自在存在或者说自然存在的东西也都不外乎事物。那么我们又怎样来理解这些自然存在的事物呢？人是什么事物，马又是什么事物？我们根本不可能回答这类问题。但绝不是因为这类问题是无意义的，而是因为我们给了自己一些根本无法认识的东西。在这种情况下，好比前面我们对一辆汽车所做的分析，无论你是亲自指给我看，还是巨细无遗描述一个人，一匹马，指明它们的形态，所有的生物特性，我都不会对人是什么，马是什么有所了解。而这就是我们目前在自然存在的对象面前的真实状况。哲学家们在这样的窘境中已经困扰了几千年了。

第二节 我们的知识

我们现在所有的知识，或者说常识，都是关于事物的知识。乍听之下，好像我是说了一句废话。难道我们的知识还有不是关于事物，而是关于别的什么，比如虚空的吗？这种责怪是不难理解的。在这种责怪中包含着一种普遍的认识，或者可以说是人们的一种常识，这种常识认定了存在即是事物。或者说在这种常识中，没有事物，也就无所谓存在可以说起。

在当代哲学中，有一句非常时髦的流行语，“何物存在”，它作为一个哲学问题被哲学家们饶有兴趣地谈论着。何物存在？这可是个重大问题。因为它提出了事物与存在的关系问题。其一，哲学家们问的并不是一个我们将要到达、将要了解的地方、处所，有什么东西在那里，而是从概念的角度来论证事物实际上存在的逻辑可能性；其二，何物存在中的物，指的是一种可以被感知到的物质实体。这两点结合在一起，决定了我们对存在的认知，决定了我们对存在所可能有的知识，那就是，我们所有的全部知识都是关于事物的知识。

事物是个什么东西，或者说什么东西是一个事物。在这样的认知中，我们得到了一些本体。我们关于世界的知识，就是对这些本体的认识，或者说就是对这些本体作为事物存在的认识。所谓知识，按其本质来说，就是关于事物的。没有事物，就没有知识。因为一方面，说到事物，按照常识理解，就是一个物质性的物体所是的东西。因此在我们的正当的知识中要求有对这个物体如何成其为所是的了解，即是对事物本身，即这个物质物体的物理学方面的认识；事物只有进入到某个存在的范畴中才能成为事物。事物不是一个简单的物体。这个物体必须能满足某个特定范畴的要求，能被这个范畴说明。因此，事物在范畴中存在，说明了事物不是某种莫名其妙的东西，而是有某种高于事物，统驭事物的力量，它们是事物的原因。另一方面，我们的知识具有系统性和融贯性。认知活动是从某个系统的某个点或者某个视角出发对众多分散的个体所做的盘点和整理。不存在单个的事物，也不存在关于单个事物的知识。当分散的个体被认识时，它们是以适合系统本身的特点的方式被吸纳和整理的，这就出现类的概念（在事物的语境中，我们仍然使用概念这个词来指称那些指称性的名词）。我们的知识就是建立在这些五花八门概念的基础上的。

因此，我们关于事物的知识包括两个基本的部分，一是关于事物本身即本体的知识。这种知识构成了自然科学的基本内容；二是关于我们用于命名和整理外部事物的那些工具和手段的知识，这些知识是逻辑学的基本内容。但是我们还有另外一种更为基本的知识需求，这种知识是解释事物何以存在的。因为存在才是最重要的，存在才是一切。所以它凌驾于前面的两种知识之上。这种知识就是哲学。

关于自然科学我们没有更多可说的。人类思维之锋利，在今日技术型的科学领域中体现得淋漓尽致，可谓无所不能了。建筑学（我用这个词来称呼所有研究事物本体的科学）已经发展到了可以把所有的生物体都彻底解构出来的程度，在事物方面，我们已经没有什么能成为科学的秘密了。的确，我们应该相信科学，相信它对事物是怎么样的说明是正确的。我想要指出的一点是，由于不了解在我们的眼中的事物本质，科学家在最深刻的起点之处对他们自己的工作实际上是缺乏了解的。尽管科学可以把它想要做的事都做尽，但它不能最终解开存在的秘密。这个原因在于我们根本不了解我们的工作对象。

对于揭开存在的秘密这个艰难的任务，科学不能取得最终的胜利，我们不能如愿以偿、重见天日，并非是科学家们的错，这个糟糕的结果是坏在我们的常识手中的。因为何物存在，乃是我们的常识这样说的。科学家已经弄清楚了我们的常识手中的这个东西，把它条分缕析地铺开在了我们面前，但我们还是不知道我们的常识所说的这个东西是什么，如果我们的知识满足于知道一个只是差别性标志的符号，则科学家们的任务可以说就算是完成了（当然，我们还得相信大爆炸理论是正确的，并解释清楚最初形成大爆炸的物质或者说能量的来源）。因此我们还应该回到常识本身这里来寻找问题到底出在哪里。

所谓常识，即是指我们用于指明世界上何物存在的一套概念系统。我们是通过这一套概念系统来认识世界的。这套系统是一套名称组合，是用来命名事物的。系统中的那些名词是因为它们命名了事物而成为概念的。因为事物必须是什么，然后它才可能成为事物。通过名词，我们不但指明了存在的对象，而且还同时将被指明的对象确立为事物。比如这里现在有一群正在吃草的动物，我们可以把它们叫做马。通过这种命名，马这种特殊的动物就可以方便地和其他动物区分开来了。但是这种命名活动远不止是将对象之间的差异命名出来，而且它们是在意向上指向一些自体的。它们是在给自体命名。因此，命名活动中那些差异性的描述便会将对象揭示为事物。它们构成了事物之为这种事物的规定性。所以一个概念是由两部分构成的，便是被概念说明的对象以及用于说明对象是何种事物的陈述。前者是概念的外延，后者是概念的内涵。

按照概念内涵的大小，概念又可以形成一个由下而上的等级体系。处于最底层的是种概念。种是区别对象是何种事物的最小概念，其上是属概念，然后是科、目、纲、界、域等。有些层级的概念包含着亚层。概念之间的属种关系是按照我们看事物时视域的大小来划定的，处于下位的概念的外延全部包含在处于上位的概念外延之中。

由于有了这样一套概念系统，世界在我们的眼前变得清晰起来，变得有条不紊而方便辨认了。我们可以根据概念的描述，按图索骥式地查找我们所需要的对象，了解它们是何种事物。由此，我们曾一度相信，世界是可以被我们认识的。

如此，世界便真的被我们认识了吗？事物便真的被我们理解了吗？我们当然不会高兴得太久。因为我们很快就发现了有两个问题是我们也许根本就无法解决的。一个是事物的来源问题，另一个是事物究竟是什么的问题。关于第一个问题，也许我们至今仍然会认为，我们是可以依靠科学的不断进步最终解决掉的。那么第二个问题呢？这个问题不是那种可以逻辑批判地否定掉的形而上学的假问题。因为我们不理解事物的名称的意义，我们也不可能理解我们给它这样一个名称的这种事物究竟是什么。

通过这些概念，世界确实变得清晰起来了。但它是这样变清晰的：即它是以我们认识到的物质对象的方式变得清晰起来的。我们的概念整理和翻动的就是这样一些各式各样的物体。仿佛我们在自然界中获得了取之不尽的原材料，我们的任务只不过是要给这些原材料进行归类整理，给它们贴上标签而已。我们的概念就是这样一些标签，这些标签是贴在事物身体上的标志。这就是我们概念化世界的过程。我们把这个过程视为即是对世界的认知。如果说世界确实是在我们的整理中才成为今日我们眼中的世界的，即是说，成为事物的世界，那么这一概念化世界的过程就应该是我们认识世界的过程。事物在概念中被提到我们面前，它就不再有任何可疑之处。但如果说事物不是概念化的产物，而是我们用概念来事物系名，则概念化的活动就不是我们的知识的一个组成部分。正如我们有了某个人的名字，并不能就说我们认识了某人。用概念来给事物系名，在这个意义上说，概念化活动只是我们认识世界的起点。我们的知识即发生在这个起点之上。我的意思是说，在经过了概念化之后，我们仍然面对着事物本身是什么的问题。因为在这里，事物本身并不是概念约定出来的。这里的事物是一种自然的对象，它们的存在与我们的活动无关。我们的概念活动只是从现象上对业已存在的事物进行了描述。即是说，概念对事物的存在特性进行了报道，但它并没有揭示出事物存在的机制。在对概念的认识上，我们有一种基本的认识，就是认为概念统领着事物的存在。不错。但问题是，我们能拥有自然事物的概念吗？我们拥有自然事物的概念这种说法是真的而不是自欺欺人吗？如果我们认为这是真的，即是说，我们用来给自然事物系名的那些符号是真正的概念，那么我们也就会说，事物是按照它被我们认识到的那种方式构造出来的。这样，我们也就会顺理成章地认为，概念确实反映了事物的存在。但事实是，那些我们在所谓事物身上观察到的所有特性并不能用来形成一个概念。如果说概念必须统领事物的存在的话，那么我们依靠观察得来的概念却远远满足不了概念的这个要求。或者说是我们错误地把它们当做概念来使用了。

在这种情况下，我们不理解概念，也不可能理解概念所阐释的事物究竟是什么东西，就是必然的。既然这种概念无法统领事物的存在，那么这种概念所能带给我们的必须就只能是一些囫囵的物体了。只是因为我们面对的是一些物质的对象，我们被迫承认它们是事物。但是对于这样的事物，我们的这种概念就永远只能停留它们的表面打转转了。

概念能统领事物的存在的例子，如房屋、铁路、桥梁、桌椅、钢笔、雕像等等。这类概念的特征在于它们的直观性。我们能通过字面上的意思直接领会它们所说的是什么东西。因为这类概念事实上不是用来指物的，而是用来构造事物的。可以说，没有概念，便不会有它们所说的事物的存在。因此概念的出现对事物的存在来说是决定性的。概念不能统摄事物的存在的例子，如人、马、狗、大象等这些关于自然事物的概念。通过这些概念，我们不能获得它们所说的事物何以存在的丝毫信息。我们甚至也不了解我们自己创造的概念的真实含义。

因此，在关于概念与事物的关系问题上，我们有两个方面的质疑。要么，我们用以指说自然事物的那些普通名词其实并不能当做概念来使用；要么，被我们当做事物来看待的那些自然事物其实根本不是事物。

然而，我们的常识在这两个方面都是持肯定态度的。我们认为，那些自然存在的对象是事物。并且我们也相信，通过我们现有的，还有可能不断创造出来的概念，我们能够正确地将事物的本质反映出来。这样我们就获得了事物的知识，但是这样的认识未免过于肤浅。这不是对事物本身的认识，而是对事物之表象的认识。

我们的概念只能触及事物的表面。这是因为，所有的事物都是在我们的表象中，通过我们的表象建立的。通过表象，我们从外部世界中获得了一些形象，由此，我们把被表象者思想为一些事物。这个意思是说，是我们自己制造了事物，或者说臆造了事物。因为我们不可能在表象中获得事物，因为表象只是一种单纯的感觉活动。事物的称号是我们强加给感官对象的。这样一来，我们便把一些物质对象作为事物确立起来了。而事物存在的机制却不在表象的功能范围内，因此事物在我们只能是一个物体，或者说存在只能以物质实体的方式被我们认识，这就是事物。

为了使这些物质实体成为事物，又或者说为了使我们在世界中飘荡的思想有一个落脚之处，还有，为了使这个被表象的世界能被思想，我们需要给不同的表象命名，由此我们有了一些指物的名词。这些名词被认为指称了一些不同的事物，因此经过阐释，它们也是我们用以理解事物的概念。

概念是用来说明事物的。我们也不会认为这个常识有错。我们惯常说概念是我们和外部世界的联结点。但是，只有在我们与之打交道的对象确实是事物的情况下，概念才能帮助我们建立与事物的真实联系。当我们运用概念于那些自然存在的对象时，我们能感觉这种真实联系的存在吗？我们忘记了它们是怎样被我们建立为事物的。我们只是在表象的基础上就想当然地把它们设想为事物的。因而当我们将它们当做事物而开始设想它们的存在时，我们总是能感觉到我们的设想是一相情愿的。概念，这条我们用来追溯事物之存在的线索并非是天然的，而是我们自己编结出来的。我们和那些具有思维的自然对象确实能建立一种真实的联系，但绝不是在我们把它们当做事物的时候。

对于自然的对象，如果我们认为，概念是我们认识存在的思维的起点和归宿，那么这样的起点和归宿都是子虚乌有的。

自然世界形形色色，面目各异，不可尽述。自然世界中的每一个体，或者每种事物都不是出自我手的，我们无法弄清楚它们在这个世界上出现的原委，在存在的问题上，我们与它们之间的交流从来不是相互的，主体间式的交流。甚至在自我认识的问题上也是如此。我们所知道的就只是我们所看到的。也正因为如此，我们才不得不将它们看做事物。我们不得不把它们看做事物，同时我们又不可能有对它们多一些的了解。这种情况使得我们只能满足于从存在的表象上来了解它们，对它们的存在作出种种猜测。比如在我们说明事物的概念中加入本质，以物性来作为事物存在的支撑。由此也引出了一个哲学中经常辩论的问题，即存在的本质或存在和本质的关系问题。以物性作为事物存在的支撑使得表面上看解决了事物的存在问题，但事实上它反倒使事物的存在神秘化了，变得更加不可理解了，这种方式的思维是一条形而上学的死路。以物性作为事物存在的支撑，就是肯定了人、马等是一种实体。我们在关于事物的概念中就反映了这种实体性（它被认为是事物的本质）。比如在人的概念里有人是一种理性动物一条。具有理性是人之所以是人的物性。这种认识使得有些人认为是上帝创造了人，有些人认为自然是神性的存在。

关于物性的问题需要进一步澄清一下。因为物性的存在是十分魅人的。因为自然的世界在我们眼中是形形色色、形态各异。我们总体上也是根据事物的形态来划分事物的种类的。被划分为不同种类的事物不但在形态上各异，而且它们的生理特点，生物习性都不同。总之各种生物之间由于其固有的生物特性是不容易弄混的。这就是我们所谓的物性。我们随便找几种生物来简单地比较一下它们的物性。人的物性可以简单地概括为：直立行走的哺乳动物，杂食，有理性思维能力；鸟：卵生，两足，全身覆盖羽毛，有翅，能飞；蛇：爬行纲脊索动物，无足有鳞，冷血。也还有用阴冷狠毒来形容蛇性的。上面提到的生物分类学的根据也是物性。

不可否认，我们有许多不同的从自然界中获得的表象，我们确实在自然界中观察到了有许多种类不同的物体存在，并且在这些种类不同的物体方面观察到了不同种类的行为特性。我们能由此告诉他人，我们看到了事物吗？所谓物性，这里不是指物质的那种物理化学特性，而是指的事物之为某种实体的本质特性，比如人性、马性、鸟性等。非常明显，这些实体性并非某种机械性。因为事物在本体上是一个物体，一个物质结构体。人性、马性、鸟性等这些实体性与一个机械性的物体是风牛马不相及的，这是稍加思索就可明白的。因此，它们不可能是事物性，也不可用它们来命名事物。

因此这里没有所谓物性可言，也没有事物可言。我们只不过看到了一些不同种类的物体，看到了一些不同种类的行为特性，仅此而已。

关于本质的问题。

本质不是指事物本身（本体）的某种属性，而是指事物之是。比如一支钢笔的本质就是钢笔，钢笔是使用墨水书写的工具；一个雕像的本质就是雕像，雕像是用来肖像的人工作品；一间房屋的本质就是房屋，房屋是用来住人或贮存的建筑物，如此等等。事物必须具有本质然后才能成为事物。因为只有这种本质才能把它的存在界定出来。这里为什么要把事物的本质与事物本身的属性区别开？这是因为有一些人很容易把事物与物质混同起来。比如说会有人将水、石头、木、土等这些东西当做事物。我猜想有这种错误认识的人还不在少数，甚至在哲学家中也不乏其人。否则恐怕不会产生“事物本身”这种奇怪的想法。实则他们所谓的事物本身就是一个物质物体。属性就是指这个物质物体（我们称之为本体）的物质特性，如土性、木性、石性等。比如我们把一张写字用的木台称为桌子，而不会仍然把它说为一块木板。这是因为我们知道桌子是一种事物，而一块木板却不是。我们必须弄明白，桌子并非是这块木板的属性（亚里士多德的潜能说明显地犯了这个错误），而是这块木板所成为的东西。同样，我们也不能把一棵树说成是一段木头，因为树是一种事物，一种木质的事物（假如我们认为树是事物的话）。

现在我们可以问一个至为关键的问题了：我们凭什么把那些自然存在的对象叫做事物？它们的本质是什么？何以我是一个人，那个是一条狗，而另外一个是一匹马？有人能告诉我，说我是一个人，它是一条狗，那个是一匹马，这些话有什么意思吗？至少，当我说这是一支钢笔、这是一所房屋，这是一个雕像的时候，我是理解这些话的含义的。因为我能告诉你什么是一支钢笔，什么是一所房屋，什么又是一个雕像。即是说，我能告诉你，它们是怎样，或者说因为什么而成为事物的。与它们的情况不同，我却不知道我是怎么成为一个人的，我也不知道人们说我是一个人有什么意思。一条狗，一匹马的情况也是如此。所有自然存在的对象都是如此。一支钢笔作为钢笔存在，这就是一支钢笔的本性，即它的事物性。它是在这种事物性中成为事物，成为一支钢笔的。但若说人性是一种事物性，我们是在这种事物性成为事物，成为人的，那么的确，我们是无法对人性作出解释的。至多我们只能说它是一种自然性。但既然我们不了解自然的意图，或者说我们不了解自然到底有没有意图，在这种情况下我们就说它们是事物，是自然创造的事物，这不是一种蛮横的逻辑吗？

还有另外一个问题，是关于所谓事物本身（本体）的。因为事物之为某种事物，是对事物本身的一种规定性。这种规定性限定了事物本身只能以这种方式存在。这就是事物本身的构造，或者说是构造事物的原理。每种事物都有其特殊的形态或结构，这是因为若不如此，它们就成为不了那种事物。这是一种机械性的物理原理。对此，科学尽可以加以详尽的说明。我想说的是，这种结构，这种限定，对于事物本身来说是一种固有特性。若事物本身想要挣脱这种拘束，就是一种非分之想。幸好我们没有见过这种事情真的发生，否则一座桥梁可能会因为不堪重负而自行垮塌，而一把椅子可能会因为忍受不了你的屁股而自行逃跑。但是这种抱怨却经常会在一些不理智的人身上产生。他们或许因为生活上的不如意，或者因为他们梦想像传说中的神仙一样活着却无法做到，因此他们对自己生而为人感到悲伤。通过以上简略的分析，我们应该能判断出这种不正常的心理来自哪里。对自己的身世感到悲哀或兴奋，这种情绪源于他们看到的事物，他们把自己看做是事物。迫于理智上的认识，他们不得不遵从事物的法则，以为这就是他们的命运。我想说，有多少贤达因此误入了歧途。

如果我们不是事物，至少，如果我们没有明确的见识将我们自己当做事物来看，那么我们就没有理由认为自己具有某种本质，是一种被限定的存在，也没有理由认为我们必须按照作为事物的法则来行事、感觉和生活。这个在本章开头已经说过。

本质、本性、事物，我们就是在这几个概念中来认识世界的，并通过概念化活动建立起了我们的知识体系。认识，按其本性来说，应该是认识其存在。如果说在我们的知识中没有或者尚未达到对存在的认识，那么我们的知识就是不完善的。这不是认识的深度和广度的问题。甚至可以说，我们的知识因此可能成为空中楼阁。因为关于存在的知识是一切其他知识的根据。误入歧途的哲学家们绞尽脑汁、呕心沥血地发明出一套一套的哲学理论来，为的就是要给我们提供这种知识的依据。但可以肯定的是，他们是不会有人取得成功的。他们的成就就是以各种奇妙的玄想来取悦人们的想象而已。

在常识里，我们所谓认识或者知识是什么意思？什么是知识？知识是怎样形成的？或者我们这样问，知识的本质是什么？从表面上看，知识就是一种识别和鉴定的活动。但是如果没有某种东西做支撑，这种鉴别的活动是不可能出现的。说到知识，我们必须记住已经说到的一点，任何知识都关涉两个或两个以上的存在对象，如果不是事关两个或两个以上的对象，就不可能形成知识。我们可能把这看做是知识的本质。而认知活动就是对多个事物之间某种共性的觉察。这种共性的发现将形成我们关于事物的概念。由某种共性形成的概念又将把具有这种特性的事物整合为一个群。因此，所谓认识，就是从群中找出个别事物，所谓知识就是认识到群的存在。这就是我们根据概念来认识世界的意思。

毋庸置疑，从逻辑的角度看，这里一点问题都没有。问题是，是否所有的对象都接受我们的这种知识的整理？比如说，当你告诉我某些对象是人，某些对象是马，而另外一些对象是猪、狗、牛、羊、大象，等等时，我怎么总是在心底产生出一丝怀疑和不安？它们真的是你说的那种东西吗？从你的话语之中，我似乎只是听到了一些音节而无法理会它们的意思。就算你在发出这些音节的时候指指点点也不会对我理解你产生什么实质性的帮助。我告诉你，因为我根本不可能认识你说的、指的那种东西。在这样的时刻，我们的知识彻底无用了。

问题出在哪了？很明白，当我们把这样的知识应用于自然的对象时，我们的概念中不包含着对对象的存在的揭示。

与我们之前提到的钢笔、桌椅、雕像这些概念相比，那些关于自然对象的概念是如何失效的，这一层是应该可以立即看明白的，不是吗？指明这一点的用意，不过是要我们从此区分出在所有的对象中哪一些是事物，哪一些不是。有一些对象是不能被当做事物给予概念化的说明的。

概念对事物具有统括性。就像有些哲学家说的，在概念中，我们能经济地，一捆一捆、一束束地认识事物。我们为什么能这样做？就是因为概念统摄着事物的存在。

如何是概念统摄着事物的存在？即是说，事物的存在是从概念那里得到解释的，事物的存在只有经过概念的解释才能成立，才能被人们理解。但是这里并没有说概念是某种人们先天具有的观念（像柏拉图主义者所说我们具有关于事物的先天观念一样）。概念来源于人们在生产生活中的创造，因其实际的某种特殊的需要，他们将某种东西作为某种事物来运用，以后又在对这些事物的特性的反思中发明了更多的事物。这发明事物的过程就是概念的使用。将某种东西运用为某种事物，这是概念的获得，而发明更多的新事物，则是概念的运用。这里没有将某种自然存在的东西当做事物本身来理解的唐突或冲动。事物的概念是通过运用自然存在的对象进入到人们的朴素的意识中的。没有这种人与自然对象的交通，我们不可能有事物的观念。如果说一开始在我们先民朴素的意识里就有自然事物的观念，那我认为这不可能是实情。因为说某个东西是事物是一种抽象的表达，他们不可能无理由地甚至是突发奇想地从另外的角度来把一个物体理解为是什么事物，理解为一个不同于他们自身的东西。

概念统摄事物的存在，也没有指涉的含义。概念不是用来反映或说明世界上实际存在的事物的。在概念创造了事物这个意义上，在概念之先，实际上是没有事物存在的。因此在概念之后究竟会有多少数目的个体出现是不确定的。但这个问题并没有意义。要紧的是，我们要弄清楚，概念有其自然的外延这种说明是荒谬的。因为事物不是一种自然的存在。

由于在这个问题上没有认真地搞明白，或者说人们在这个问题上一直以来没有过真正的“洞见”，从始至终都认为概念是说明现实世界中存在的事物的，致使人们在思想中想象世界的存在时，有时出现了概念的内涵与其外延之间的不协调。这就是被蒯因形象地称为“柏拉图的胡须”的那个关于非存在的问题。这里我无意参与蒯因们的争论，我只想说这个问题是荒诞的。因为如果说像飞马这样的词是用来反映自然存在的对象的，那人们根本就不可能会有飞马这样的观念。因为现实的世界中至少到今天还没有这样的对象可供反映。如果有一天真的出现了会飞的马，那也不是何种事物。但假如飞马确实是一个概念，那么我们就一定已经有了飞马，只不过这种飞马不是某种天然存在的东西，而是我们自己制造出来的事物，就像我们已经制造出了飞机一样。如果我们把飞机做成马的形状，我们不是可以把它叫做飞马吗？

在无矛盾的前提下，我们可以根据自己设想出来的概念制造出任何东西来。这些都是事物。自然中有没有伯克利学院又方又圆的屋顶是一回事，我们能不能制造出又方又圆的屋顶来是别外一回事。总之我们只要明白概念不能用来指涉自然的对象就够了。明白了这层道理，我们应该也能明白现代的逻辑分析哲学、逻辑实证主义哲学、哲学中的各种各样的模态逻辑是怎样兴盛起来的。罗素以后，哲学家们都在谈论着可能的世界，只因为他们都被事物的观念误导了。

在我们运用概念来表达某种存在（我们也可以把这种存在看做实体，即意义相关体）的时候，概念之中并没有事物本身这种含义。也就是说，概念不是用来指物的。中华人民共和国这个词并不是指一块特定的土地，而是指一个政治实体；而中华人民共和国公民这个概念也不是指一些特殊的人群，这些人取得了中华人民共和国的国籍，有在中国这块土地上的生存权，而是指我们对待这些人群的态度，这种态度在中华人民共和国公民这个名号之下将这些人群变成了事物。由此可以看出，当概念出现之时，我们并没有在概念之中设立本体。相比之下，那些所谓关于自然事物的概念却处处指示着本体的存在。对此，可能有人会反驳说，概念是抽象的，它们没有固定的所指，但后者正是因着本体的存在而设立的。因概念而设立事物与因事物而设立概念是完全相反的两回事。

关于我们知识的讨论，我只有一个目的，那就是要通过对概念和事物的关系的分析来指明，我们不能将那些自然存在的对象当做事物去认识。通过建立一套概念的系统去演绎自然的存在是没有任何作用的。这样一套系统无助于人们对自身存在的认识。假如我们把这套概念系统当做是已经取得的关于实在的知识，那么我们现今所拥有的全部知识都将流于一种肤浅的表面说明，我们对世界的整个认识也将只能是知其然而不知其所以然的。

第三节 真理

我们不可能就这样连自己的存在都搞不清楚糊里糊涂地活下去，如果弄不明白人生究竟是怎么一回事，那么，无论选择什么样的生存方式对我们来说都是毫无意义的。我们总是在问，这个世界是怎么来的？为何这个世界上就有了我，有了你，有了他，有了万物？是否有一种超越于万物之上的力量创造了世界上的万物？这种力量要么是盲目的，要么是有意志的、理性的？在为着回答这些问题而产生的各种各样的理论中，哪一种才是值得我们信赖的真理？或者说这样一种真理是否已经产生出来了？而我们判断它们是否是真理的依据是什么？是否又存在这样的依据呢？我们的这种依据的正当性又是如何得来的呢？

首先说什么是真的。所谓真，那就是与事实相符。比如你用一个陈述告知了我一条信息，你说昨天我们这里下过一场雨。因为我昨天并没有离开过这里，我确实见证了昨天的那场雨，所以我相信你的话是真的。如果是一件事情需要作出解释，那么你就必须告诉我这件事情是怎么引起的，而在我这方面，我也必须具备相关的知识，才能相信你的解释是不是真的。比如说下雨这件事，当你告诉我下雨是因为空气中积蓄了比较多的水汽，在高空遇冷凝聚降落到地面上来而形成了降雨。在我来说，因为我已经获得了关于下雨的常识，所以我相信你的话是真的，我可以用“这是事实”这句话告诉你我是相信你的；但是当你给一个小孩子这样来解释下雨的现象时，他就不敢肯定你说的是不是真的了。他凭什么相信你呢？他相信你说的话，是建立在对你的信任的基础上的。如果你以前曾经欺骗过这个小孩，那么即使你现在作出的解释是真的，他也不会信以为真。因为他还没有获得与下雨相关的知识。这不是说真与不真的问题，是两个人的意见是否相合的问题，而是说，我有这样的信念在我关于存在的意识里已经是一个事实。在这里，昨天曾经下了一场雨是一个事实，而过多的水汽在高空遇冷凝聚下降到地面来形成降雨也是一个事实。也就是说，让我判断你所说的是不是真的，这个依据是事实。因此，真理有一个固定的单一模式，这就是符合模式。

某种信念取得了事实的地位或者说资格，这就是真理。在此，我们就面临着这样一种危险，就是把那些仅凭想象在逻辑上论证得来的当做真理来接受。当然，现代哲学已经不允许这样的空想。更加理性的人们在思考每一种可能的理论时，都要求它能被科学证实。你说水汽在高空遇冷凝聚成水降落到地面上来形成了降雨是个事实，其意思不过是说，你所说的，你对下雨的现象所做的解释是已经被科学证实了的。证实了是什么意思，那就是说，我们能以某种技术手段把某种你所说的、所看到的现象还原出来。

理论具有还原事实的倾向，我们习惯于将这种还原叫做解释或说明。当事实接受这种还原时，或者说，当我们认为一种理论对实在的解释和说明是有效的、成功的，我们就认为这种理论是真理。当人类文明进入技术时代以来，我们在认识自然，利用自然和改造自然方面确实取得了长足的进步，这些活动也确实给我们的生活在物质方面带来了很多的实惠。然而这些技术的进步大多是在理论的指导下取得的。

那么，理论是如何解释实在的呢？

理论是通过发现实在之间的联系，以假设实在之间存在某种作用力的方式来解释这种联系的形成，并最终解释实在是如何产生的。也就是说，我们在实在之间建立了一种因果的关联。

因果关系统领着整个实在世界。小而言之，我们的一饮一啄，晨昏息作，无非因果致动。大而言之，我们这个地球上所有的一切，春秋代序，物换星移，乃至整个宇宙的运行，都处在一条因果的锁链之中。如果说万物的存在，包括我们自己，无一不是来自那不可预知的力量，那对我们自己来说，我们不得不离开自身，去探索所有实在的起源。只是因为一切实在都不是亘古自存的，实在才需要我们去认识；只是因为一切实在都是因果性的，所以我们才需要理论去说明这些因果关系的性质。也就是说，一切理论都是因果关系的阐发。而我们依据对因果关系的发现实现对实在的理解。

因果性意味着必然性。没有这种因果的必然性，便不会有科学。那么，这种必然性也意味着世界在存在论上是决定论的吗？

本节将对形成理论的基础做一个尝试性的分析，指出现象之间的因果关系为什么是必然的，一条律则陈述为什么具有一个事实的价值，它们在分析自然现象时为什么总是有效的；以及为什么所谓的生命现象不能用科学的决定论去解释。

首先说为什么会有理论这回事。

本来理论确实不关我们平民百姓的事，它是那些出离现实的思想者们驰骋想象的领域。为什么这样说呢？因为认识世界所需要的只不过是观察，通过观察发现某些规律性的东西，然后运用这些规律来解释已经存在的事实，并运用这些规律来预言将来会发生的事情，这就足够了，我们不需要去解释这些规律的存在。然而理论却涉及了何物存在这个根本问题，这个问题关乎我们每个人对自身存在的认识。因此我们其实都有必要认识理论的性质。

每一种理论中都包含着几条数量不等的规则，这些规则是现实规律性的定量描写。而理论则负责解释这些规则的存在。如万有引力理论。万有引力理论说的是，自然界中任何两个物体之间都是相互吸引的，引力的大小与两个物体的质量的乘积成正比，与两个物体间距离的平方成反比。它用数学表达为：

$$F = G\frac{M_1 \cdot M_2}{R^2}$$

其中 F 是两个物体之间的引力；G 是万有引力常量；M 是物体的质量；R 是两个物体之间的距离。

这里给出的这个数学表达式并不是万有引力理论本身。万有引力理论本身只是假设了引力的普遍存在。它是为了解释物体自然运动（比如说苹果掉落）现象何以存在的一个假设。在这里它以一个符号 F 表示出来。至于物体以怎样的自然方式运动，则以等号之后的算式表示出来。也就是说，无论 F 是不是真的存在，物体的自然运动方式都可以用等号后面的算式实际地测算出来，F 只是一种假设其存在的某种东西，这种东西或是某种实体，或是某种作用力，比如说引力。它是被作为致动的原因假设的。

这里产生了一个具有根本性的问题，就是这种致动的原因是不是真的存在？每种理论都会引入一种假设的东西来解释实在的现象，这是理论的根本特性。这种引入进来的东西科学上称之为理论构体。那么这种理论构体究竟是否实在呢？比如这里提到的万有引力。如果说这种力是实际存在的话，那么我们对这种非接触性的力本身却是难以捕捉和验证的。因为它的作用的瞬时性，超距作用性，以及无法屏蔽性，等等，这些都是我们难以物理地加以想象的；但如果说这种力不存在，科学家们却在这种理论的指导下作出了许多重大的天体上的新发现，我们又如何解释这种理论在实际运用方面所取得的巨大成功呢？特别是万有引力的数学表达式量化了这个理论，似乎也使得万有引力的存在客观化了。

科学中的理论构体是否存在在科学哲学内部是个备受争议的问题。在此我们没有必要详举那些论战立场和论据（有些理论所引入的实体，如微观物理学中可以捕捉到的微粒是存在的），我所关心的是实在论与反实在论在存在论问题上产生的影响。

因为如果说这种理论构体是实在的，那么这种科学的理论化进路无疑会助长不谨慎的人的形而上学玄想。因为实在却又不可捉摸，是科学实在论和形而上学的实在极为相似的地方。因为科学的理论和形而上学的幻想同是为了解释实在世界的现象的。如果科学中的理论构体不能被实际地捕捉到，那么它们便会沦落为逻辑的构造物，和形而上学的实体就没有什么本质上的差别了；反过来说，如果不借助这种构体，我们就不可能得到解释的理论，所有事情都需要认识和解释，况且我们在运用这种理论解释和预言事实方面每每都取得了成功，我们不可能抛弃曾经并仍将成功地指导我们的实践理论。

其实任何一种理论的本质都是形而上学的。因为理论的构想本来就不是一个探索和发现的过程。而理论的本意也不在于发掘实在，它只是要使实在成为可以理解的，或者赋予实在以某种寓意。为此，它会在现实的世界里放入某种东西以使得实在的世界服从我们对它的说明。这种放入的东西必须能够使得实在的世界按照我们实际看到的那个样子行动。这稍微有点像在几何证明题中在原来没有的地方添加了一条辅助的虚线一样。理论的目的就是要寻找这样一条虚线。只不过我们不会把理论所引入的东西视为虚构，而是真心实意地把它看做实际存在的。事实上，理论的构想，实际就是一个意向活动过程，是一个酝酿和制造概念的过程。当我们开始有了一个需求或愿望的时候，我们已经有了一个概念，那就是这个需求或愿望本身。因此，那在我们的需求和愿望中实现的东西，是我们的意向活动的产物。好比我们为了要制作一个雕像而意想一把锤子一样。理论的构想就是在这种意向活动中发起的，而理论所引入的构体也不是本来存在而被我们发现的，而是我们根据自己的需要构想出来加在实在世界之上的。

理解了理论的本质，理解了理论构体是一种概念活动的产物，我们就不会陷入实在与非实在的争论中去，也就不会去玄想那些形而上学的实体。

理论如何生起的问题我们只说这些。下面我们说说规律。

实在的世界之所以是可以理解的，乃是因为我们可以在其中发现很多的规律。规律的价值，就是我们可以用它来解释已经知道的事实并预言将来可能发生的事情。这样的规律在科学研究的每个领域都有很多。

如在物力学领域有关牛顿的三大定律。第一定律是惯性定律，惯性定律说一切物体在没有受到外力的作用时，总保持静止状态或匀速直线运动状态；第二定律说，物体在受到合外力的作用时会产生加速度，加速度的方向与合外力的方向相同，加速度的大小与合外力的大小成正比，与物体自身的惯性质量成反比；第三定律说，两个物体之间的作用力和反作用力在同一条直线上，大小相等，方向相反。在热力学领域也有三大定律，第一能量守恒定律，能量不可能凭空产生，也不可能凭空消失，它只能由一种形式转变为另一种形式，或从一个物体转移到另一个物体；第二热传递定律，热量自发地从较热的物体向较冷的物体传递，绝不可以反过来；第三绝对零度定律，绝对零度时，所有纯物质的完美晶体的熵值为零，或者说绝对零度达不到，等等。

这样的定律很多。定律本身不是理论，不是人们构想出来的东西。它们是一种事实存在的现象，是人们从存在的事实中根据观察发现的。而理论正是为了整合和说明这些事实的规则而被构想出来的。

上面我们已经指出了理论的构想实际上只是一个概念活动的过程。因为这种概念活动是为了说明和解释现实世界中存在的现象的，这些现象就是我们上面所列举的那些规则。因此这些规则是一开始就被统筹到理论的概念运作之中的。牛顿力学的各个定律都可以被万有引力的概念所涵盖。而热力学的三大定律，物体的热胀冷缩等定律亦可以纳入到温度这个概念中去统筹和说明。至于引力和温度这样的东西是否真实存在，我们大可不必认真对待，只要明白它们是一种概念活动的产物就够了。但尽管如此，我们要讨论的问题仍然是，理论在解释这些规则的存在时究竟如何是可行可靠的？

我给出的答案非常简单。因为实在的世界是一个无本质的现象世界。它的存在是建立在一个物理规则系统基础上的。那些客观存在的物理规则是以适合我们这种人类的精神特性的方式被我们理解和接受。也就是说，是我们的理解活动产生了理论，是我们的精神意向制造了理论。一句话，理论是一种精神产品。

说理论是人类精神意向的产物，倒不是说人类凭空杜撰了某种本不存在的东西，就像飞马、半人半马的怪物等。因为在我们的理论构想中包含着现实世界的真实思考，所以理论毕竟不能等同于主观臆造，就连上帝这种实体也不能被人们凭空就捏造出来的。只不过是因为我们没有发现那些规律背后的真正原因，我们才意想出某种实在来替代它。我们不应该说这是不合理的。因为确实存在那种原因。

本文想要指出的是，那种原因就存在于实在世界本身之中。本来实在的世界就是可以自说明的，而不需要我们引入另外的原因。只要我们把实在的世界连同那些事实上的规律按其本质看做现象的，并且是同时性的存在，所有的问题就都可以迎刃而解了。

实在的世界是一个以物质为基础的充满流变的世界。这种流变是根本性的。也就是说，实在的世界在其存在的每个时间点上，都是被一个正在发生的事件所维持的。或者说，实在的世界本来就是运动和变化的结果。这种运动和变化是物质间的相互作用和碰撞。它们的相遇或者是随机的，它们的相互作用遵循物理学的法则。

我们可以简单地说明这种运动。因为实在的世界是一个物质世界。以牛顿力学的话来说，物体在没有受到外力作用时保持静止状态的。物体不可能运动自己，这是一个常识，但如果物质或者物体处于静止状态，那么宇宙中将不会有事物的形成和消亡，不会有时间和空间，即不会有宇宙。甚至可以说，如果没有运动，连物质也不可能存在。因此，是物理的作用迫使整个世界处在不断的运动和变化之中的。运动使得世界中存在的所有事物处于相互的联系之中。这种迫使世界运动的力来自何处呢？来自世界本身，来自于世界形成之初，来自于形成世界的最初原动力。或者我们可以说，联系和相互的依存（包括对立和冲突）才是这个世界上所有事物最深刻的本质。那些我们根据观察总结出来的规律就是事物联系的方式。

联系的事实无处不在。拿做一件事的例子来说，做事必须与其他事物发生联系，没有人能凭空创造出一件事物来，而做的动作就是与其他事物发生联系。烧制一件瓷器要与泥土，与柴火发生联系，雕琢一件大理石像要与石头和锤子发生联系。这里有一些做的动作将两种互不相关的事物联系在一起。在上面这种例子中，实际的联系发生在柴火与泥土，锤子和石头之间。但是造成柴火与泥土，锤子与石头联系在一起的原因却是匠人的手，具体地说是手的动作。由柴火与泥土的联系而有了瓷器，由锤子与大理石的联系而有了雕像。而瓷器和雕像便是联系的成果。这就是实在世界存在的状态。

在对自然事物的存在的研究中，也即在考察自然事物起源的时候，我们可以省略掉对原动力的追究，比如上面说到的把事物联系在一起的手，而只要追溯处于实际联系中的事物就行了。因为自然之中没有那样一只手，因为造成实在事物之间的联系的运动的力来自实在世界本身，强调这个力的存在对我们单纯地考察事物之间的联系是多余的。

再强调一下，在认识规律以及利用规律来解释实在的事实的时候，总是追问事实背后的原因是不必要的，而且也是累人的。只要我们记得实在是联系的结果就够了。当然，利用某种猜想来探索某些未知的中间领域，在科学的研究中是必需的。但这种假设和猜想与一种理论的构想本质上不是一回事。

自英国经验主义以后，我们的知识的性质受到了越来越广泛深入的争论和置疑，致使认识论发展成为哲学中的一个独立分枝。但是，我认为所有这些争论都是不得要领的。这是因为人们把那些自己编造的东西和自然中事实存在的东西混淆起来引起的。有一种真理，它们是无条件真的。就是那种凭据其含义在逻辑上为真的陈述，任何人也不能从逻辑上否定它。这种真理不需要事实的支撑。而且这种真理本来就与事实无关，或者说，并不是存在的事实使得这类真理显现在我们面前。由于不恰当地把人类自己说话的规则（思维方式）运用到实在的世界，才引起了关于实在世界中因果必然性的争论。事实上这是两种完全不同的必然性。而且两种必然性之间一点关系也没有。逻辑的构造物如几何与数，完全服从逻辑规则的说明，这种服从是内在的。前面我们说过概念统领事物之存在的话，同样适合这里的情况。一个概念是逻辑形成的，概念的本质是逻辑。一个陈述概念之间的关系的命题隐含着一个逻辑规则，这个逻辑规则从内部保障着这个命题为真。但是当我们运用某些规律来解释实在世界时，这些规律却不是逻辑规则。也就是说，实在世界是不是因果关系的，这种因果关系有没有必然性，是不能被逻辑地理解的。我们为什么要求现实也有一种逻辑结构，实在的世界与逻辑的世界可比吗？至于事实能不能被以逻辑的形式演绎，那确实是另外一回事。如果说实在的世界显示了某种层次的秩序性，能被逻辑化地演绎，那么支持这种演绎的基础也是来源于另外一种必然性。总之实在的世界中，在我们运用规律的地方，有没有规律之外的事件出现，我们提出因果必然性的问题来都是不恰当的。我们为什么会要求现实中的规律是必然的，规律是一种权威的意志吗？即使它们确实是必然的，它们为什么就不能是必然的？我们为什么会有规律可能会有例外的情况出现的念头呢？只能说这是我们的某种先入为主的怪念头使然。

当经验论的规律消除了逻辑的规律加在自然之上的魅惑，或者说当经验的知识取代了分析的知识成为唯一值得我们信赖的知识的时候，对我们知识的性质（它们的可靠程度）的怀疑恰恰是经验论者们对这种经验的知识提出来的。我们习惯以经验论的怀疑主义来称呼这种置疑我们的经验知识的可靠性的思想。

经验论的怀疑主义对经验知识的可靠性的怀疑被所谓休谟问题集中表达出来。休谟问题是对这两个问题的思考：其一，整个世界的结构是因果的吗。其二，我们相信一个规律是真的，这种信念是怎样得到辩护的，或者说是什么东西使我们能够证明，我们从直接的事实观察中得出表达自然界的某种规则性的规律是正当的。

我们先来说第一个问题。休谟认为，在我们的经验世界里，我们常常只是经验到了事件 B 在事件 A 之后发生，而实际上并没有经验到因果关系。只是因为我们总是发现事件 B 是伴随着事件 A 随后出现的，因此才在一种习惯性的对相同事件之后的相同结果的预期的心理驱使下，在事件 A 与事件 B 之间加入了一种因果关联，使得事件 A 是事件 B 的原因，事件 B 是事件 A 的结果。

我们且不说某一特定的事件 A 是不是某一特定的事件 B 的原因这件事，那是我们如何去确定的问题。我们只说任一事件的出现有没有一个原因的问题。如果任一事件的出现都得有一个或一些造成它的先前事件，那么，仅凭这一项，我们就可以说因果关系是必然的。我想任何人都不会疯狂到宣布每一件事都是自己发生的，或者说虚拟的吧。就像梦境一样。梦境固然是虚拟的现实，但梦也是需要人来做的。实际上，这里我们弄不清楚的问题是，事件 A 究竟是否是事件 B 的原因，它是哪一类的原因，即是说它是以什么样的方式成为事件B的原因的。比如我们有人会认为打雷是闪电造成的，但实际上打雷和闪电同是天空向地上放电的结果。经验主义以后哲学家们避免提到因果关系，是因为害怕重新陷入到形而上学的泥潭里去。但只要我们注意把物理学上因果关系（事实关系）与逻辑学上的因果关系（概念关系）区分开，我们是可以放心大胆地探索那些支撑着现实世界之存在的原因的。

第二个问题就是归纳问题。经验论者认为，我们对世界的认识是以实际经验的方式取得的，而不是依靠思想的想象得来的，我们知识的本质就是经验。这种观点得到了绝大多数科学家和科学哲学家的认同。他们把科学理解为只是对日常经验知识的概括总结。这就引出了一个问题，就是我们的知识到底具有多少可靠性？我们时时这样那样的解说着这个实在的世界，我们所说的究竟是不是真的？假如它们是真的，我们又凭什么就说它们是真的呢？因为我们的经验在任何时候都不足以保证你用来解释和说明，甚至预言世界的根据是必然真的。

这里的怀疑对象是根据，即那些我们凭借其进行解释、说明和预言的规律，科学规律。如果科学规律的真是不确定的，那么我们也就不能保证那些以它们的名义作出的推论和陈述必然是真的。

在讨论科学规律的真理性问题之前，我们先要解释一下，某种孤立事件的规律性地反复出现并不能形成一条规律，它只是一个单纯的事实。

比如，根据经验，我有理由相信明天太阳会照常升起。明天是农历二十四节气的谷雨，根据以往的经验，我相信明天会下雨。这里有没有提到规律？没有。这里只是提到了一种规律性，而没有讲明一条规律。在非科学的常识里，我们是很容易把规律与规律性混为一谈的。规律性是简单地指出事件在时空的维度上出现的秩序，它不能指出事件的这种秩序性出现的原因。也就是说，单纯说明一个事件规律性地出现并不是一个规律。在此提醒注意这一点，是为了要防止把一个事实陈述当做规律陈述的错误。犯糊涂病的人可能会说，明天太阳会照样升起。因为太阳每天都要升起来是一个规律。有科学头脑的人可能会嘲笑这种说法粗陋，没有见识。但事实上我们并不是总能简单直观地将事说清楚的。有些鸟在每年的某些固定的时期向某些固定的地点迁徙，我们惯常称这些每年迁徙的鸟为候鸟。事实上候鸟存不存在？我们知道，候鸟并不是生物分类学上的名称。如果我们因为有些鸟类规律性地迁徙而认为候鸟存在，那就是把这种迁徙看做是某些鸟类的固有习性，是这种固有习性迫使鸟类作出迁徙的举动。某种事物具有某种固有特性被我们称为素质。由于没有找到或者意识到事件的规律性背后存在着另外的原因，致使我们误认为如此这般的事件出现，是事物的素质造成的。鸟的迁徙是鸟的素质造成的，明天太阳照常升起是太阳的素质造成的，同样我相信明天会下雨，也是上天有在明天下雨的禀性，等等。

认识到某种事件规律性地出现，我们只是记住了一个事实。这种认识还远远谈不上是我们对世界的知识。知识是在对事件原因的探索中实现的。对原因的探索把世界的存在有机地联系在一起。它把我们在只是简单地记住了一个事实的时候没有注意到的表面上互不关联的两个或两个以上的事件联结起来，以一个事件的出现为另一个事件出现的先决条件。只是在这种事件的关联背景中来认识一个事实，我们才能形成一个规律的陈述。

因此，规律可以有一个形式化的表述：如果……那么……

式子中如果引出了一个在先的事件，那么后面的陈述即是我们看到的事实。整个表达式的意思是两个事件的因果联结。我们可以看到，上面所举的例子之所以不是正当的律则陈述，是因为在那种陈述中没有提到一个作为条件或者说原因的先前事件。如果要使上面的例子成为规律陈述，那么我们就还需要引入太阳明天继续升起的条件陈述，比如说明天太阳继续存在，地球还继续围绕太阳自转，等等；引入明天会下雨的天气情况；引入引起鸟类迁徙的气候变化。等等。

明显地，在我们的经验中，一个事件与另外一个事件是很可能被轻易地以因果关系的方式联结起来的，只要这两个事件经常性地相继发生。事件B总是在事件A之后发生，就这件事情本身来说，它确实是我们以归纳的方式认识到的，并且它也可以作为一条规律陈述出来。这里边有疑问的是，事件A是作为原因出现在事件B之前的吗？从事件A到事件B，事实上我们所经验到的就只有事件出现的时间顺序。我们确实没有经验到事件A的原因地位。时间的顺序能保证事件A是事件B的原因吗？显然不能。于是我们要问，经验规律的正当性在哪里？倘若我们不能清楚明白地回答这个问题，那么我们就只能把这种对正当性的追问转变成对它们的正确性的追问。于是我们只能无休止地把经验规律的正确交给事实去检验，去证实。

因为一条经验规律是以归纳的方式得到的，而这种归纳事实上没有涵盖对因果关系的考察，即没有提供两个事件之间的内在机制方面的说明。因此无论有多少现实的事例在归纳过程中被提及和举证，即便过去所有出现过的事例都服从这条规律的说明，也不可以肯定将出现的所有事例也不会违反这条规律。也就是说，即使这条规律运用于事实说明时是百分之百的准确，那也不能使这条经验规律成为一条必然性的规律。

经验规律的这种缺憾，使得一些经验主义哲学家谨慎地把它们称为全称陈述。他们说一个经验主义者绝不应该说规律为真，因为规律涉及无限的实例，遍及一切时间和空间，而没有一个人能够肯定地知道它是否普遍地成立。也不用遍及所有时间和空间，就只是经验规律的本质——归纳就已经阻止了它向必然性的跳跃。但我们必须弄清楚，我们所要求的是一种什么样的必然性。因为必然性的观念是我们从逻辑推理那里继承来的。即是说，我们要求经验规律也要具备逻辑必然性的素质。想一想，这种要求是合理的吗？实在的事物是我们的逻辑构造物吗？除此之外，经验规律为什么就不能具备一种事实必然性呢？老实说，如果说经验规律缺乏必然性是真的，那么我们所谓追求真理就是一句假话和空话，我们也就不可能获得对世界的确定性的知识。我相信大多数科学家和科学哲学家是不愿意这样说的。他们仍然怀有获得真实认识世界的信念和愿望，就因为他们相信那些规律是真的。至于我自己，我也认为它们是真的。有些人之所以减弱了对科学规律的信心，是他们自己的逻辑出了错误，他们在本来没有逻辑的地方插进了逻辑，致使他们在事实的领域内找不到他们自己想要的东西。

事实领域的规律普遍有效，或者说必然性是由基本规律，或者说自然规律来保证的。而所谓自然规律指的是那些物理学的基本规律。物理学的基本规律，如詹姆斯·克拉克·麦克斯韦指出的，具有不谈及任何特殊的空间位置和特殊的时间地点，相对于时间和空间完全普遍，在每一个地方，每一个时间点都成立的特征①。除非我们能怀疑这些物理学上的基本定律，我们才能怀疑科学定律的必然性。但是物理学基本定律的必然性却又是由物质的基本特性来保证的。除非我们能怀疑这种物质特性的存在。怀疑物质特性的存在，就是怀疑物质的存在。我想任何人都不会产生如此荒诞的想法吧！毕竟实在的世界是一个物质世界。

还有，我想指出，自然界不会有反事实出现。用科学定律支持反事实条件陈述来削弱科学规律的必然性是一个逻辑错误。说自然界可能会有推翻科学规律的例外事情发生，本质上就是一种逻辑推论。为什么我们一边想要竭力消除纯逻辑的构想加给自然界的魅惑，一边又要在没有逻辑的地方加进一种逻辑的想象呢，这不是自相矛盾吗？

真理确实不能是想象出来的东西。我们不相信那种不可检验的、超凡脱俗的

① 参阅[美]R．卡尔纳普《科学哲学导论》张华夏、李平译，中国人民大学出版社 2007-6 第二十、二十一章。

真理。那样的真理只存在于我们的幻想中，它们是我们自己的逻辑衍生物，是实在中不存在的。我们只相信关于实在世界的真理，我们相信关于实在世界的真理是存在的。它们就是描述这个实在世界如何在相互的关联中运动变化、相生相灭的规则陈述。我们相信这些陈述是真的，它们为真的保证来源于实在世界在物质的层面上的齐一性。对这些规律的认识和发现构成了我们关于世界的知识。假如有朝一日我们发现，世界和我们原来描述的不一样，那也不能因此说关于实在世界不存在真理，只能说我们给了世界一种新的认识。或者说是我们以前的认识中出现了错误，或者是方法上的错误，或者是观察上的错误，或者是技术手段上的错误造成的。但我们会去改进我们的知识，重新思考世界，而不是去改变世界以适合我们的认知。

总结一下这一小节的意思。我们通过指出实在的世界是运动的物质的产物，而指出了在什么意义上世界是因果地存在的；通过指出运动的物质不断创造着现实，指出了在什么意义上科学的规律是必然性的。它们是我们可以信赖的真理，因为它们揭示了实在世界运动和变化的过程（虽然可能理解错了）。我们也只是在这种意义上谈论因果、必然性以及真理这些词的，除此之外没有其他的必然性。

第四节 决定论与物理学之外其他领域的研究

实在世界的因果性、必然性与我们有什么关系？或者说真理与我们的生活有什么关系？许多哲学家主张我们应该根据真理来生活才是正当的。他们为什么要那样说？一种伦理学的建立需不需要体现出一种实在论上的价值？等等。

对上述这类问题，科学哲学家们不是有意回避，就是给予猛烈回击。他们认为，把我们应该怎样生活的问题与真理的问题联系在一起才是错误的，别有用心的歪理，像莱辛巴赫所论述的那样[①]。但是我认为事情并不如莱辛巴赫想象的那么简单。毕竟就像假如你充当了某一角色，而你又不按角色所要求的那样去行事，那么你可能是不称职、不正义的，甚至是丑恶的一样。如果我们终究无法否认，实在的任何事物都是自然创造的产物，那么你应得顺应自然的法则行事和生活，不抱怨你作为一个自然的造物生而具有的命运，因为这是你唯一能选择的道路。如果这就是你的生存态度，那么你是理智的。但这也是一种伦理精神，一种自然的伦理，它体现的是我们生命中存在的自然法则。我猜想莱辛巴赫所反感的并不

① 参阅［德］莱辛巴赫《科学哲学的兴起》伯尼译，商务印书馆 1983 年 4 月第二版。

是这种自然的伦理精神。因为人类不可能让自己像任何一种动物那样简单地活着，只是为了吃和繁殖。他们还要思考存在的合理性，价值和意义这些问题。所以他们需要找到能给这些问题答案的真理。这种需求在生存上是根本性的，值得他们用毕生的心血去寻找。孔子就说过这样的话：朝闻道，夕死可矣。莱辛巴赫抨击的，是那种把对真理的追求弄成纯粹逻辑推论的唯理论哲学。新科学（或者说经验科学）时代的哲学家们不接受那种脱离现实的逻辑玄想。他们只承认实在存在的东西。所谓实在的东西就是可以加以检验证实的东西。

上一节我们对科学规律普适性，对因果关系及其必然性做了一个简单的辩护。由于实在的世界处在普遍的因果联系中，又因为联系它们的那些规律是必然的，因此世界的存在被认为是被规定好了的。

本文明确承认，在反对唯理论哲学方面，我的态度和科学哲学家们是一致的。即，不承认自然中有什么玄而又玄的法门在决定着自然万物的运程；不承认有一个超自然的，全能的神在主宰着世界上的一切；我只承认实在的东西存在（当然这依赖于我们对实在是什么这个问题的回答）。

对唯理论哲学的否定，是否就意味着对科学哲学的肯定呢？哲学不能建立在纯粹逻辑的推论之上，是否就可以建立在科学的原则基础上？假如不能，那么哲学的根据在哪里？是否哲学本来就只是一种意想活动？

事实正好是，从 18、19 世纪的经验主义哲学到 20 世纪的逻辑实证主义、自然主义等哲学就是建立在科学的原则基础上的。它是之前开始于哥白尼、开普勒、伽利略和牛顿等人的科学革命的成果。这种成果由于在物理学和化学等学科中取得的越来越多的重大成就而得到了扩大。在物质、力、运动、性质等这些概念中，从大到整个宇宙，小到任何的生命个体事实上都被想象为一架机械，按照物理学的法则来加以解释。比如法国的思想家们把生命的意识现象归结为生物体的生理的、病理的组织情况的反映。福格特非常粗俗地说人们的意识就是物质的大脑分泌出来的，就像是胆汁、胃液那样的东西。物质地、因果地组织了整个世界的存在。这样的信念在有的科学家心中是具有如此强烈的吸引力，他们认为这就是现实，是真理，以至于他们相信，如果有一个智能生物（拉普拉斯妖）能给出世界在某一时刻的瞬时状态的完备描述，我们就能运用那些科学定律，计算出世界在过去或将来的任意时刻的状态。这就是拉普拉斯的决定论观点，这个世界不仅具有因果结构，而且特别地具有决定论的结构[1]。

① ［美］卡尔纳普《科学哲学导论》张华夏、李平译，中国人民大学出版社 2007-6

后来随着物理学的研究由宏观世界进入到微观世界（也可以说科学从对宇宙法则的研究进入到对事物本身的研究），量子力学的新发现却又带来了一种非决定论。量子力学中的基本规律本质上概率性的。因为进入到微观世界以后，我们发现牛顿经典力学中的那些规律就不再严格有效了。根据那些规律，我们不能精确测定那些亚原子的瞬时态，或者说亚原子的运动，即所谓量子跃迁，它们不服从牛顿经典力学规律的说明。这样一来，世界在极微观的层次上便脱却了因果必然性的色彩。在这样的微观世界里，我们充其量只能得到一些统计性的规律。

我们不讨论自伽利略、牛顿的时代以来，科学的发展对物理学之外的其他领域如人类学、心理学、经济学、甚至是法学、政治学等的研究到底产生了哪些事实上的影响，总之它的影响是非常广泛的。这种影响的结果，加上达尔进化论在生物学领域公信力的确立，彻底改变了人们的世界观，哲学由唯心主义完全倒向了唯物主义，甚至产生了像海克尔那样的极端的唯物主义一元论哲学。海克尔说：

我们现在完全同意一种对于自然界的一元论的看法，即全宇宙，包括人类在内，作为一个奇妙的统一体，都被永恒不变的定律所支配……我已经努力说明这种纯粹的一元论是根基稳固的，而我们既然承认宇宙为同一进化原理的全能规律所支配，就不能不提出一个单一的最高的定律，即囊括一切的“物质定律”，即质量守恒与能量守恒的联合定律。假使这个真正的“一元论哲学家”查理·达尔文当初没有创立用自然选择说明人类起源的学说，为我们铺平道路，并且在他平生伟大工作之余还把他的学说和自然主义的人类学联系起来的话，我们绝不会达到这一最高的普遍的概念。

转引自 W.C. 丹皮尔《科学史及其与哲学和宗教的关系》[①]

（李珩译广西师范大学出版社）

对科学的研究方法的信仰，在 20 世纪的哲学中仍然是占着主导地位的。由蒯因倡导的自然主义哲学家们坚持这样的信条：其一，自然主义者拒绝承认传统上哲学是其他学科的基础的说法，他们不承认哲学对其他学科的研究方法有仲裁者、裁判者的地位；第二，哲学必须建立在科学可以证实的基础上；第三，物理学是人类知识中最可依赖的知识；第四，对达尔文进化论的确信[②]。

① ［英］W.C. 丹皮尔《科学史及其与哲学和宗教的关系》李珩译，张今校，广西师范大学出版社 2001 年 6 月 207 页

② ［美］亚历克斯. 罗森堡《科学哲学当代进阶教程》刘华杰译，上海科技教育出版社 2006 年 4 月 201 页

但是，比较冷静的人们很快发现，在物理学以外的其他学科的研究中，那些物力学的基本法则并不是普遍适用的，或者说它们的说明力是很有限的。在这些学科的领域内，我们所能得到的规律本质上是统计学规律。并且，这些领域内的规律的统计性质，与量子力学中测不准原理根本没有任何关系，人们自然不会迂腐到把量子力学里的规律移植到人事科学中来。当然，我们也能恰当地说明这些规律的存在是因果性的，但我们却不能说它们是一种机械的因果性。有些哲学家认为物力学的机械性法则之所以不适用于生物界中的研究，是因为生物的行为是目标制向的。而物理学的法则里则找不到这种目的性，生物的进化法则里也没有隐含着这种目的性。生物的最大特性表现为对环境的适应性，这种适应是以改变它们自身肌体组织结构，增加它们肌体的功能性而取得的。也就是说，这种改变，这种适应乃是主动性的。有很多生物能够根据环境的变化改变自己的体色，以达到保护自己或者进行伏击的目的。而这是一台机器永远无法做到的。根据这些差异，我们认为，生物有机体和那种纯粹的物力结构体本质上是不同的。如里奇所说，生命很奇怪地为其物理环境所制约，但在若干方面，它又不以物理环境的存在为转移，而显示出与无生命的其他东西的不同。对于生命的存在，有理性的人应该满足于所知者甚少，而无知者甚多：

> 任何一个多血气质的人，一见生命依赖于物理环境……就以为他离解决一切问题都很近了，这是很自然的。他以为他正在对生命的堡垒进行最后的攻击，但当战争的狂热过去、他可以清算自己的成就时，他就会发现他所攻克的，仅仅是一个无足轻重而未设防的外围工事，堡垒本身，仍如以前一样相距甚远。
>
> 引文出处同上

为什么不能以物力学的法则来说明有机体的行为？生物有机体与物力的机械体究竟有什么本质的不同呢？

首先，我要说明我自己的看法，我要说，科学的那一套说明方式在说明我们自身的存在以及我们自己的行为方式方面都是无效的。我甚至于可以采取这样极端的说法，即科学上的说明，无论是机械决定论的，还是统计学上非决定论的概率说明，对于我们真正地认识自己都是没有帮助的。归结为一句话，我的意思是，我们自身的存在根本就不能做科学的说明。我们根本不受任何规律或法则的制约，因为我们不是事物。

物理上的实在者被称为事物。我们是一种事物，这恐怕是所有哲学家（无论是何种主义的哲学家）们的一个共识，否则就不会有哲学上的众说纷纭了。因为只有事物才服从规律的说明，因为只有事物才是物质和运动的产物。但我们事实上是一种机械构造物吗？又或者我们是一种像奎宁、阿司匹林、呋喃西林一样的合成物，只是一个自然生成的碳水化合物吗？从人性的角度说，我们显然不会认同这样的说法，我们甚至于会认为这些问题是荒谬的，不值得反驳的。但就是在理论的问题上，我们偏偏找不到直接回答这些问题的根据。因为科学只有这几个概念：物质、力、运动、变化、性质。围绕这几个概念，我们能得到什么呢？科学中没有心灵、情感、意志、目的这种概念。而一个生命的存在需要上面提到的所有的概念来说明，而这是物理学含义的科学无法单独胜任的。

在我们人类自身文明的进程中，我们曾经发明过许多的词来说明和解释有机体存在的现象，什么生命，什么灵魂，又什么普纽玛，什么隐德莱希，这些词有哪一个是可以解释的？我们以为唯物论的自然科学就真的没有了唯心论哲学那种虚拟无用的尾巴了吗？以为像我们这种东西的存在有一个真实的起源问题，不可能是我们自己看错了吗？谁告诉你说，我们是一种生物？

实际上，时至今日，我们也没有逃脱神话思维的影响，我们仍然相信，有一种力量，它或者是神的意志，或者是自然无目的的运动创造万物的存在。多么奇妙的幻想。

就作为生物而言，我们是一种事物。所谓事物，顾名思义，乃是一种创造或者制造出来的东西。古希腊哲学与基督教哲学在万物的创造方面有一个区别，古希腊的创造是在自然具有的物质基础上进行的，而基督教的创造则是由上帝之手凭空创造出来的[①]。创造或者是出于一种意志的行为，或者是像科学哲学家们一样，是出于自然中的物质元素随机的无目的的碰撞。认真说来，只是在前一种创造的行为中，才有事物出现。因为这样创造出来的东西，体现着一种意志的存在，事物在被创造的同时已经被命名好了，因此它们从创造者那里秉承来一种本质。这就像我们制造的一支钢笔，一把锤子那样的东西。创造如果是无目的的，则我们不能随意地说它们是事物。我们说自然创造了万物，我们通常也把它们叫做事物，但其实我们根本就不知道它们作为事物是什么东西。既然我们都已经明白地说他们是自然创造的，其实我们就该谨慎地避免称它们为事物。因为它们的出现本来就没有任何意义。

① 参阅［英］柯林武德《自然的观念》吴国盛译，北京大学出版社 2006-1。

这些事情说时简单，而一旦与我们的生活产生真实联系的时候，它就会变得非常复杂。比如说，假设我们承认，我们是从一个有意志的全能的创造者那里得到我们的存在的，那么我们就有这样的问题要问自己：首先，创造我们的那个神在哪里？我们明显地感觉不到那个意志的存在。如果我们是它创造出来的事物，它有什么样的任务交给我们？我们要如何去体现它的本意？其次，如果我们是事物，我们肯定具有某种本质，但谁能告诉我，我的本质是什么？从内心来说，我非常想知道我自己究竟是个什么东西，但是我真的不能感性地认识到我自己是个什么东西，我不知道我自己应该怎样活着，我想倾听我自己内心深处真实的声音，但我发现在我的内心深处什么都没有，它似乎是空的。我就这样漫无目的地随波逐流着，我不知道怎样上岸，到底有没有可上的岸？等等。不要说上帝因为我们无知犯下的罪行抛弃了我们，要等到我们赎清这种罪孽之后，在世界的审判日到来之时，才会把去处指给我们看，拉我们上岸。因为我既然对自己一无所知，我就根本谈不上对谁负责。除非神亲口告诉我，但我又凭什么信他？除非我亲自知道他是如何创造了我的。另一种情况则更加无聊。如果我们只是这个宇宙中一些物质事件的偶然结果，我们就完全成了一些莫名其妙的东西，彻彻底底沦为一种现象，我连最起码的自我的资格也没有。可是虽然按照当代自然哲学的世界观是要这样说的，但是事实上也不可能有人会接受这种说教。的的确确，事实上我们每个人都是一个主体，没有人能否认每个生物个体的主体资格。这不是愿不愿意的问题，这就是个事实。正是这种主体性构成了众生的自我同一性，使它们避免了因物质性的身体的改变而变成非我。也正是这种主体性赋予众生的生存以价值和意义，使他们从事的各种劳作，他们的爱情，生育和繁殖有了意义和价值。我们每个人都不会否认这些价值和意义是真实的。但是这些东西却是不会从科学的存在论那里得到解释的。

究竟是什么原因造成的这种我们对自己的存在的认识上的迷茫？其实这个问题的答案是显而易见的。放眼看一下，我们和那些围绕在我们身旁的东西有什么区别？我是说那些无生命的物质。显然没有！就我们自己的身体，也就是所谓我们的本体而言，它同样是一种物质性的物体，是一种碳水化合物。也就是说，在实在的层面上，这样一团东西并不能使我们自己和围裹着我们自己的物质世界区分开。假如我们可以名正言顺地把那种由物质构造起来的东西，如山、水、房屋、桥梁等称为事物的话，是否我们也必须把我们自己称为事物？如果是这样，那么这个世界也就是一个物质实在的世界。那么我们追问神，或者自然怎样造就了我们这样的问题就是合理的。因为事物不能是自在的，事物必有一个成因。

然而做这样的比较有无不妥之处呢？比如说，当我们制造一台机器的时候，是把所需要的零部件预先准备好，再按设计组织的要求组装到一起。有些机器还要加入特别的材料，这样一台机器也就算完成了。任何复杂的机器也都是这样生产出来的。一台机器自然是一样事物，由此，我们说，事物是在物质材料中产生的，也可以说是物质实现了事物。与这种物质建构的事物相比，其一，所谓生命的出现却不是一部分一部分地联结出来的。严格说来，生物体没有任何独立的组成部分。或者说生物体是没有部分的。因为它不可以被拆散，被折下来的部分已经不是任何事物。当生命开始绽放的一刹那，它所有的组织、形式一应俱全。其二，虽然所谓生物也有一个物质性的身体，但是这个身体是一步步生长起来的。这个生长的过程不是一个构造仍不存在的事物的过程，而是一个已经存在的存在者的自我建设的过程。因此，与搭建起来的事物相比，如果说是物质成就了事物的存在，那么我们会说是众生成就了他们自己的身体。只是这种不同，我们便不可以说众生是事物。至于说这个世界中的众生为何又携带着一个物质性的躯体，那是因为它们必得以这样的方式存在于这个物质性的世界。这个问题只能从众生的本性上去考察。但不能因此说众生就是一种物质的构作，是一种事物。

由于这种颠倒了的认识，即我们一贯地只知道从物质的层面上去领会存在，使得整个实在的世界沦为一个怪诞的、不可测的现象世界，我们还给这个神秘的世界取了不可思议的，也是不负责任的名称——自然界。在这个自然界中，我们除了能利用那些物力的规律去说明一些自然现象，得到一些所谓自然法则之外，我们别的什么也不能做。我们发现了一些真理，我们口述着这些真理在这个自然的世界里指手画脚，甚至描绘着我们的整个宇宙在过去、现在、将来的蓝图，看似我们已经取得了成功，但当我们回过头来，准备认识一下我们自己的时候，才发现我们根本就没有抓住我们本来想要抓住，本该抓住的东西。诚如曾经有人说过的，所谓科学上的进步，只不过是用另外一个谜团来解释原来的谜团而已[①]。因为一说到事物本身，我们便一无所知了。为了自欺欺人，我们只能利用谎言编造一些故事来麻痹自己的心灵，说什么有一种超越万物的神，又或者是自然本身创造了万物。像康德那样承认我们不能认识事物本身的哲学家是很少见的。而大多数人则是在强不知以为知。而我这里要指出的，正是引起这种无知的原因，这

① 参阅 W.C. 丹皮尔《科学史及其与哲学和宗教的关系》李珩译，张今校，广西师范大学出版社 2001年6月第六、七、八章。

个原因就在于我们颠倒了世界的存在。

我们承认，真理确实存在。只要我们的认识是正确的，我们就可以发现真理。科学哲学家们不必要那么谨慎，非得要等到一条规律被百分之百地证实以后才肯承认它是一条真理，这种要求是非分的，我已经指出它是一种逻辑癔症。观念上的改变，理论上的嬗变也不能说明真理是不存在的，只是我们对真理采取了不一样的描述而已。但是必须指出，真理永远只事关现象的世界，即物质的世界，而与主体的世界无关。正是现象世界的无实体性、无主体性、无我性，或者说存在的不决定性，使得这个世界被物理的规则所控制，这就是我们所说的真理。由于这个物质的世界处于这些物理学法则的控制之下，因此它也是一个因果必然性的世界。与这种必然性的真理不同，那种只是从事实的观察中得来的规律，它们确实只具有一个全称陈述的价值。因为准确地说，这里并不存在规律，而只有规律性。原因我已在前面说过。因为在这些规则性的后面，我们不能找出，或者设想出一个基本的原因来给出这种规则性的解释。没有任何人能解释生物为什么会死亡。我是说排除那些直接致生物躯体毁坏的原因外。

下 篇

认同与自由

第六章

唯心主义和唯物主义

首先我要指出这两种哲学包含着的一个共同的信念，就是它们都肯定了实在有一个源头。即是说，现实存在的所有东西都有一个产生它们的渊薮。这种信仰统治着每一个对实在启动了哲学思考的人的心灵。哲学家们有这种信念，总是和我们对实在的日常看法分不开的。那么平日里我们又是如何看待实在的呢？

实在有一个从无到有，又从有到无的过程。这个过程为众目所见。我们把这个过程叫做诞生和死亡。对于实在来说，这个过程是不由自主的。万物对于自身的存在不能自持。于是我们设想，一定有什么外在的力量居于宇宙之中主宰着万物的生死存亡。这是唯心主义者和唯物主义者共有的想法。只不过对于这种力量是什么，唯心主义者和唯物主义的看法不同而已。

我们现在的问题是，这样一种主宰的力量是真实的吗？

我们假设它是真实的。如果它是存在的，那么，无论如何，我们都有理由相信存在着一种达到这种力量的途径。即便我们不能认识自己的由来，但我们可以通过对现实世界中所发生的事件的具体观念察觉到这种力量存在的蛛丝马迹。但时至今日，我们取得了这种认识上的突破了吗？老实说，关于实在究竟如何存在的问题，我们的知识可以说仍然是空空如也的。在存在的问题上，我们现有的所谓知识都只是一种理论上的猜测。而这种理论上的知识都是以反省我们自身的方式建立起来的。

我们之所以相信存在那样一种主宰一切的力量，这完全是一种主观的推断，而没有一点事实的根据。这种推论是基于对这样一个事实的判断作出的，即现实世界中的万物不能是自主存在的。也就是说，这个推论不是基于对任何个体与外在世界的联系的实际观察作出的。在个体与外在世界二者之间，我们无法建立起一种有效的联系，我们也无法运用那些物理学的基本规律来讨论生物存在的问题。生物与外在世界当然有一种关系，但外在世界只是作为生物的生存环境而对生物而具有价值的，即是说，二者之间的这种关系只是一种需求关系，而不是一种承袭关系。生物需要从外在世界中获得其生存的必需物品，生物世代间有形态上的改变，是生物适应环境变化的结果。但不能因此说是环境改变了生物，因为生物适应环境的过程是一个主动的过程而不是被动的改造。试想，如果我们所谓的生物是一种无论什么性质的产品的话，它怎么可能接受自然环境的塑造呢？一种能主动改变自身的生存形制以适应环境变化的东西，绝不可能是这个环境的组成部分，这是很容易弄明白的。生物在环境的压力下改变了自身的生存形制，从生物不得不这样选择的角度来说，它确实可以说是自然作用造成的结果，但这是生物接纳环境造成的，而不是环境对生物实施的强制改造。在寻求外在的力量对现实世界的事物做存在说明时，我们只能从现象的角度作出一些假说，这些假说是把现实世界中的万事万物当做一种现象性质的存在来进行说明的。所谓现象性质的存在，我们在前面已经解释过了，即它们不是一种自在的存在。因此，对它们进行存在上的说明，必然是一种因果关系的说明。但是这里我们似乎只看到了果，没有看到因。我们无法以任何方法和手段证实这种因的存在。因此这样一种理论是无法证实的。它的形成没有任何的经验基础，因此它们也不可能形成任何具体的操作手段来干预事实。它们似乎保持着一种完全的正确性，但在现实中它们却是一无用处的，因此它们不是我们所有的真实的知识。比如说，我们完全感觉不到那种主宰的力量加在我们身上的影响，更别说这种力量作用于我们的机制了。无论是精神的力量还是物质的力量，我们都无法感知到。

如果说有一种力量孕育了我们的生命，那么我们就不会同这种力量失去联系。无论这种力量是神性的，还是物质的。因为是孕育生命的那种力量在支持着我们的存在。正如如果说有一种事物是从土地里生长出来的话，它就不可能离开土地而存活。因果之间的真实联系是永远割断不了的。像黑格尔所说，联系我们与母体的脐带一剪断，我们便成了完全的独立者[①]。的确如此，但这是一个错误的比喻，它把生物的生育过程与所谓自然孕育生命的过程混为一谈了。黑格尔亲眼看到过自然孕育生命的过程了吗？如果说我们有一个神性的或者自然的孕育过程，那我们也一定是一种神性的或者自然的存在。但我们的神性是什么，什么是我们的自然性呢？我有我自己的思想，我听凭内心里声音的召唤而生存，去工作，去爱，去恨，难道说这就是我的神性，我的自然性吗？但是我从来感觉不到我的这些思想，我的这些内心的声音是从外面的某个地方传输到我的大脑，我的心灵里面去的。我感觉这些东西只属于我，而不属于其他人或者其他任何东西。这就是说，从自我感知的角度上说，我不认为我的存在与任何其他外在于我的事物有丝毫关系。我在我自己的存在中找不到他们所说的因果究竟是指什么。难道又是因为我太过愚蠢，以至于我不能发现我自身的存在是被某种力量带入这个世界中来的吗？的的确确，我除了看见我自己的存在以外，我没有看见有别的什么东西。至于说我是不是一种因果关系中的产物，我不理解，也不承认。

还有就是死亡的问题。当然，我们都必有一死，但死亡是怎样降临到我们身上的，我认为这个问题是谁也说不清楚的。我也不认为有什么外部力量导致了我们的死亡，如果是一种自然死亡的话。我觉得死亡是一种自我性的事件。要弄清楚死亡究竟是怎么一回事，死亡的本质究竟是什么，我认为只是从现象上进行描述是得不到解释的。传统上对死亡的定义是，身体与灵魂不相属。这样看来，死亡到底只是发生在身体上的事，是灵魂离开了身体从而导致了身体的腐败。这里我们有一个疑问：究竟是身体为我，还是灵魂为我？假如是前者，则我就真的死亡了；如果是后者，则我仍然没有真的死亡。我总不能二者皆是吧？还有一个更为根本的问题：灵魂（或者说精神）是一种世界性的东西吗？因为只有灵魂是一种世界性的东西，才能解释真正的死亡。这就好比从某种事物上取走它的核心部分使它失灵一样。但是如果精神是一种世界的东西，并且它是我们存在的根本，那么任何人也不可以说他是一个真正的自我。这就像那些专逞口舌之辩的人说的，一即一切，一切即一，或者说我即一切，一切即我那样，我们从这样的教训中得不到任何智慧上的启迪。我倒是认为这才是事实，我只能代表我自己存在，我只

① “犹如在母亲长期怀胎之后，第一次才把过去仅仅是逐渐增长的那种渐变性打断——一个质的飞跃——从而生出了一个小孩一样，成长着的精神也是慢慢地静悄悄地向着它新的状态发展。”［德］黑格尔：《精神现象学》贺麟、王玖光译商务印书馆 1997-3 第 7 页；“如果就个人方面来看，那么个体的形成就在于个体获得这些现成的财产，消化它的无机自然而据为己有。但如果从普遍精神来看，既然普遍精神是实体，那么这个发展过程就不是别的，只是实体赋予自己以自我意识，实体使它自己发展并在自身中反映。”（第 18 页）

能为我自己的存在负责。既然我不能感觉到什么世界精神，无论是在我具体的人生经验上，还是在我的理智的认知中，我都不能确认它是实在的，那么我宁可相信它不存在。因为精神这种东西并不是那种我们想要寻找的从经验上可证实其存在的东西。要注意这里我们是在实体的意义上谈论精神的，不要把它与意志力、精力这些概念混淆起来。精神也不同于科学中的理论构体，有些理论构体虽然不能实际捕捉到，但是它们的存在却是能因果地证实的，因为它们能产生实际的结果，我们就有理由设想它们的存在。况且它们的作用机制是可以实际描述出来的。对于精神而言，所有这一切，我们都无法做到，我们有什么理由相信精神是一种实体？它又如何决定着我们的存在？

从世界的、宇宙的角度去观看实在，这是哲学独特的思维模式。在这样的思维模式中，任何实在莫不是事物。这里有一个循环认知的问题。首先是我们观察到实在都有一个生灭过程，说明了它们不能是自在的。既然它们不是自在的，那它们必然是被创造出来的，这种被创造的东西就是事物。在肯定了实在是事物的同时，为了解释事物的存在，我们必须把事物锁定在它存在的空间里，从它的外部寻找它出现在这里的根源（事物不能是自因的存在）。之所以所有哲学都必须要能完成一件最终的大事，那就是提供一套完整严格的宇宙论，原因就在这里。

所以可以这样说，所有的哲学问题都是由生死问题引起的。而生死之所以成了一个问题，是因为我们认为生死是一种真实的事件。这是什么意思？我的意思是，我们把死亡看做是一件东西的毁灭，同那种物理上的事件性质是一样的。比如说我们认为一个人死了，就跟一个茶杯打碎了，一所房屋被烧毁了是一样的。因为我们同一个茶杯、一所房屋具有同一种作为事物的本质。

但是我们仍然禁不住要问，一个人的死亡究竟打碎了什么、毁坏了什么？一个茶杯打碎了，它就完全不存在了。一个人死了也一样，是这样的吗？对于这个问题，人们可能给出这几种说法：一、从唯物主义者的观点看，一个人死了，就是说它毁坏了、消失了，与打碎了一个茶杯完全一样；二、从唯心主义者的观点看，一个人死了，那么，或者这个人的死亡没有什么真实的价值和意义，就像他的生本来就不是真实的一样。我们的存在只不过是那永恒世界的一个影像而已，持这种观点的柏拉图；又或者一个人死了，其实他并没有真正地死亡，因为他的灵魂在他的肉体死亡之后会回到创造他的圣父那里继续存在，持这种观点的是宗教神学；又或者一个人死了，我们不能独立地看待这一次死亡事件，因为一个人的生死并不是这个人自己的事，而是整个宇宙精神自身运动发展的体现，我们从这个宇宙精神中来，最终也必须回到这个宇宙精神中去。持这种观点的是黑格尔。现在我们来仔细考察一下关于死亡的这几种说法。

按照唯物主义者的说法，死亡应该是一种物理性的机械事件。一个人死了，就像是一台机器用坏了，完全不能动弹了。的确，一具尸首看上去与一台被废弃的设备没有什么两样。但一台机器坏了，我们总是可以知道它是怎么坏的，并且如果愿意，我们也总是可以将它修复，使它长期发挥它的功能。但是对于自然衰老引起的死亡，我们的物理学就不能作何解释，究竟是什么原因引起身体的衰老，恐怕要永远成为科学上的一个谜团了。我们不能以线粒体中自由基的释放，或者其他类似现象的出现作为人体衰老的原因。为什么人体上会有类似的现象发生呢，它们不可能是另外一些事件的结果或者表象吗？一台机器坏了，不管是从事实上，还是从理论上说，它永远存在着修复的可能。但是我们却无法修复一具尸体。死亡过程是不可逆的，这是生物肌体与物质性的机械产品的本质区别。科学家最好不要做那种让死人复活的白日梦，记住有些可观察的事实是另外一些不可观察的事实的结果是有益的。另外，只是从现象上看，一具尸体与一台废机器也是不同的，这种不同是本质性的。我们可以说一台废旧的机器仍然是一台机器，这是它的本质。一台机器虽然可能因某种故障的原因被废弃了，但它的本质是不失去的。因为它的本质不是依靠它的功能的发挥来维系的，它的本质就是它作为什么的存在，它的这种本质要一直存在到它整个地被拆除为止。但我们不能说一具尸体还是一个人。就尸体本身来说，它已经什么都不是了，因为它是无本质的。这不是说它原本是具有本质的，只是在它死亡之后才丧失了本质，而是说它本来就是无本质的。就物质性的这个身体来说，应该说反倒是人的死亡暴露了它的真相：原来它是无本质的，它什么都不是。也就是说，人，不是，也不曾经是某种肉体的本质。我们习惯用死人、死狗、死牛之类的用语来指说一些种类的尸骸，但是这些用语其实是非常可疑的。如果我们说一具尸骸是一个死人，那意思等于承认了这是一部毁坏了的机器。这部机器由于失去了某种东西而只剩下了一架残骸。那么我们要问问唯物主义者，这部机器究竟失去了什么东西？是生命吗？当然是生命，生命又是一种什么东西，它是这部机器的一种组成部分吗？当然不是，所谓生命的意思，不过是说某样东西具有活力，或者说某种东西具有能够自我主导的能力。那么是这部机器失去灵魂或者精神吗？别忘了唯物主义者是不承认灵魂之类的东西的存在的，并且我也赞同他们的这种观点，这在下面还要说到。从物质的角度讲，一个人在刚死亡之时什么都没有失去。也就是说，这部机器仍是完好无损的。但它为什么就不能自立了呢？我这里可以给出两个可能的解释：一是，就我们的身体本身来说，它确实什么都不是；二是，我们的身体确实是一部机器，是一种物质性的事物，这种事物我们习惯于称之为人。如果我们采取第二种解释，那我们就必得承认在这部机器中确实失去了某种东西。如果唯物主义者不承认这种失去，那他们就有可能把自己变成神秘主义的活力论者。这与讲究科学的唯物主义者的态度可不是相容的。因此我们暂时只能采取我的第一种解释，宣布说我们的身体，即整个的有机体不是某种独立存在的事物，它就是一团物质，仅此而已。一具尸首为什么看上去那么吓人、那么恐怖？不要以为这是由于我们的无知和怯懦造成的。医生不惧怕尸首，是由于他们心理上训练有素，习惯于面对死亡的缘故，但绝不是因为他们真正理解了死亡。我们之所以惧怕尸体，真正的原因在于我们原先是把我们的身体当成了一种活的事物，并且将它等同于我们自身，所以造成了死亡事件的不可理解，以及对自身死亡的不愿接受。一具尸首的可怕之处正在于它完全不具有可理解性。这一点和一台废弃设备的情况完全不同。

既然正常死亡的人在死去时在肉体上无所减损，那么人的死亡一定是由于失去了某种非物质的东西引起的。这正是唯心主义者想说的话。那么，这种非物质的东西是什么呢？既然是一种非物质的东西，我们就不能感性地察觉到。或者说我们并不是真的知道究竟失去了什么。既然如此，要说出一种我们实际上不知道的东西来，那可就简单了。我的意思是说，既然我们不知道失去的是什么，我们只是推测出来确实已经失去了某种东西，那么我们随便给这种失去东西的一个什么样的名称都是可以的。比如说我们把这种东西叫做精神。然后我们再去设法论述精神是什么东西，它有什么样的特性和功用。关于精神，或者说神有什么样的品德，历来哲学家和神学家论述的够多够详细的了。它是那么伟大，卓越，尽善尽美，无处不在，无远勿届。然而这些伟大的品德不外乎人们在一切美好的事物方面所能想到的。我们能想象神的不完美之处吗？大概不能。然而这正是问题的所在。因为我们惯常将神说得是全知全能的，而我们同时承认我们人类的智慧是肤浅有限的，对神的智慧是无法了解的。像这样的话听起来漂亮，实际却是废话。我们既然不了解神，如何能以神的名义来解释世界的存在。如果仔细品味一下奥古斯丁对三位一体的论述，品味一下阿奎那的道成肉身，再看看斯宾诺沙对神的观念的论述，总而言之，听听唯心主义哲学家们对神的存在和神的品质的论述，你会发现，他们所有的人都只不过是在说着同一个比喻而已。如斯宾诺沙说："如果我们对个体事物了解越多，我们对神的理解就越多[①]”。既然我们已经了解了个体事物，我们如何还需要理解神？难道神性在物性之中吗？或者神性是通过物性来体现？大概斯宾诺沙就是这个意思。如果是这样的话，那么神性即是物性。从哲学家们对神的论述来看，神性不过是一切自然性的总称而已。据此判断，神即是自然的一个异名，或者说，神即是事物本身的异化。而唯心主义哲学就是用异化事物本身得来的东西来解释事物本身的存在。其意义等同于同语反复。听起来真，实际却没有解释效力。拿死亡这件事来说，唯心主义者可能会说死亡就是维系事物存在的神的意志的收回。但是这种说法与死亡是生命的失去或者死亡是事物失去了它的自然性一样是没有意义的。假如说有这样一位唯心主义的大人荷载着万物苍生，那么我们的生死就总是飘浮在这位万能的神的念起念灭之间的。因为我们每个人都不过是神的一个意念而已。对于这样的解释，我们是否会感觉到有些疑虑：神竟然会有我们每个人的，甚至每一只小蚂蚁的意念？因为如果一只小蚂蚁有反映自身存在的意识的话，它也会有同样的问题，它也会问它自己是如何存在的。而唯心主义者也会以同样的话来回答它，说是万能的神给了它生命。神的如此多的、无限的观念究竟是怎么产生的？他意念了一个我，意念了一个你，还意念了一只小蚂蚁，一条小蚯蚓，等等，并且，如果他这样意念了，那么他是按照我们对自己的认知来进行意念的。因为如果不是这样，那我们就不会认识到有这么一个自我。既然如此，神与我是具有关于我自己的同一个意念的，我按照神意念我的方式意念我自己。然而在现实的生活中，我却不能以意念我自己的方式意念神，实际上我不能听到任何来自神的声音。如果说是神的一个意念创造了我，那么在神与我之间应该存在一种虽然不可言说但应该可以意会的真实联系，因为我的存在的根在神那里。就像植物的根在土地里一样。但是在现实的生活中，我感觉不到我的根在哪里，我感觉到包围着我的只有空气。除此之外，我的心灵空空如也。假如我不思想，没有人能给我思想，等等。总之，除了我自己以外，没有任何东西能够作为我的存在的担保。而我能够用来作为自己的存在的担保的唯一的东西就是我能真实地感知到属于我自己的东西，这个东西就是我的身体。但是我的这个身体是一个物质性的物体。这就是说，既然我不能从传说中的神那里获得存在的担保，那么我就只能回到物质上来。因为这里有我证明自己存在的唯一证据。

因此，在生死的问题上，唯心主义者的解释比起唯物主义者的解释来更不能

① ［荷兰］斯宾诺沙《伦理学》，陈丽霞译，光明日报出版社 2010-6 第 204 页第五部分论点二十四。

让人信服。应该说，唯心主义者对死亡问题的看法是没有什么可讨论的，也可以说是不可以讨论的。因为可以说唯心主义者对生死问题是没有看法的，他们有的只是一种态度。因为他们所说的统治着整个宇宙的那个绝对精神从一开始就超越了现实，所以也就不可能从现实存在的事物上去证实它的存在。唯心主义哲学之所以被称为一种理念论哲学，就是因为这种哲学除了表明它所信奉的是什么以外，无法证实他们所说的是真的。所谓理念，其实就是一种理想，一种单方面的向往，一种想当然。对这种理念哲学的批判，科学哲学家们已经做得够多的了。在这里我没有必要冒画蛇添足的风险挑战那些大贤们的权威。

以上我表明了我反对唯心主义和唯物主义的理由。似乎这样一来，我已经把自己逼上了不得不承认存在与生死这些根本性的问题是不可能被解释的这样一条绝路。在常识的世界观里，我确实不得不承认我们的路已经走到了尽头。然而有一些无法解决的问题其实是我们给自己的智力设的一个局，如果我们的心被欺骗了，着了魔，便会把一些本来没有的东西当成真的去寻求说明，那便会自寻烦恼，走上绝路。我们可能自始至终也不会有醒悟过来的那一天，发现有些问题原来是被说成的，比如说现在我们讨论的这些问题。

也许有些人会认为我的这些说法过于骇人听闻，我公然否认天下人皆知的事实，拒绝承认生死问题的真实性。确实，有时候我自己也会被这种想法吓一跳。试想，如果有一个人死了，是他的亲人和朋友们亲手将他下葬的。在他死亡后，医生也出具了他的死亡证明书，并且也许还有牧师或僧侣为他举行了忏悔或超度。这一切都证明这个人是的的确确地死了。然而我却跑去告诉人家，说这个人并没有死，也根本就没有人死亡这回事。当他们听了我的这种发言的时候，他们会怎样看我？他们肯定会认为我疯了，要不是就说我是一个不明事理的无赖。不过要是有一个善于听取新奇思想的人肯听我把我的想法说完，我想他是会慢慢接受我的。那么我会告诉他我的想法是这样的：那个被抬进棺材里，最后又被埋入地下的东西其实什么都不是。一个什么都不是的东西怎么会死了呢？我们总认为，在此之前，曾经有一个什么东西活着，那个活着的东西平日里与我们说着话，讲着他的生活中的故事，他与我们一样，需要吃饭、睡觉、工作和休息，还要养育儿女。那个东西就是现在已经被埋入地下，入土为安的那个。那个东西曾经和我们是一样的，我们把他叫做人。问题正好就出在这里：我们认为那个东西是一个人。也就是说，那是一个被称为人的事物。如果我能设法说服那个善于倾听新奇思想的人相信这才是真正疯狂的妄想，让他理解那个如今已经被埋入地下的东西并不是事物，尤其不是曾经活着的事物，那么他就会理解了所谓死亡到底是怎么一回事。不过这件事还是留到后面去做，目前我们只说说生死问题是怎么被说成的。

在我们生活的大部分时间里，当我们用心去生活的时候，或者说当我们只是凭据着我们生而具有的本能去生活的时候，我想我们一般是不会去反思存在的问题的。很少有人会突发奇想，要对某个人的存在提出一种哲学解释。我想任何人也不情愿让我对他的存在提出这样一种理论的说道。他会认为这是一种蛮横无理的冒犯，是对他的自由人格的污辱。特别是对一个素来有主见，行事精明果断的人来说，这种感觉会更加强烈。因为当你听凭自己的意志，或者说凭据自己的本能，或者按照自己心灵的判断去说话和做事的时候，你是一个真正的主体，或者按有些人的说法，你是自己的主人。但是当我提出另外一种说法，质疑你的那些说话和做事并不是真的出于你的意志，而是由于你不由自主，不得不如此，才不得不这样说话和做事的，你会有怎样的感受？我的意思是说，你之所以说出这样的话，作出这样的事，乃是因为你是某一个特殊的事物的缘故。这样一来，我就以我的这种解释剥夺了你的主体资格。你认为我这样做是合理的、可以接受的吗？我想任何人，如果他是一个心底笃实的人，对于这样的问题都是会颇感意外的吧！

如果我们愿意回过头去重新品味一下野蛮人的心灵生活，那么我们可能会发现，在思维原始的野蛮人那里，其实并没有在科学时代的这种真正意义上的死亡。那时的人们更多的是把死亡解释为到别的地方去了。我相信现代意义上的死亡观念是人类进入文明时期以后才有的。因为事物是人类在文明时期才创造出来的。而现代意义上的死亡是随事物的出现一道诞生的。因为所谓死亡的真实含义，就是事物的消失，就是事物作为事物的解体。

为了便于理解，让我再说得明白一点。野蛮人的世界是混沌的，在他们那里没有身心的对立。对于他们来说，万物之间的差异从根本上来说是一种心灵上的差异。因为他们不会把身体与心灵分开来看，所以也就不会把万物之间的差异当做事物间的差异。也就是说，他们不是从物质的层面上来把握存在的，从而也就不会形成事物的观念。不存在事物，当然也就不会有真正意义上的死亡。

人类文明的开化几乎都是在物质存在的层面上展开的。这一点也不能让我感到奇怪。人类文明的本质即是发明和造作。因为人类文明是以干预外在世界的方式开始的。当人类的智力水平发展得超出了地球土所有其他的生物，当他们开始以一种自我主体的身份面对着世界的时候，世界和它很显然并不是处在同一个存在的平面上的。即是说，除了自我这一个认知主体之外，世界上所有其他的事物都是作为被认知的客体呈现给这个自我主体的。在这样一个不对等的世界里自我是一切的中心，而世界是围绕着这个中心展开并被这个中心认知的。主体与客体的区别在于，主体永远是一个自我，而客体不是。因为主体是从心灵上直接地体验到自己的存在的。因此可以说它是内在于自己的。但作为认知主体的自我却不能直观到客体的心灵，因此当外在对象作为客体进入到我们的认知活动中的时候，我们只能按照它们给予我们的方式认识它们。有时候我们把这些外在对象给予我们的方式称为客观性。我们就是在这些客观性中认取世界的。作为被认知的对象，客体展示给我们的是一个物质形体，这个物质形体我们称之为实在。因为实在外在于我们，而不是我们自己，即自我的一部分，因此我们必须把它们作为它们自身来认识。这就是我们所说的事物。

以上这个简略的分析指出了我们所谓的自然事物是怎么来的。即使是如此简略的一个分析，我想也应该能使人们明白这种所谓自然事物与我们在概念中预定的事物有何不同，使他们明白我们为什么不能真正理解自然事物了。这些话不是在这里要说的，这里我要说的是，由于我们只是从实在上来领会存在，使得存在成了活着的物体。在这之后，为了要解释这些物体的特性，我们不得不给它们加进去心灵、灵魂之类的东西，使它们的活性能够被我们理解。如生物之类的名称应该就是这么来的。

好了，现在我们既然已经有了事物（有些事物是生物），那么我们就把事物的出现和消失称之为诞生和死亡。因为生与死现在是如此明确地对实在来说的，所以生与死这两端对我们，或者说对于所有的生物来说，其本质确实无异于我们制造了一件瓷器，后来又由于保存措施不得当把它给打碎了。二者相同的地方在于，它们都是一种物理过程的结果。

无论是对于唯物主义者来说，还是对于唯心主义者来说，他们都不能不承认外在的世界只能以实在的方式给予我们。这就是说，无论是在唯物主义那里，还是在唯心主义那里，事物的存在是共同的。只不过对于所谓事物的本质，他们有着不同的理解。这是因为事物在我们看来表现了两种决然不同的素质的缘故。一方面，事物在本体上是一个物体；另一方面，事物具有明显的保持或者增殖自身的特性，特别是在有些动物身上反映出了明确的意识特性。在唯物主义者看来，事物就是一个物质实体，存在本身就是这个物质实体的存在，而没有多出这个物质实体的东西。所谓事物保持或者增殖自身，甚至是有些动物具有意识能力，这些都不过是这个物质实体的固有属性，或者是它的本能。因此在唯物主义者看来，世界除了物质之外并没有其他的什么东西存在；但是唯心主义者的看法却不会如此简单。首先他们不会相信物质能自我保持，更别说具有意识现象了。因此物质不可能是做成事物的基本材料。再加上我们可以实际观察到，物质是不能运动物质的，物质只能被运动而不能运动别的东西。这个事实让我们相信精神的存在。

相比之下，唯心主义者对事物的解释对普通人来说更具有吸引力。因为唯物主义者对事物的机械性解释太过贫乏，它显然不能说明有些事物所表现出来的更为复杂的特性，比如说有些事物具有自为性。而这些特性才是事物真正引人入胜的所在；我们当然不会情愿地接受我们本质上是一台机器这种见解，如果我们把情感、价值、意义这些需求看做是真实的，也就是说把我自己看做是一个真正的自我，那么我们就有理由拒绝机械性的解释。唯心主义的精神哲学正好满足了我们的这种心理需求。首先它避免了唯物主义者给予存在的简单性。唯心主义者从现象上承认了人类是一种复杂的存在。在他们全部的活动中，既有身体上的运动，更有心灵方面的更为复杂曲折的活动。而在他们全部的需求中，除了基本的物质需求之外，还有更多更重要的心灵方面的需求。可以这样说，保障每个人成为一个他自己所梦想成为的自我主体的，正是他们的心灵；其次，由于精神的赋予，最起码我们获得了一种生存上的主动性和能动性，使得人性不被拘束于僵死的物质性中，从而获得了一种存在上的尊严。

但是，上面我们已经分析过了唯心主义者对于生死问题实际上并没有提出来什么真正的解释。唯心主义哲学之所以显得有魅力，因为它们描述了存在的现象的丰富性，从而引合了大众渴求自我的心理。但是对于受过逻辑训练的人说，唯心论显然比唯物论更加贫乏。因为像诸如说有些事物是具有生命的，精神就是事物的内在生命，或者说精神是生命的本质等这些话语实际上是不能理解的。我要指出，这种话语本质上是用一些无所指的、空洞的词语来描述存在的现象的结果。所谓生命、精神、灵魂等都属于这种空洞词。如果我们不进行认真的深入思考，那么任何人都可能会不假思索地同意这样一种大众话语，这种话语赋予了事物生命。我们不会不赞同说现在的你，现在的我，还有刚才从我们面前飞过去的那只小鸟是有生命的。因为事实上我们现在都是活着的。不错，我们现在都是活着的。但我们活着与我们具有生命这两种说法之间有什么区别吗？把生命这个词换成精神，说我们具有精神，因为我们现在是活着的，同样也不会使话语的意义发生改变。这种话语在语法的层面上使得生命、精神成为我们现下活着的原因。但是实际上我们从来没有脱离开活着的事物本身单独地获得过精神或者生命的存在，也就是说，我们从来也没有真正地领悟过精神，那么我们能推想，我们之所以认为精神存在，认为存在着一种生命的运动，这样的一种观念是从事物本身那里得来的：在我们运用思维认识外在世界的时候，我们首先将存在表象为事物，接着在表象事物本身的时候，我们把事物那些无法进行具象说明的特征，比如说自我持存、运动自身、情感、欲望、意志，等等，用一些特别的词语表达出来，这就产生了生命、精神这样实际上是用于描述的现象指示词。由于日常语言对话语的错误理解，致使它们在一种表象的语言中成为实在的实体和过程，最终成了解释事物存在的原因。

总结起来说，唯物主义和唯心主义分别抓住了事物的两个方面，一个抓住了物质、一个抓住了精神。并分别以物质和精神作为事物的本原。对这两种主义的哲学，后哲学时代的哲学家们（那些以分析哲学、科学哲学、自然主义哲学等名号称呼的哲学家）可以很容易地将它们的根本缺陷或者错误指出来。但与此同时，他们自己也没有找到一条正确的哲学之路。最终他们可能被迫承认这样一条正确的道路是不存在的，而因此哲学也可能被从此撂荒。有没有可能在唯物主义和唯心主义之间作出某种调和呢？事实上这个问题早已有了答案，就是不存在这样的可行的哲学策略。可以说什么逻辑实证主义哲学、实用主义哲学、自然主义哲学、工具主义等都是这种尝试的结果。在此我想表达一点我自己的看法：即使存在这样一种可能的哲学，同时兼顾到了唯物主义和唯心主义对事物认识的两个方面，既解释了物质的存在，也解释了精神（比如心灵现象）的存在，这种哲学也是错误的。事实上，所谓言成事物、道成肉身这样的神学即是这样的哲学。这种哲学的本质仍然是唯心主义的；唯心主义的错误在于假设了一种我们并不知其为实在的东西来解释事物。从上面的分析中我们能够判断所谓精神实体乃是一种臆造。全部的唯心主义哲学都是这种臆想的产物。我想说所谓唯心主义哲学其实就是一种心理主义哲学。所谓心，即指心理。它是指一个人在某些特定的时候的一种特定的心理状态，感觉、感受、体验等，类似于一种审美感受。它是个人性质的。即是说，唯心主义哲学是一种个人在事物面前的心灵写意，是个人在现实面前的情怀表达。只不过为了给这种情怀找到存在论上的根据，我们运用了自己的逻辑想象力，创造出了一些虚拟的实体，作为我们的思想支点。逻辑哲学，或者说唯理哲学的本质就是这样的，每个人都可以由他自己的心理体验形成他看待事物的独特视角，也形成了自己的一套独特的哲学，这种哲学本质上是主观的。因为它不能被别人真正地理解和接受，不能对它进行客观的评价，因为心理现象不具有客观性。对于唯物主义者来说，只承认实在的东西存在固然是一种正确的抉择，但是这种抉择却包含着一种短见，因为它只看见了物质实在，只承认物质的客观性。如果我们不是被某种固执或成见蒙蔽了眼睛，或者说如果我们肯相信，我们根据自己心灵的本性去认识事物是完全正当的，那么我们应该承认，某些被我们认识的对象绝不仅仅是一团物质，而且是一个主体对象，即是说，我们实际上是在认识一个主体，而不是在认知一个物体。对一个存在主体的认知与认识一个物体永远是不同的两回事，可以说二者之间是风牛马不相及的。由此我们应该能领悟到存在的客观性不等于物质的客观性，客观性真正说来是一种被给予的事实性。物质实在是客观的，同样一个主体对象的存在也是客观的。明白了这种客观性的差别，我们就不容易犯把存在当做事物来研究的错误了。

或许是由于导致生死问题的因果关系在现实中是无法直接或间接地得到的，各种形而上学的理论才被迫构想出来。可以说这也是不得已的事。因为因果关系是我们实际需要的。我们不可能无因而生，也不可能无因而死。我们的生与死都是作为某种事件的结果出现的。而这是与我们作为事物的存在分不开的。我认为，假如实在是事物的话，那么形而上学就是不可避免的。因为事物不是自在存在的。对因果关系的探求一定会把人们的思维引向形而上学的。因为所有那些所谓来自自然的事物的出现与消亡的原因都不是我们能观察到某种事件。就我们如今的知识状况而言，我们肯定因果关系是真实的，这是我们唯一的选择，否则我们便无法进行理解。既然事物方面不能主动地显示给我们的理知，那么我们便迫使事物服从我们的认知。形而上学把一套纯粹理论的因果关系讲述摆在我们面前，以取代不能得到的现实的因果关系，以帮助我们的理智对事物的存在进行理解。从某种意义上说，这也是我们人类的智力对事物取得了胜利。如果我们始终跳不出事物—存在的观念，那么这种胜利可能是我们的智力能够取得的唯一一种胜利。

但是这种胜利是不是一种真实的胜利呢？我们真的品尝到这种胜利带给我们的真实果实了吗？如果说这种胜利仅仅是理论上的，或者说知性的胜利，而于我们的实际生活没有任何益处的话，那这种胜利又有何价值呢？也就是说，如果说一种理论没有任何的可实践性的话，那么这种理论实际上是不能胜任对现实的说明的，或者我们说得明白一点，这种理论就是一种空中楼阁。事实上，那些形而上学的实在终究没有可能如现实中的实在一样真实地给予我们，让我们如了解自己的眼睛一样真实地了解它，而是只能默念它的存在，因此这种实在缺少那种现实事物在我们的认知中所具有的客观性。任何一丝来自事实经验的怀疑的风都会让它立刻风消云散。

我不知道像乌鸦那样的智慧性生物有没有自己的形而上学。实际的观察得不到这方面的任何证据。因此我们宁可相信乌鸦是不大可能会有自己的形而上学的。形而上学的相关问题都不是经验世界中直接遇到的现实问题，它们与动物们的实际生存无关。如果一种生物只关心现实的存在，那它们是不可能建立起形而上学的。因为形而上学是超越现实的；再说，从智力水平上看，其他种类的生物也不可能有形而上学思维。有些种类的生物也能分门别类地辨别众多的事物，或者说也能有事物的观念。但这种辨别是对实在的表象。而形而上学却是超越实在，完全抽象的。我们相信确有许多动物有生死的观念，它们也会对自己同类或者家庭成员的死亡表达哀伤，但这一切都不能脱离开它们从感性上获得的东西。

因此形而上学是人类特有的构建和发明。它的出现需要两种条件。首先是心理需求。只有当生物的欲望达到相当的水平的时候，这种心理需求才可能出现。那么什么时候生物的欲望水平会达到催生出一种形而上学的程度呢？是在它们开始有自我观念的时候，是在它们能以外在的眼光反映自己的存在并关注自己的生死的时候。也就是说，是在它们开始对自己的存在有一种智性的把握的时候。人类的欲望与其他动物的欲望有一个显著的区别，那就是动物的欲望几乎完全都是来自于身体方面的需求，具有明显的本能特征。而人类的欲望则更多地显示出理性特质。这种理性特质展示的是人类对自身作为人，也就是作为一种事物存在的本质的关心。在这种关注中出现了事物是什么的问题。因为这种问题事关存在的生死存亡，所以理性的欲望比本能处在一个更高的等级上。是这种欲望产生了解释世界的认识需求。其次是高度发达的智力。任何对事物的解释都必然导致对事物本身的超越，事物本身是实在，实在是一个感性的物体，因此超越事物本身之后就是一个抽象的领域。我们其实也完全可以说这是一个空的领域，一个什么也没有的领域。因为没有任何东西给予我们。事实上这时候我们所面对的只有我们自己。当我们寻求对世界的解释时，我们发现我们自己已经站在了世界之巅，能对世界作出解释的，实际上是，而且只有我们自己。

实际上这就是当我们走出自己想要从一个超越的地位寻找到对我们自己以及其他事物的解释时最终遭遇的处境，我们又回到了自己。

因此，从人类作为世界上的认知主体与世界作为被认知的对象、认知客体这个意义上来说，我们是世界的理性。因为在与存在相关的问题上，我们不是去发现什么，而是力图实现一种理解。而世界最终怎样被我们理解，是由作为认知主体的人性决定的。世界要被理解，它就必须合乎人性地呈现给我们。实际上，使世界合乎人性地呈现给我们这个过程也就是理解的过程本身，没有其它。由此，诸如价值、意义、意图等人性方面的要素也就随之被嵌入到世界的背景中，世界只有在这种语境中被说出来，它才是我们能接受和理解的。

我们看到，这种理解世界的方式与世界如何作为它自身究竟是什么样的这种问题是不相容的。毋宁说，这里并没有作为自身的世界是什么这样的问题。如果说世界可能并不是我们所看到的这个样子，并被我们按照我们所看到的样子认识着的世界，那这样的问题才真正是违反人性的，不可思议的。无论如何，世界就是我们所看到的这个样子，这就是它给予我们的方式，我们只能按照它给予我们的方式认识它，这并没有什么不妥。

如果说人们有对世界，包括他自己的存在获得一种理性的认识，进而为自己的人生找到一种在生存感觉方面的舒适性，这样一种心理是正当的，那么各种精神上的形而上学的遐想便是合乎情理的。事实上人人都需要一种形而上学，以作为他们行事为人的根据。人需要这种根据，这几乎是文明社会的标志，也可以说是人类相比于其他生物在智慧上的先进性。比如按照唯物论的科学主义的解释，世界中的万物都只是物质宇宙漫无目的的运动的产物，那么这样一个世界中所有的一切都只能是一种纯粹现象性的存在，在这种现象性中，我们自身既无任何存在上的价值根据，也没有任何自我的真实性可言。我想任何一个心智健全的人恐怕都不会情愿接受这样一个无理由的世界。形而上学的出现正好消除了世界的这种现象性，使它成为自我可理解的、人性化、合理的世界。这样一个世界的好处是显而易见的，然而形而上学却被当代科学哲学家们极大地误解了。

毋庸讳言，从科学的角度说，形而上学的那些理论建构肯定是错误的。但我们为什么非得要以科学的眼光去审判形而上学呢？科学是以描述现象之间的结构关系的方式提供对实在的说明的。但是形而上学根本就不关心实在领域内的事情，不关心具体的事件和个别的存在，而只是用心于寻求实在的依据，为实在沉思出一种可理解性。如果形而上学的理论构建有一种科学所要求的实在的意义，那么形而上学就不是形而上学而是科学了。科学没有理由排斥形而上学，正像科学没有理由排斥诗歌一样。可能由于哲学家历来把形而上学称为第一的科学，科学的科学，才引起了达尔文后面的科学哲学家们对形而上学的矫枉过正。其实双方都没有认清形而上学的本质，形而上学就是一种心智活动的产物。如果说形而上学该遭到攻击，那么首先应该做的，就是回过头来寻找人性的缺点。但是我们并没有这样做，证明我们是相信人性的。由此我们判断，把形而上学当做科学理论的建设，一定是由于别的什么原因，这个原因可能是，我们从一开始就误解了实在。

第七章　主体性与事物

我想不会有人对这种说法产生歧义，即每个人，甚至是其他种类的动物都是根据它们自己的想法，它们自己的需要或本能行事的。现代文明国家的立法准则，或者社会生活中人们成文不成文的公约，人们的行为规范，都充分地体现了这种共识。法律的价值，不只在于保护作为社会公民的每个人的生命财产免受不正当的侵害，更重要的还在于立法国家从整体上承认了个人作为一个独立的、享有完全主权的存在者的地位，也就是承认他们的主体资格，承认他们在人格上是自主的。如果没有对这种自主性的认可，社会也就失去了立法的基础。首先因为人人都享有自主权，所以侵犯他人的自主权才是不正当的；其次因为你是一个主体的人，你有对自己的行为负责的义务，法律所追究的正是你应当承担的这种义务责任。对一个没有行为认知能力的人或动物来说，法律是没有效用的。当然法律只要求有行为认知能力的人承担别人也同时向他许诺过的义务，并不意味着人们认为没有行为认知能力的人或其他动物的行为是不由自主的。实际上所有生物的行为都是自主性的，只不过其他的生物智慧可能没有发达到建立一项抽象的契约规则的程度，因此不能形成明确的成文法。

我们不好说动物社会中有没有成文法，但大多数动物的生活都具有社会性是一个不争的事实。有些动物的社会组织结构等级森严，如狮狼之类。有些动物的组织分工明确有序，如蚂蚁，蜜蜂之类。虽然没有成文法在这些动物的社会中规定每个动物都应该做些什么，但共同的利益关系自然地分配给了它们在组织中的角色。它们必须做好它们的角色所要求它们做的事，否则面临的必然是惩罚。如果你清楚像在狼、猴的社会里出现越级侵占可能带来的严重后果，你会相信动物们遵守某种规则并不是出于某种本能。动物们清楚自己正在干什么，并且有些动物是非常善于算计的，在处理自己与集体的利益关系时，它们不会轻易冒险。

我这里把动物的行为说成是非本能的，是为了防止人们不小心把这个词的意思与机械性的含义混为一谈。的确，就动物没有或者只有很少的表象自己的行为的能力来说，也就是就动物的行为本身没有独立地被它们的执行者所认识这一点来说，动物的行为在很大程度上是本能性的。因为它们的行为基本是前反思的行为，表面上看起来很像是一种机械行为。很可能因此我们有些人会把动物看成是一些类似于机器的东西。但事实上动物的行为并非是机械性的。即使我们说动物的行为是本能的，这种本能的行为与机械化的动作也是有本质不同的。机械的动作，不管环节、步骤上有多么繁复曲折，它本质上都是简单的，而生物的行为，不管看起来有多么简单，它们本质上都是复杂的。这不但是因为动物的行为是目的性的（毕竟目的性不是一种外在可描述的实在），而且因为生物的行为是一种主动行为，即有一个行为的原始发起者，某种欲望或意志或思维是这种行为的先导，它们代表那个原在者的存在。而机械行为则缺少这种先导性，在机械本身里面找不到这种先导性的源头，因此机械行为本质上是一种被动行为，一种被操纵的行为。简单地说是一种非意志行为。

从生物行为与机械行为的差异中我们不难看出生物与一个纯粹的物质物体的不同。其中之一是一种主体性的存在，而另外的一个则不是。一个主体性事物与一个非主体性事物的最大差别在于，主体事物是它们自身，而非主体事物不是它们自身。毋宁说，非主体事物并不是一个真正的对象。因为这里没有一个确定的自主者被我们认识。

这些泛泛的议论可能不会带来多少争议。但是，当我们从事物的角度来谈论存在的时候，关于主体性的话题很可能立刻使我们陷入麻烦之中。这是因为从事物的角度我们确实无法说清楚一个生物与一个物质物体的差别究竟在哪里。因为从事物的角度来说，它们真的没有差别：它们不过是一个物质形体。说一个生物体与一个物质物体的差别在于生物体是活的物体，而一个纯粹的物体是死的物体，这种话语除了造成更多的混乱外没有任何意义。任何人都能看出来生物是活着的物体，但这个活着的生物体是一个主体是怎么一回事？从现象上看，这个主体的存在就像一个旋涡，吸引或拒斥着它周围的所有事物，或者像一个稳定的磁场，牢固地吸附住那些天然属于自身的东西，以维系自身的存在。这是这样一个中心，在这个中心随时有新的欲望、情感和意志不断形成，每当这些欲望、情感、意志产生时，生物体便会调整它的存在姿态，以重新形成它和世界的新的联系方式，使世界被它重新认识和选择。当然，每当外部世界产生变化，生物体也会被迫改变自身的存在状态以适应环境。但是不管生物体状态的改变是主动的还是被迫的，这种变化都是通过那个中心实现的。也就是说，这种变化不是生物体本身改变了自己，而是在那个中心中作出的调整。生物机体不可能改变自己，就生物体本身而言，它就是一部机器，外部环境的压力不会改变这部机器的既有形态，而只能将它压碎。改变生物体状态的动力来自内部，就是那个中心，对于这个中心的存在，我们通常用心灵这个抽象的词来称呼它。因为心灵不是某种实体，但我们承认它是存在的。

也就是心灵的存在将生物揭示为一个主体。但是，当我们说存在都是事物的时候，我们却无法把它们如其所是地作为一种存在的主体来把握。似乎在我们对这些生物个体做事物性的打量时，我们原来所有的对一个主体的那种感受突然之间就消失了。事物的眼光直接解构了它们的主体性，这个矛盾是如何产生的呢？

如果我们细心一点的话，从以上的分析中我们已经发现了，我们是从心灵上来认识存在的，而没有着眼所谓生物的机体。这两种看待存在的方式是那样的大相径庭，以至于世界以两种截然不同的面目呈现给我们的认识：从心灵的角度，我们得到了一些主体，从物质的角度，我们得到了一些事物。

主体性这个词是用来描述存在的性质的。如果我们不用心灵来看待存在，这种性质是可以视而不见的，就像一个盲人不能看见颜色一样，当然剩下的就只有物质了。反之，如果我们只注意到了心灵，或者说错误地理解了心灵的存在，把心灵理解为某种精神实体，就会导致唯心主义。在此我们必须防止这种错误的出现。在前面那篇文章里，我们已经指出了反对唯心主义的理由，这里我们又提到了心的概念，但是我们必须注意，我们这里所说的心只是一个意识。只是因为这个意识是依托自身而存在的（这个意思在后面还要解释），我们才说它是一个心灵，因为它是一个存在的主体，所以与哲学上那种作为世界本原的精神实体无关。我们在一般意义上所说的精神，的确属于这个心灵主体的一个部分，即欲望、情感、意志、思维等。但精神不能独立存在，心灵是它所属的主体。哲学上所说的精神实体，就我们从来没有单独地领会过它的存在而言，我们推想，它是因着物质实在而设立的，为了解释生物的存在而设立精神，这在逻辑上是必要的。但是一种假设。由这种假设，我们便把精神名之为心灵。

当代科学哲学反对这种假设出来的精神，同时也反对心灵实体的观念，这种反对有他们的道理。因为唯心主义的精神实体，同时唯心主义的心灵实际上不存在的。但是我们这里所说的心灵却不是唯心主义的这种为解释物质实在而设立的精神实体。这种心灵也不在科学家们的想象范围内，而且，我们要进一步澄清，我们这里所说的心灵并非是常识里大众所理解的心灵，特别是西方文化中的心灵。在常识性的观念里，心灵只是作为一种现象附着在事物上被谈论的。我们这里所说的心灵概念，从来没有在世界上所有形式的文化中出现过，它独属于佛学的发现（佛学不是一种文化）。对普通人而言，即对坚持事物—存在的观念的人而言，孤立地谈论心灵的问题可能是无法被接受的，如果我们说心灵才是真实的实在者，他们可能会觉得这才是真正的天方夜谭。在这个问题上，科学家们同样坚持了普通人的看法，即事物—存在，心灵在他们看来就是某些特殊种类的动物（比如灵长类）所具有的一种天赋或素质：智慧。它是一种生物特性。比如说人类，还有在生物特性上与人类较为接近的猿人、大猩猩等，被他们称为智慧生物，它们也具有心灵。

由于对心灵存在这个非常明显的事实视而不见，而是单单把握住了留存感官视野里的东西，因此只说它们是存在的。这种把握存在的方式才真正是镜花水月、捕风捉影式的：它遗漏了真正实在的东西。就我们的感官觉察到的对象没有自在的本质而言，它确实如同镜花水月。从逻辑上说，肯定感官对象的实在性，准确地说，只承认感官对象存在，就是从感觉上去触碰存在。这就导致了存在就是被感知（贝克莱）以及感觉一元论的马赫主义等哲学主张。这里我们没有时间去讨论这些哲学主张，我们只是关心这种把握存在的方式的后果。

这种方式的后果当然就是产生了所谓的事物。以感觉的方式，我们得到了一个物体。我们认为这个物质对象实在，这就是事物。而本来属于我们在本文中所说的心灵实体那些东西，则被附加到了事物之上，变成了物性（至于心灵本身是没有被看到的）。因此这个世界上便有了千奇百怪的事物，它们是那样怪异，那样不可思议，以至于如果我们不求助于形而上学，便无法理解为什么事物在个体上是完全独立的，同时我们又可以分门别类地认识它们。

如果我们承认事物是它们自身（事实上我们不得不承认事实是它们自身），那么事物是令人着迷的。中世纪以前，或者说在整个封建社会的历史中，在宗法和宗教的背景中，个体如何存在这个问题并没有得到人们的关注。然而近代以来，在经过科学理性启蒙之后，个人在世界舞台上的地位日益凸显出来。个体作为自己的主人，或者说个人的主体资格需要得到承认，可能正是在这样的背景下，康德提出了物自体这个概念。物自体很明显是一个科学上的概念，因为它的着眼点在于事物本身。然而自从康德提出了这个概念之后，我们的哲学似乎就开始乱套了。

如果我们稍微仔细地琢磨一下，便会发现物自体这个概念包含着一个字面上的矛盾。一方面，既然说是自身，那么按照我们一般的理解，这里说到的就是一个自我主体。主体的意思就是自我持存的，自我决定的，它意味着自主和自由。但是事物既然是事物，那么它是作为什么而存在的。而这个什么，即它所是的东西，是它的本质，此本质构成了对它的存在的限定。或者我们可以这样说，事物是被限定出来的。这与我们所理解的自我的主体性含义是不相容的。我们不能说事物既是自主的，又是被限制的。另一方面，如果存在是事物，那么主体性就可能是一种幻想。因为事物在本体上是一个物质物体，一个物质物体不能成为一种主体性的东西，即不能成为那种自我中心的存在者，这是常识。毋宁说，一个物质性的东西是没有中心的。我们不能说一部机器里面存在着一个中心，这个中心在那里掌管着这部机器，对它的运作作出规划和控制，以达到对这部机器整个的自我建设的目的。我们没有看到有任何机器有这种倾向。它们总是被利用的对象，而不是相反。从本体上说，我们还要补充一点，事物是利用物质创造出来的，凡是创造出来的东西，都有一种创造的法则和原理，因此这个创造出来的事物永远存在着按照它被创造出来的方法或原理被逆向还原回去的可能，如果这一逆向的过程是可能的，那么事物便没有主体性可言。因为刚才说过的，主体性是一种自我拥有性。如果说一对象的存在是被创造出来的，是被给予的，那么说它是自我拥有的便是假的。如果事物被还原回去的话，主体的存在也就随之消失了。并且我们也知道，主体性不可能在这种利用物质的创造活动中涌现或突现出来，如果说主体性存在的话，它是不可能被还原回去。

按照我们对于存在的常识性的看法，即使是像我们人类这种智慧生物也是不可能具有主体资格的。因为我们是事物。而凡是事物，从科学的角度来看是没有不能被还原的。科学时时刻刻都在做着还原或者说解构一切事物的事情，科学家们把这种工作称为探索存在的奥秘。虽然目前还没有取得最后的成功，但他们相信有朝一日是会成功的。然而，虽然在科学的话语里很少有关于主体性的话题，但是这并不等于科学家们否认了主体性的存在。事实是，即使根据常识，我们也不得不承认有些事物是自我主体性的存在。这又作何解释呢？比如我们人类，任何人都是他自己，任何个人的存在都是独一无二的。这是一个无法否认的事实。我们应该知道，这种独特性是来自于他们作为一个主体性的存在，而并非来源于他们作为事物的独特性。其他的生物也应作如是观。主体性或者说自我，这难道说又会是一种幻想出来的东西吗？并不是这么一回事。因为这里所说的自我，不是某种认识的结果，即不是作为认识主体的存在者反映自身存在的结果，而是指认知对象的存在性质。自我与自我的观念不是同一回事。比如说有一些主体没有自我的观念，因为它们没有反映自身存在的智力，但这并不影响它们作为一个主体性的存在。另有一些主体却有这样的智力，它们能反映或者说表象自身的存在，这种表象使它们为自己建立起来一个形象，进而认为这个形象就是它自己，从而使得一个形象具有了自我的特性。应该说，只是这种在观念中建立起来的自我，即形象上的自我才是虚幻的。我们应该注意分辨这里的差别。说某个对象是一个主体，是无分别地说的，即是说，这个对象整体地在我们看来是一个主体。要注意这里并没有特别地指出来这个对象是一个物体。我们可以这样来表达我们意思：当我们用一个指示代词它来指称这个对象时，这个它所意味的那个东西正是这个实在的物体所意味的东西。为什么用了意味这个词呢？因为这个它并不是这个物质物体所成就的东西，因此不可以以这个物体的存在来取代主体对象的存在。有些东西，即那种物质成就的事物是可以这样做的。因为这样的事物不是主体性的存在。这样的事物就是一个物体，比如说机械之类的东西。当我们说一支钢笔，一所房屋的时候，我们所说的就是一个物体。这种时候我们不会产生什么歧义。相反，在说到主体性的对象时，我们指出来一个实在的物体，但是这个物体却不是我们真正的对象。我们的真正对象是那个将这样一个物质形象呈现在我们面前的东西，它才是真正的主体。当我们进行这样的分析的时候，即当我们在主体的意义上谈论存在的时候，我们并没有提到有一个物质对象，因此我们也不会有机会说到事物。反之，当我们在表象中谈论存在时则出现了分别性。这种分别性显示了我们的认知活动的介入。（当我们的理性开始对世界的存在发挥它的效能时，它肯定了我们自己对世界所采取的一切手段的正当性，当然这种正当性有绝对正确的逻辑基础，正如每个人的存在是无条件的、不可讨论的事实一样）。分别性的意思是说存在是我们的感官知觉到的东西。因为感官知觉实际上是作为认知主体的自我在场，我只承认我的感官知觉实际抓住的东西存在，这是一种理性，即是一种分别。在这种理性的作用中，世界是被我分辨出来的。经过这种分辨，世界就成了一个物质的世界了。

这种分别性消除了主体对象与非主体性对象的差异。我们认为世界中存在的一切都是由物质造成的，人和其他的生物也是如此。它们和一架机器本质上并无不同，一架机器是一种事物，人和其他生物也是一种事物。而这么一些肉体的事物，它们分别就是你、我、他、还有它，等等；另有一些东西，它们是由其他种类的材质造成的，它们是花草、树木，等等。于是，在存在的所有事物中，我们分类出了有生命的事物和无生命的事物。

有生命的事物和无生命的事物，就其同作为一种物质产品而言，它们在本质上是相同的。这应该就是现代自然科学家们的观点。二者的差异在他们看来也只是一种现象上的差异，即有生命和无生命的差异。于是，自然科学家们相信，有生命的事物是由有生命的物质造成的。这种物质被他们称为生命物质。科学家们给自己提出的最终任务，也就是要在自然中找到这种生命物质，或者是要揭开大自然创造这种生命物质的奥秘。在这种世界观以及各种自然科学理论的推动下，形成了 20 世纪最有影响的宇宙大爆炸理论。大爆炸理论认为，世界中存在的一切都来自于若干亿年前的一次爆炸，这次爆炸形成了现在的这一个宇宙和宇宙中的一切，包括所有有生命的东西。

这次大爆炸是不是存在不是这里讨论的话题，我们感兴趣的是包含在这个理论中的物质创造了生命这个科学论断。这个论断成立吗？

以动物为例，从材料学的角度说，我们已经知道了组成动物躯体的基本材料是什么，那就是蛋白质。本书第一章已经详细地叙述了科学界如何以实验的方式制造出了多种氨基酸。但如果说这样就证明了是大自然在物质中创造了生命，那就未免过于幼稚了。大自然究竟有没有真的像米勒实验那样制造了各种合成蛋白质所需的氨基酸我们无从得知，这个实验并不是一个真的模拟实验。即使在自然的条件下有各种有机物形成，但那又有什么可奇怪的呢？在某种条件下有有机物从无机物中生成，这种条件是否唯一的就是米勒实验所展示给大家的那些条件呢？会不会还有另外的原因从无机物中创造出了有机物呢？组成我们身体的主要物质蛋白质当然是有机物，但若说是大自然最初通过闪电什么的方式产生了有机物，这些有机物自组成了蛋白质，并最终形成了生命形式的细胞，那是不可思议的，它只能是一种科幻电影故事。况且即使大自然最初真的制造了有机物，我们也不能据此说我们已经发现了生命的迹象。我猜想，那些发现于 38 亿年前的岩石中的生物碳是生命本身的遗留物，它们是生命曾经于 38 亿年前在地球上存在过的证据。我的意思是，首先有生命的存在，然后才会有那种生命之后的遗留物，即有有机物和蛋白质的出现。

生物有机体最小的构成单元是细胞。这是科学在两个世纪以前就已经确立的事实。在生物有机体上，是细胞在创造蛋白质。是细胞的存在才代表和说明了生命的存在。整个的生物有机体都是单个细胞自组建立起来的，正是细胞的这种自组性体现了生命作为一个完整系统的独立性。然而我们要问，细胞做为一个完整生命系统的起始点，它又是如何产生的呢？即使自然的作用力确实在真正的生物出现之前已经造成了有机物，但细胞是在这些有机物的基础上产生的吗？从这些有机物再到细胞的出现，中间是一个什么样的过程，经历了哪些事件，涉及一些什么原理，科学能设想并揭示出来吗？

有鉴于整个生物有机体都是在细胞的基础构建起来的，或者准确地说是被细胞组建出来的，因此我们可以说，细胞就是生命体本身。这是一个科学的陈述。因为我们是把存在视为事物的存在的，生命不过是发生在事物上的一种现象而已。于是我们现在所要解决的问题便是细胞的问题：进一步对细胞作纵深的研究，探索和发现是什么使得生命现象在细胞中产生出来，在细胞中是否隐藏着某种原始的活体部分，这个部分是生命的真正源头，如果这个部分是存在的，它又存在于细胞中的何处；那种生命物质是什么，等等。

因为细胞仍然是一种物质形式的存在，所以研究生命怎样在细胞中诞生，实际上仍然是追问物质是怎样构造成一种生命体的。那么我们要来看看科学家们展示给我们的细胞是什么样子的，下图是在显液下的细胞，红色的是角质素，绿色的是 DNA。

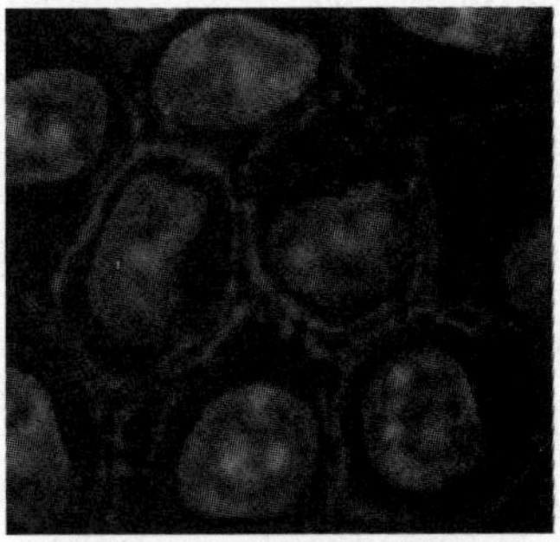

下图则是植物的细胞结构：

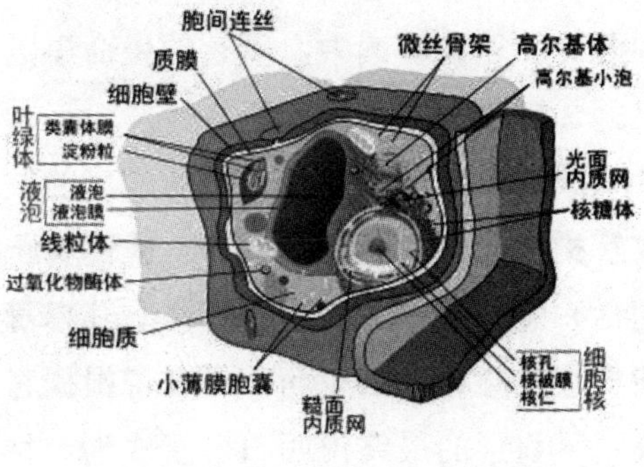

整个细胞体由细胞壁、细胞膜、细胞质、细胞核、内质网、核糖体、核仁、高尔基体、溶体、液泡、线粒体、叶绿体结构组成。细胞的大小，原核细胞直径平均：1 ～ 10μm，真核细胞直径平均：3 ～ 30μm。

细胞各组成部分的作用和功能我们不能在此详说，我们只要清楚整个细胞组织是怎样运行的就行了。整个细胞组织的核心当然是细胞核。细胞核是一个具有双层膜的胞器，主要携带遗传物质（DNA），包括染色体（Chromosomes）（脱氧核糖核酸加上一些特殊的蛋白质）、核糖核酸等，核膜上有许多核孔，由数十种特殊的蛋白组成特别的构造，容许一些物质自由通过，但是分子量很大的核糖核酸、蛋白质就必须依赖这些蛋白辅助，以消耗能量的主动运输，来往于细胞质跟细胞核之间。细胞分裂的期间可以看到细胞核中最显著的构造——核仁，其组成为核糖体 RNA，以及合成核糖体所需的蛋白质。除核仁外，细胞核中还有许多其他核细胞器，如柯浩体（Cajal body），PML 体等。自从人类发现基因以来，科学家们便把对细胞，从而也是对生命本身研究的焦点集中在了细胞核内的一种物质即脱氧核糖核酸（DNA）上。科学家们相信，生命的所有重要方面，都可以通过对基因的解读揭示出来。基因是 DNA 分子上携带遗传信息的一个片段，它能够准确地复制自己，在细胞内，基因为 DNA 构建生命所必需的蛋白质提供信息，即为蛋白质进行编码。基因组织的形式不同，最终所造就成的生命性状也就不同，因此是基因的存在决定了千差万别的生命形态。以人类的生命为例，人体细胞内共有 46 个 DNA 聚合分子，它们世代相传，并且十分稳定地保持着我们自身生存的密码—基因。在构成 DNA 的四个分子亚基序列中，有许多特殊差异的密码，它们包含着 30000 ～ 35000 个基因，这些基因又为多达 100000 种不同形态的特殊分子等级——蛋白质——提供信息。蛋白质作为遗传信息和复杂天然化学物质的产物，在生命事物的构建中起着关键的作用。

这种对生命事物的解读，是把生命视为某种特殊的化学物质（蛋白质）的化学性质，是 DNA 分子中基因的表达。因此，在这种解读中，所有的生命事物都只不过是一个复杂庞大的基因工程的结果。

我们承认科学对生命事物的解构性（或者说还原）描述是客观准确的。只是在这样的解构性描述中（无论它把事物解构到何种细微的程度），我们真正得到了关于事物本身（如果事物是它自身的话）的知识了吗？科学，由于其自身的特质决定了它只能就事论事，也就是只能说它实际看到的东西，或者说根据它所掌握的物理学原则推测某些东西。这就决定了科学的最终说明不可能成为一种真正的说明，它永远只能是一种描述。因为它永远也不能超越到现象本身之上。对于某些带有根本性的问题，如果科学不能或不愿放弃自己的原则而趋向形而上学，则它只能永远停留在这种对现象的描述上原地踏步，不能最终成为真正有解释力的说明形式（我这样说并不意味着承认形而上学是正确的）。某些带有根本性的问题，比如在这里我们可以问这些问题：具有自组织能力的细胞最初是怎样获得其存在的；“仅从作为化学物质的DNA和蛋白质出发，循环系统是如何形成的？我们的基因是怎样决定心脏的形成，并为它设计出不同的心室和心房，从而泵出血液的呢？基因又是如何构造各种脉管，并以不同的尺寸和类型遍布全身各个特定的部位呢？此外，在我看来最为神秘的是，包括DNA和基因在内的、构成大脑的化学物质，是怎样引起大脑神奇活动的呢？至关重要的是，所谓的神经传导因素，即从一个神经元传递到另一个神经元的那些携带信息的分子，是如何导致了那种显著的神经活动呢？基因以及相应的蛋白质，是如何完全依靠自身来产生如此复杂的结构和组织的？”这里的这些问题是美国生物学家斯蒂芬·罗思曼在（《还原论的局限·来自活细胞的训诫》）一书中提出来的。罗思曼此书思考的主要是从其从事的专业生物学的角度来看，科学的边界在哪里的问题：生命现象是否可以进行彻底的科学还原？如果不能，我们又能采取什么样的进路来理解生命现象？

因为科学的本质究竟是还原论的（我们已经说过，科学的这种方法是别无选择的，因为在科学的范式中，存在是事物的存在。而从本质上说，事物都是可以还原的。）因此如果我们认为科学在看待生命事物的本质方面也是唯一正确的，那么科学家就必须真正做到对生命事物的还原性重组。但是，斯蒂芬·罗思曼以实际行动证明了对于生命事物来说，这种还原性重组是不可能的。

行动就是对一个细胞的分解和重组试验：取出一个细胞，然后将它打开，收集其中所有的物质成分，再将它们相互分离，细胞质归细胞质，分子归分子；拿出各种已经分离出的物质成分，将它们放在实验装置内进行再复原。实验的设想是，如果这些物质成分就是所有生命构成的原始成分，那么在实验的情形中，细胞就应当能自发地再组织。但是在付出了所有的努力之后，也就是在解决了理论所涉及的所有技术难题之后，实验却以失败告终了：所期望的那些结构从未出现，活体细胞没有真的产生出来。

细胞既然不能从它的物质组成部分中自组织出来，那么这个问题就自然地摆在了眼前：细胞究竟是怎样产生的？如果细胞终究不能从它的物质构成中自发地组织出来，那么究竟是谁创造了生命？一定有一只另外的手利用了组成细胞的物质成分创造出了细胞。

细胞自组织所必需的东西，就像装配汽车或建造大楼所需要的那种东西。对于一部汽车或一幢大楼来说，我们首先必须有必需的零部件或建筑材料，然后由人类之“手”（或由人类之“手”制造的工具）来进行实际的工作；而人类大脑则以蓝图的形式，规定零部件或建筑材料用于何处——装配和建设的时间和地点。那么，组成和装配细胞、有机体的蓝图在什么地方呢？

这一问题的答案不仅显而易见，而且是细胞理论的核心。如果装配汽车和建造大楼需要人的介入（以及人的发明）而得于实现，那么，从某种对比的意义上看，生命形成自身的组成过程也形同如此。当然，我的意思并不是说人类创造了生命，而是生命创造了生命。简而言之，所有的生命都来源于在先存在的生命。还记得那个下落不明的构成因素吗？其来源不是别的，而是来自于细胞的母细胞或祖细胞。

因此，并不是细胞自身的蛋白质及其DNA，而是母细胞的蛋白质和DNA在起着构成原因的作用。自然界一直为此提供着无与伦比的答案。亦即，是母细胞提供着规定位置和排序所需的那种东西以确保恰当依从关系的机制。总之，母细胞既提供着蓝图，也援之以建立结构的“手”。而细胞规定时间和空间布局的机制，则与母细胞通常维持自身秩序的机制是一样的。当细胞分裂时，所有的信息和机制都各司其职，而且会相应地遗传给它的后代。因而，细胞的构成因素是超代的。“那种其他的构成因素”，就是它的母细胞。这才是伤口可以愈合、火蜥蜴何以长出新肢、新的毛细血管何以形成的原因——细胞分裂，

——《还原论的局限·来自活细胞训诫》①

（上海世纪出版集团，李创同、王策译）

对于生命的起源，斯蒂芬·罗思曼论述道：

……不管怎样说，细胞的构成因素来自母细胞。然而，母细胞的生成又起因于上一代的母细胞，如此溯源，便会逆历史而上，一起追溯到生命起源的那一刻。正是在那时——几乎40亿年前，生命开始缘起。从那时起，漫长的岁月过去了，我们只有在这一背景下，才能追问细胞的自组织及其结构的原因。然而，这种根

① ［美］斯蒂芬·罗思曼：《还原论的局限．来自活细胞的训诫》李创同、王策译，上海世纪出版集团上海译文出版社 2006 年6月第 58 页

本的构成因素本身又是如何发生的呢?

在我尝试回答这个问题之前，我们应当明了，上述漫长的时间回溯，与我们的研究计划会有什么关系，以及那种沧海桑田的变迁已经将我们置于什么样的流变之中。我们一直在讨论的关于生命自组的本质问题，曾经被认为是能够通过实验室研究得以理解的，然而这个问题现在已经成为只能审视历史遗物才能得以认识和研究的问题。直接的科学实验活动，将不再是可行的。无论我们的历史学家可能如何辛勤工作，历史仍然保持着它的神秘性。

由于地质学家和古生物学家的工作，我们已经具有关于生命的、已经证明是十分有价值的化石记录。然而，无论这些化石多么珍贵和多么有用，它们无非是一些断断续续、残缺不全的碎片而已。最为重要的是，当我们把研究和目光投向生命起源本身时，并没有任何化石遗迹，甚至连一个碎片都没有。因此，生命的起源不但是个谜，而且深不可测，以至于人类对其奥秘实在是一筹莫展，无从知晓。一句话，无论我们设想出多少假说，我们都没有生命起源的任何证据和实质性的知识。在缺乏历史记载的遗物作为向导的认识深渊之中，我们如何才能从知识的意义上去探究生命起源本身的根本构成原因呢?

如果这样对根本构成原因的解释仍然不够，甚至认为这种说法不过是近代生物学的一个核心信念——已经至少可以算作是科学家的巴斯德所证明的信念，生命不能自发地产生。但是，我们对生命起源解释的唯一方法只能是如此而已。于是，我们不得不说，生命的自然生成活动——即作为生物的形成事件，差不多是50亿年前在这个星球上一次性地、自然而然地发生的——仅仅是一个奇迹。

生命的出现，不仅常常被认为是一个如此罕见的事件，一个在40亿年前一次性成功了的自然事件，而且它的出现似乎与宇宙巨大的无序力量——热力学第二定律——有着惊人的不一致。热力学第二定律告诉我们，宇宙的无序状态或者熵，随时间而增大，最终我们会无可避免地而且将无可奈何地面对一种完全紊乱或者平衡的状态。这便是宇宙中所有物质最终趋向的状态。然而，生命有机体的起源，甚至它们向复杂形式进化的过程，却是铁一般地存在着，而且以似乎完全与热力学第二定律南辕北辙的方式存在着。

情况似乎是这样的：在过去的某一时刻，某种特殊分子不是随着时间的推移被分布得更加均匀——那种最可能发生的情形，而是由于某种求知的事件以及似乎令人难以想象的机遇，它们从其所处的环境中分离出来。就好像在一间房屋里。仅仅作为某种偶然性的结果，房间里的氧气忽然自己聚集在屋子的某一角落里。

这种事情可能会发生，但它还不至于达到使你寝食不安、忧心忡忡那样大的可能性。然而，在生物学中，这种事情似乎发生过，而且肯定发生过。看来，生命系统似乎一直是以相反的方式运演着——有序性和组织性随着时间在增加，而不大可能发生的事情竟成为了现实。

因此，只有在一个极端不可能发生那种事件的世界中，在漫长过去的某一时间里，才存在着我们孜孜以求的生命发生的构成原因。然而，我们有多少信心从我们几乎一无所知的那些事件中寻觅到生命构成原因的结论呢？那些事件不但在时间上距离我们相当遥远，而且是如此地罕见。那么，我们的猜测难道会比没有真实根据的思辨具有更多的内容吗？

——《还原论的局限．来自活细胞的训诫》①

永远有一个在先存在的母细胞，问题又原样地回到了我们手里。因此我们只能承认，从科学的角度说，我们并没有关于生命事物的真正知识。我们从科学的角度发表的关于生命事物的起源的那些论说都只能是一些假设性的推论，到底仍然是不可证实的，因此实际上并不比那些没有真实根据的纯哲学思辨有多少可信性。

还有，从代表生命本身的细胞中，我们能找到那种即可说是生命本身的特别部分吗？鉴于现代生物学理论认为生命的本质是某种特殊的物质物体的固有属性，那么，在细胞中寻找那个能代表生命本身的部分就是生物学家们应有的任务。

在罗伯特·胡克的时代，人们认为生命位于细胞外部的纤维网上，这种纤维网就是生命物质，而细胞内的脂肪、糖原等类似的东西，其作用是为纤维网提供营养的。细胞理论出现后，人们发现这种纤维物质大部分是由蛋白质微纤维（胶原质）那种非细胞物质构成的，它们只是细胞与细胞之间的连接组织。细胞理论则认为生命本身存在于细胞之内。那么它究竟在细胞中的什么地方，它又会是什么呢？

在早期对细胞进行的物理研究中，当科学家将卵细胞、原生物以及其他类似的细胞穿刺或打开时，就会有流动的胶状物出现。它是一种细胞的分泌物，人们认为这种细胞的分泌物就是生命物质。他们将它命名为原生质。

但是，“随着人们对细胞化学构成的日益了解，生命原生物质的概念却变得越来越不真实了。以至于最终的分析结果表明，细胞内部根本不存在某种具有生

① ［美］斯蒂芬·罗思曼：《还原论的局限．来自活细胞的训诫》李创同、王策译，上海世纪出版集团上海译文出版社 2006 年6月第 59 页

命的特殊物质”。

“随着对细胞的生化成分更为明确的界定，那种被称为原生质的物质（如果它确实存在的话）似乎不外是一种复杂的、由多种化学物质组成的混合物，一种具有多种性质的、在水中溶解或悬浮的化学混合物。无论它们是单独存在还是为混合状态，它们本身没有生命。然而，这个结论的确令人惊诧不已！也就是说，一个活生生的细胞是具有生命的，但它的内部竟然不包含生命物质！当人们把一个活体细胞打开，寻找生命之时，生命却消失了。”总之，不管生物学的技术手段多么发达，人们在细胞中寻找生命物质的计划是最终失败了。

——《还原论的局限.来自活细胞的训诫》①

既然生命存在于构成生物体的物质中，那么，斯蒂芬·罗思曼认为生命又是怎样得来的呢？他的观点是突现论性质的：“生命乃是物质的某种突现性的存在物，而非物质的某种固有的或内在的属性。尽管这种突现性的属性生发于物质世界之中，但它却不能还原为物质。因而，它是生命不可压缩性的现实体现。……无论是否是DNA，是否是遗传密码，如果没有从生命物质实体中突现出来的为生命提供独一无二的适应性变化能力的特殊性质就不会存在生命，也不会存在生命物。”突现论是一种整体的非加合理论，它起源于对自然化学现象的观察，而后被援入生物学，解释生命现象的出现。

突现论对于生命现象的出现能成为一种有效力的解释吗？在自然界，确实存在着整体不能向部分还原回去，高层次系统的性质和规律不能从低层次的性质和规律得到说明的情形。但是，我这里不得不指出，只要是从物质的层面出发的一切理论，无论是还原论还是突现论，都不能真正解释生命现象的出现。突现论正确地看到了生命不是一种物质的物理结果，但是突现论的解释也依然离不开物质。有一点是可以肯定的，从物质世界中得到的只能是物质。有些高层次系统的性质和规律不能从低层次系统的性质和规律逻辑的推导出来，这一点并不能作为生命从物质中突现出来的现实依据，它最多只能作为一种假设，一种自然界中存在的化学现象的类比。生命从物质中突现出来，有谁亲自看到过这个突现过程吗？突现，因为我们缺乏任何真实的证据，我只能说这种说法太过天真、太过随意了、太缺少严肃性了。它并不比说上帝创造人更为可信。

① ［美］斯蒂芬·罗思曼：《还原论的局限．来自活细胞的训诫》李创同、王策译，上海世纪出版集团上海译文出版社 2006 年 6 月第 97 页。

关于生命事物与非生命事物的区别，非还原论的生物学家们是通过有生命的事物对环境的适应性变化来说明的，他们在达尔文的进化论中得到了这种支持。斯蒂芬·罗斯曼说得很清楚，“马和岩石之所以不同，并不在于它们相互之间的差异仅仅在特殊的物理和化学体现方面的不同，它们根本不是同类的事物，它们之间的差别，只能在生物独特的进化历程中被发现……达尔文指出，重要的不是地质进化与生物进化之间具有的相似性，而是在于两者之间的差别。他描述了生物如何以它们独特的方式来适应环境的压力。与非生物不同，生命事物对环境压力的适应性变化，能够超越其物质性。这种适应性变化，才是生命的独有特征。正是这一特征，将生命世界与非生命世界区分开来。”“我们能够指出，事实上在生物学的各个领域，生命与其组成分子之间存在着非连续性，即从细胞层次的生物学到解剖学、生理学、生物物理学、进化论生物学以及关乎各种各样生物机制的生态学——从有关大象到开花的树木、到海中龙虾的生物学，情况皆是如此。”

但是，以对环境的适应性变化来说明生命事物与非生命事物的不同，是否就充分了呢？我的意思是，尽管两种事物之间的这种不同是事实，然而这种不同并没有让我们真正认识到生命究竟是什么。因为这种不同到底只是一种现象上的差异性描述，它除了把事物区分为有生命的和无生命的以外，只能使我们对生命事物的存在更感觉神秘。

还原论不能以科学的方法为我们揭开生命现象的奥秘，科学家还可以以生命领域中仍有许多未知的东西需要我们继续探索为由把问题推向将来，而突现论告诉我们生命是从物质中突现出来的，那就等于什么都没有说了。事实上，不管是还原论者还是突现论者，他们共同的问题是：“生命事物与非生命事物究竟有什么不同”，要注意，他们的核心是要比较事物不同的地方。要做到这点，我认为在科学家来说，那是轻而易举的，仅凭观察就能做到。比如上面所说到的，举出生命事物对环境的适应性变化特征就足够了。但那仅仅是从现象上描述了两类不同事物的存在。而对于有生命的事物的本质，只是这种现象上描述是不足以说明问题的。我们不能说有生命的事物的本质就是适应环境压力的变化特征，这种话是不能算作一个问题的答案的。也就是说，我们不能将某种事物的表现性特征当做该事物存在的原因，这是一个逻辑错误。因此，斯蒂芬·罗思曼在他的书中所列举的生命事物那些特性俱不足以揭示这种事物的存在，因此也不足以把生命事物与非生命事物区分开。因为尽管生命不是一个物体的物质性，但生命到底是属于这个物体所有的。即是说，存在最终说的是这个物体的存在，它才是本体。而从本体的角度来说，生命事物与非生命事物并无不同，这是突现论的罗思曼看得清楚的。本体才是事物存在的关键。因此，正确的问题应该是：是什么造成了本体的存在，从而使生命在本体上绽放出来？若是这样的问题，那么，那只创造的手仍是缺失的。但如果说是某种物质的突变率先产生了一种活体（细胞），然后这个活体根据自己已有的机制和特性自发地创造出了事物——有生命的事物，那我们是没有证据的（不要忘了细胞不能自组这个事实）。我们相信某些物质在某种条件下的遇合会产生一种新的物质，如水等。这种新物质的特性不能用构成它的元素单独的特性的加合来说明，但新物质的特性仍然是一种物质特性，比如说水的性质就是水这种物质的性质。对于水的这种性质，因为它是一种物质性，我们是不会有任何疑惑的。但如果说物质因为某种突变而产生了一种迥然不同于物质性的另外一种特性——生命——的话，那这种说法是非常无理的。这种说法等于说生命是一种物质特性（因为它到底来源于物质的创造），又不是一种物质特性（因为生命在特征上出离了物质）。我们要问，生物有机体是否不同水这种氢氧化合物？既然它们在构造上并无不同，既然在细胞之中也没有原始的生命物质，那么，物质不管怎样突变，最后产生的也仍然只能是一种物质。而不管产生的新物质具有怎样的性状，这种性状也都只能是这种新物质的属性。也就是说，事物，假如就一个物质实在体而言是事物的，那么事物是不能有多出于本体之外的属性的，本体的物理和化学特性直接决定了事物的本性。但是就有机体来说，若说生命是本体上的一种特性的话，那是任何人也不能接受的。生命显然是超出了生物体本身所有物理的化学的性质的另外一种特性（假如可以说它是一种特性的话，但它是一种特性吗？因为这种特性不属于本体所有）。如突现论者说的，生命事物与非生命事物是两种不同的事物，但他们始终不能真正说清楚，它们作为事物究竟有何不同？我这样问一下，可能他们就会明白我的意思了：它们之间的不同是事物之间的不同吗？同作为事物，它们有什么不同吗？对于这个问题，他们的回答是肯定的，即它们是一样的。既然如此，那么，生命的存在就不能在事物中寻找，即当我们说到生命的时候，我们不能到那个物质实体中去寻找它的原因。因此，就连我们的“有生命事物”这个说法都是不恰当的。因为既然还原论者已经看出了生命是一种超越于物质之上的现象，或者说生命不是某种物质物体的固有属性，而实在又是一个物质实体，或者说事物是一个物质实体，那么，我们也就无法弄清楚，到底是物质属于生命，还是生命属于物质，抑或它们互不相属。只是在事物存在这种观念中，我们才会遇到生命何以出现这种问题的困惑。举个例子，就拿我的身体来说，只有当你认为它是一种事物的时候，你才会有它是怎样获得生命的这种问题，也才会有我是某个东西，某个东西是我这种说法；也只有对于事物来说，才会有生命这种其实上无法理解的观念出现，因为生命是对于实在的物质物体来说的，如果我们不把这个物体当做事物来看，我们也就不会设想出生命这个奇特的观念。可以说事物和生命是两个互生的观念，没有事物，就没有生命，没有生命，就不会有生命的事物。但是，说实话，你有什么理由把一个实在的物体看做事物呢？我相信你看到的不过是一个物体而已。假如你不是自作主张，或者说你了解事情的底细和真相，你是不会在一个物体上想象出一个事物来的。比如说这里有一个皮影戏的道具，当你把这个道具拿在手上时，你知道这不过是一块羊皮，而不是什么真正的人（当然它作为道具也是一种事物，但不是作为它自己）。如果你在看一场皮影戏表演，而你又不知道这是在表演皮影戏，那你就可能把映在影幕上的小人当做真实的人，即当做一种事物——小人。这里的原因你清楚，是因为你不知道那是一小块剪成人形的羊皮在人的操纵下作出各种动作来。如果你知道皮影戏是在人操纵下的表演，那么，你就会明白，那个人形的东西的动作并不是自动的。

一切物质性的东西都是如此——不能自控。我们的身体是物质性的，它也不能自控，所有所谓生物的身体皆如此，都不能自控。因此，任何物质实体都不能作为自身存在，不能成为事物。没有事物，没有生命，究竟是什么使得某物成为有生命的，这就是个假问题。我们通常说，这是一个人，这是一匹马，并指着这样那样的一个肉体，认为它们是一种活体，从而是一种事物，是人，是马，等等，其实这种说法都是没有根据的。我们所疑惑的问题是，既然物质性的东西不能自控，那么我们的身体又是如何运动起来的呢？难道说它是受别的力量使动的吗？又或者说在我们的身体里面真的另有一个小人在帮助我们按照自己的意愿运动身体吗？肯定没有别的力量在支配着我们身体的运动，我们身体内也没有一个小人在帮助我们运动。我们的运动肯定地说也是自觉的运动，是自动的。但这里所说的自动，并不是我们的身体——这个物质性的身体——本身的自动。这里说的自动，是自我的运动。因自我的运动，才出现了我们身体上的运动。这应该没有什么难以理解的。

这里说的自我，就是前面说到的主体。主体是一个实体，但它不是被指为我的身体的这个肉体，也不是这个肉体突变成有生命的东西之后所成为的事物。这个主体是一个自在者，惟其是自在的，它才是自我。

因此，像我们称之为人、马等这样的东西与岩石、建筑物、汽车等这样所谓非生命的事物是根本就没有可比性的。如果说水、岩石与建筑物、汽车等是一种事物，那是因为我们需要给予不同的物质对象以一种区分，以便能差别性地说出它们，以及需要利用物质来制造我们生活中所必需的工具。但是，在这样做的时候，我们自己清楚，当我们把某个物体当做一个工具来使用时，这个物体的工具属性并不改变这个物体原来的物质本性。也就是说，当一个物体被当做一个事物来看待时，这个物体乃是这个事物的本体，事物皆有一个充当事物的本体，事物即是我们将这个物体看做的和将要让它充当的那种东西。但是所谓有生命的那些物体，却不是一种原始的物体，我们也不可能利用这种物体去做某种事情，因此它们不可能是建筑物、汽车之类的那种事物。它们也不可能是另外任何一种事物，因为这种物体根本不是任何事物的本体。它们不是为了进行某种创造而设计制造出来的物质构体，它们只是物质因某种原因被聚合在一起所形成的一个特殊的物质形体而已，这种原因便是主体的显现。因此，宁可说，就所谓生物有机体自身来说，它们是不存在的。

因此，与其说存在着生命事物与非生命事物两个世界，不如说存在一个主体的世界和一个非主体的世界。主体的世界即自我，非主体的世界即物质。从科学的角度说，物质的世界是可以无限还原的，直至于无（变得在所有可能的技术条件下都不可把握。既然说物质可以无限地细分，那么，说可以达到无的境地，看起来似乎是矛盾的，这是因为物质可以无限细分下去，只是科学的一种错误的范式思维，实际上物质的最终结果就是无。即便物质转换成能量后，能量也会湮灭，变成实际不存在的反能量。）但自我却不能被还原，因此任何有形物体都不是自我的本体，自我是无本体的。

再来说说物性。既然人们普遍认为存在着有生命的事物，那么，作为这种有生命的事物的人、马等就是不同的事物。这些不同的事物是根据它们的形态和生存方式来划分的，这就是物性。比如说人与马不同，马又与鱼不同，等等，这些都是物性的不同。通常我们都是这样看的，正是物性为我们描述了不同种类事物的存在，因此物性是事物本质的体现。在这样的认知中，不同事物的存在显得是那样神秘，那样令人惊异和赞叹。的确，在对事物的认知中，我们往往会被这种问题弄得不知所措：为什么会有不同的事物存在？在常识看来，这个问题是没有答案的。但科学家却不能有这样的想法，万事万物都有其因果。进化论发现在古今不同的物种之间存在着某种连续性，因此，进化论的观点是，不同的物种是从某种古老的简单生物进化而来的，所有的生命可能有一个共同的祖先。之后，随着生物学技术不断向原子层次发展，科学家们更为我们指出了不同生命形态的存在乃是因为创造了生命的DNA分子不同的缘故。的确，生物学技术在描述生物基因图谱上可以说已经取得决定性的成功，不同物种之间确实存在着DNA分子基因组织上的差异，物种与这种基因图谱存在着对应关系。但是，我们要问，基因图谱的这种差异能作为不同物种存在的还原性根据吗？我的意思是，DNA与不同物种之间的因果关系究竟应该是正方向的，还是反方向的？基因编码究竟是物种存在的原因还是结果？提出来这个问题并不是毫无理由的，因为正如突现论者所发现的，生命事物的存在并不能最终还原到DNA。那么，我宁肯相信不同的基因组只是不同的生命事物的特征展现的结果。如果生命真正是不可还原的，并且生命也不是在物质的基础上突现出来的，那么，当我们不再把那些似乎可以运动自身的物体当做事物来看待时，所谓物性这种神秘的现象也就不再那么神秘了：所谓物性就是一种自我性的展现。事实上，斯蒂芬·罗思曼所举出的那些生物适应环境变化压力的特性，正好说明了它们不是事物。而是，它们是这样的一些存在者，它们能通过对环境的就评价，或者在能力所及的情形下改造环境以满足自身的需求，或者改变自己的生存战略以适应环境。这可不是任何事物具有的内在机制，而是一种主观意志的表达。因此，被我们称之为有生命的事物的那些东西，实际上是一些真实的自我主体的存在，是它们如此这般的存在样式。

再来看看动物的行为。在宏观物理学中，在一切条件都满足的情况下，科学对于物质宇宙中的任何事件来说，没有不可推测出来的。就连现今这个宇宙开始于何时，可能终结于何时这样遥远的过去和未来的事件都能测算出来。这是因为物质的世界满足于物质规律性的要求。前面我们已经说过，物质世界之所以存在这种规则性，是因为这个世界没有决定性，即没有主宰性，它是一个无主体的现象世界。但是动物的行为却是无法预知的，动物的行为如同微观物理学中的能量子，无法用某个规律进行准确的描述。而是只能对它们在某种情形中出现某种行为的可能性做一个概率性的估计说明。推而广之，从动物的行为到人类社会中的每一个具体事件，都是不能用科学规律进行描述的，这又是为什么？如果所谓生物是一种事物的话（即使是有生命的），那么，所有生物的行为都应该是可以预测的，因为我们是知道的，事物的行为是一种程序性的机械动作，它们行动，但它们的行动不会越出程序规定的范围。而动物的行为却没有程序控制，在应对一些突发事件时，这一点表现得特别明显。动物的应急行为完全就是一种经验累积的结果，实际的行动源于动物在面对危急事件时的情绪反映，但无论是选择逃避还是选择面对危险，动物的这种行为都是目的性的，总是与自我有关的：要不就是保全自我，要不就是为了其他与自我相关的因素，比如说为了保全他人，偶尔还会有一些道德伦理方面的情感因素直接影响到动物的最终行为。这些因素都是在机械的动作里面找不到的。有些人类制造的高科技产品可能装配有自保装置，甚至是自毁装置，比如无人驾驶的飞机和汽车，它们也能分辨障碍物，探测到危险的出现，同时对自己的运行轨迹作出适当的调整。但那种分辨并不是一种真正的认知，那种危险也不是真正的危险。因为这种分辨里没有认知主体，那种分辨只不过人类探测技术的一种运用，这种危险也没有危及某个主体的存在，因此它们的行动也根本说不上适当不适当。因为这种适当性是对设计它们的人来说的，而不是针对它们自身来说的。总之，所谓动物的行为与机械行为的区别，一句话，是一种主体性行为与非主体性行为之间的区别。

既然我们在自然界中所认识的那些对象并不能按照我们通常认识事物的方法去认识，或者说它们作为事物是不可认识的，那么，我们说它们是事物，就很可能是一种先入之见。我们已经举了一个皮影戏道具的例子来说明这种不明真相的偏见。这种偏见是执著一个可见的物质形体是它们自身，因此才有事物的观念。这种偏见其实只是犯了一个很低级的错误，我们忘了物质世界是不会有多出于物质特性以外的其他特性的。几千年来，不管是科学家还是哲学家，都在不遗余力地探索着存在的起源，探索着生命的奥秘，但除了哲学家们空想出一些自说自话一样的理论出来之外，我们始终无法得到一点哪怕可以说是接近真相的端倪。这一切最终没有成果的辛劳可以说都肇始于这个低级的错误。于是才出现什么理念论、自然原型说、什么意志、冲动、什么理性精神等的形而上学，以及宗教创世说。在自然科学领域又出现了什么活力论，什么还原论，什么突现论这些不可实际证实的似科学理论。其实这世上除了人类自己制造的产品之外，又何尝有其他的事物可言，又哪里来的有生命的事物？自然何尝曾经创造了具有生命的事物，又何尝隐藏着什么不为人知的秘密？

确实，在我们身外的世界，我们所认识的对象是形形色色，姿态万千的。它们有些显示给我们一棵草，有些显示给我们一棵树，有些又显示给我们一个动物。根据生物形态学的描述，我们可以识别出千万种不同的对象，我们将它们分门别类，给予不同的名称。但是我们应该清楚，在我们使用这些名称的时候，我们并不是用它们来指称不同类型的事物，而是用它们来指示不同类型的存在方式。这里我们说人，说马等，都不是说自然界中存在着以人、马这些名称命名的那种实体，这样的实体是不存在的。

第八章　众生相

一切有为法，如梦幻泡影，如露亦如电。这里说的有为，即是造作，有为法，即是造作所有的事物。如梦幻泡影，是说一切这种造作所有的东西都是不能自持的，皆非实体。

这种认识，出自那觉悟者对大千世界中一切有形者的智慧的观照。其中还隐含着一种对世人的劝诫：放弃对那些并非是实在的东西的贪恋和执著。

那么，什么是非实在者呢？一切法，一切形色实体，这些东西之不可自持，乃是因为它们属造作而有，缺乏自性。

然而，在哲学几千年的历史中，我们并非是如此看待实在世界的。哲学的看法与这里所说的这种觉悟者对实在的洞察是相反的，即是说，哲学从来都是将实在世界当做它们自身，即当做事物来看的，否则我们的哲学，包括自然科学也不会煞费苦心、不遗余力地寻求对实在事物的存在的解释。

比如说，只是对事物本身而言，我们，包括普通人和哲学家都常常会被有些事物运动自我的能力弄得莫名其妙，我们会对动物的存在感到莫测高深。时至今日，我们始终弄不明白动物运动自身的机制究竟是什么。因此，关于动物的存在就有种种玄奥难解的猜想。

事物指的是某个有形物体，即物自体。在上一章里，我们已经详述了科学的还原论如何至今没有揭示出生命事物存在的秘密，即它没有发现什么是所谓的生命物质，同时我们也指出了生命从物质的某种组构中突现出来的观点的荒谬。事物为什么如此的不可理解？究竟是事物真的不可理解，还是我们自己创造了不可理解的东西？

我们这里说一切有为法并非实体，不可自持。我们要明白并不是说事物不能自持，并非实体。细心的人应该注意到，这里根本没有提到事物。即是说，我们并不是首先指出了这个实在的世界是它自身，指出了有事物存在，然后再通过对这个实在世界以及事物的实际观察来达到对它们的性质的概括，指明它们并非是本质性实体。

如果说实在的世界及事物是它们自身，事物存在，然后再通过实际观察来达到对它们的认识和了解，甚至于想要发现它们之所以存在的原因，它们内部隐藏着的秘密，那么，这是我们的常识（朴素的唯物主义）的见解。这种见解把给予我们的，即我们通过自身的感官领略到的东西作为它们自身来处理，而忽略了那给予者的存在。在缺少了那给予者存在的情形之下，我们不得不把那给予的东西当做事物。也就是说，由于遗漏了给予者，存在于我们来说就成了物质的展现。

因此，这里存在着两种不同的世界观。一种世界观认为实在的世界，即我们通过感官领略到的物质世界只是存在的主体给予我们的显现，那显现出来的东西不能离开显现者即存在的主体去看，因此在这种认识中没有事物存在。另一种世界观认为实在的物质世界就是它自身，即是说这个世界是物质成就的世界，因此在这个世界中有事物存在。

关于这两种世界观何种是正确的，或者说何种才是对存在的正确的把握，我想已经用不着再进行争论了。因为物质不可能成就一种实体，所以我们不再讨论唯物主义意义上的事物的观念。但是我们还有另外一种事物的观念，这种事物乃是众生自身成就的东西。从表面上看，这种众生自身成就的事物和唯物主义者看到的事物并无不同，它们是同一个东西。但是这种事物并不能成为它们本身，它们因为是某种被受用着东西才成为事物的。它们之所以出现，乃是有一种先天的存在创造了它们并以它们作为自己的存在如此地呈现出来，这里的创作者和受用者即是先天存在的主体。而如此这般显现在此的这个物质性的东西，我们当然也可以称之为事物。实际上它就是那个先天存在的主体的相。我们在唯物主义意义上所说的事物及其物性，就是这种先天主体性的表达。因此，科学上所探索的事物，其实也就是众生相。而我们说一切事物都没有自身的本性，不是实体，不能自持，等等，说的也是这种作为众生相的事物，而并非是物质自身所成就的事物。

为了切实地弄清楚这两种事物的区别，我们举一两个普通的例子来加以说明。

科学上的事物如一辆汽车。一辆汽车是用铁等金属物质根据某几种物理学原理制造出来的。当我们说这是一辆汽车时，我们说的就是这个物体，这个铁器，没有其他另外的东西。因为现在这个铁器被我们当成某种东西来使用，因此我们给了它一个名称，将它命名为某种事物。也就是说，这种事物乃是命名出来的。至于事物本身，即这个铁器，它除了是一块铁之外，什么都不是：它其实不是我们给予它的名称所指示的那种东西，因为那个名称本来也没有指示任何实体，而只是我们与这个被命名的东西的一种价值关系的表述。因此实际上名称根本没有触及事物本身。而且事实上我们也不需要触及事物本身，因为它除了是一个物体外什么也不是。这就是科学上的事物的本质：被指为事物本身的那个东西，它作为某种事物存在与自身无关，而只与我们与它打交道的方式有关。假如我们习惯性地认为有这种物质性的事物存在，那么我们应该清楚，事物，在名称所指的意义上是没有的。

如果说我们在科学的意义上所说的事物是指那种特殊的物质形体，这个物质形体是它所是的那种事物的本体，那么，在我们说有事物存在的时候，这个本体无论如何都是已经存在着了的。这就是说，是这个本体首先完成（或者被完成）了自己的存在，才有事物的出现，是这个本体实现了事物的存在。但是对于作为众生相的事物来说，情况却正好相反：是众生在实现自己的存在的时候造成了事物。譬如一个生物体，我们知道任何生物体都不是一经出现就有一个固定不变的形态，而是有一个蕴养、成熟（显现）、成长的过程。这个过程不似那种拼接安装的过程。后者是一种从外部进行的给予，而且这种给予没有接纳者。而前者是一种从内部进行的吸纳（不能还原的生物特性），是一种主动的行为，因此显示了一个主体的存在。虽然这两种过程最终都导致了一个有形物体的完成，但过程本身却是相反的。因此如果说科学在物质的基础上所言事物能恰当地说有一个本体的话，那么由众生的实现所产生的这个物质形体却不能恰当地作为本体来看。

但是在通常情况下，我们又都是将这两种物体当做同样性质的东西来看待的。例如我们把每个人的身体看做是他们的本体，这就是没有看到两种物体出现的途径不同，从而只是在物质这同一个意义上把他们都看做事物，从而也使得众生成为一种事物，如笛卡尔所说，成为一种生物机器，成为一种科学探索的对象。如果我们清楚地知道，那种因众生而有的物质形体，即被我们同样也称为本体的东西，我们的身体，不是先于众生而存在的，那么我们应该知道，这种物体实际上不存在的，或者说它们不是自然存在的，因为这种物体不能从自然的物质中获得它们的原始材料物理地构建出来。既然作为我们身体的这种物质形体是后天形成的，我们就可以说，对于我们，物质并没有创造什么，因而我们这个物质性的身体也并不是什么事物，从而我们也就不是什么事物。

这里还有另外一个问题需要澄清，即，当我们廓清科学意义上的事物，指出了它们并非是某种越出了物质性的实体之后，我们可以把众生相作为事物来看。我们的身体确实是某种东西，它就是众生现时的存在。我们的身体之不同于那种物理性的构体，是因为我们的这个肉体确实在充当着一个超越者的角色，它一方面承担着主体的存在或者说实现着主体的存在，而且还体现着主体的存在样式。因此，这个物体在它不是自身的同时，却成就主体的实现。

但是这里我们必须注意，当我们把众生相作为事物来看的时候，我们不是说这种事物就是某种实体。首先，并不存在作为某种事物的那种实体。当我们说有人、有马等存在的时候，并不是说有实人、实马存在。这里人、马等只是一种名上的东西，是一种立足于相上的差异建立。其次，从本体上说，即从相本身上说，它乃是一个空的东西，当它作为众生现时的存在而成为事物的时候，这种事物仍然不是实体。一切事物，本非自有，是造作，因此无自性可说，因无自性，所以不能成为实体。总之，事物之间的差异只是一种相上的差异，事物既是因这种差异假言设施而成，所以它首先只是一种名上差异，其次因为凡事物皆无自性，所以事物之间的差异不是一种自性差异。

在另外一种认识中，即在我们通过自身的感官对存在的读取中，情况正好相反，实在的世界及其事物都是它们自身，是实体。因为是实体，我们不得不从这种存在的基底（亚里士多德的哲学术语）——物质——上去寻求对它们的认识理解。由此形成了我们的形而上学和科学。今天形而上学所受到的攻击自不必说，但我们也常常听到有识之士抱怨科学在把事物解剖之后又重新合拢时遗漏掉了什么，我这里可以明确地告诉他们，他们遗漏的正是主体——那制造了现实的原始存在者。所以有些人对动物何以运动自己感到迷惑，有些人把动物看做一种自动的机械，还有从事物的特性上看，人们不明白为何有形形色色、习性不同的动物存在，当然他们不明白其实这些都是主体性的不同表达方式，不明白它们只是众生相，不是实体。

正如斯蒂芬·罗思曼正确地说的："马和岩石之所以不同，并不在于它们相互之间的差异仅仅在特殊的物理和化学体现方面的不同，它们根本不是同类的事物。"但他究竟不能真正地指出来这两类事物的不同之处，从生物适应环境的特性来指出它们的差异，毕竟不是一种真正的说明，因此它仍未揭示出生物的本质，即说明生物为何能适应环境的变化。因此在我们看来，岩石和马仍然是相同的，即除了它们在物理和化学体现方面的不同外，它们同为一种物质物体。

这就是遗漏了主体造成的后果。除去主体，世界便是在物质的基础上同一的。这个意思是说，如果我们是从物质的层面来认识世界的，那就不会有事物之间的真实差异，马和岩石真的没有什么不同，当你为了证明马和岩石真的有所不同而将马解剖到细胞以下时，你也不可能找到能证明它们不同的素材。但是马和岩石是不同种类的事物，这是连瞎子也真实知道的事，可为何我们科学家却偏偏就说不清楚它们究竟是因何而不同呢？是不是你我的存在同是一种幻想，或者说关于自我的说法是不切实际的？站在科学的立场上，这大概是我们必然的想法，因为科学的世界观认为宇宙中的一切都只能是物质的结果。但是，假如我们能在保留住主体的前提下不损害科学的尊严和合法性，不知道科学家们是否愿意改变他们的态度？

问题出在哪里？

既然我们一致同意一块岩石除了是一块岩石之外不是什么别的东西，即不是什么有别于这块岩石的物质的事物，那么，从本体上说，一匹马也不会是什么有别于这匹马的肉体的东西。而我们既已看出，岩石和马的不同，不在于它们的物理和化学体现方面的不同，那也就是说，物理和化学体现方面的不同，不足以成为它们成为不同事物的原因。我们是否可以由此说，事物其实不是由物质造成的？事物之不同于物质的物质特性，突现论者当然是看得清楚的，而且还有，既然还原论者不能在生物体内部找到真正的生命物质，突现论者也不能给我们展示所谓生命从物质中产生的突现过程，那么，为什么我们还要坚持着常识中那种事物的观念呢？我明确的意思是，并不存在以物质作为基底的事物：倘若我们坚持着这种物质性事物的观念，那么岩石和马的差异就不可能在它们的事物性中来寻找。

记住没有物质所成就的事物这一点是重要的，除非我们用事物这个词来指称那种人工的产品。但是这种产品没有超出物质的本性，因此，此后我们将不再给予这种人工产品以事物的资格，而用这个词来专指那种看似有生命的东西。

这样一来，我们几乎已经摆脱掉了物质给我们造成的迷惑，而当我们用到生命这个词时的那种神秘感也会随之消失。我们从此明白了所谓生命不是某种物质物体上展现出来的活力或潜能，而是主体自身的在场。

现在让我们再来回顾一下前面已经引述过的《还原论的局限》中的这段话：“我们能够指出，生命与其分子之间存在着非连续性，即从细胞层次的生物学到解剖学、生理学、生物物理学、进化论生物学，以及关乎各种各样生物机制的生态学——从有关大象到开花的树木、到海中龙虾的生物学，情况都是如此。例如，仅从作为化学物质的 DNA 和蛋白质出发，循环系统是如何形成的呢？我们的基因是怎样决定心脏的形成，并为它设计出不同的心室和心房，从而泵送血液的呢？基因又是如何构造各种脉管，并以不同的尺寸类型遍布全身各个特定的部位呢？此外，对我来说最为神奇的是，包括 DNA 和基因在内的、构成大脑的化学物质，是怎样引起大脑神奇活动的呢？至关重要的是，在这一活动中，所谓的神经传导因素，即从一个神经元传递到另一个神经元的那些携带信息的分子，是如何导致了那种显著的神经活动的呢？基因以及相应的蛋白质，是如何完全依靠自身来产生如此复杂的结构和组织的？如果情况的确是这样，那么——尽管根据 DNA 和蛋白质这些条件来理解上述现象是十分令人钦佩的，生命现象仍然隐藏着巨大的秘密。”这段话在指出还原论者在解释各种生命现象时所能到达的极限时，语气是含蓄的：尽管十分令人钦佩，然而这种方法却不是理解生命的正确途径。这是因为突现论者知道他们自己所持的观点也不是什么确然性的知识，因为生命突现的过程并不是一个可以实际观察到的实在过程，因此他们不得不在表达自己的意见时采取谨慎的态度。另外我们知道，笛卡尔就已经提出过人类的灵魂在大脑的松果腺里的说法，在此后生物学的发展中，关于大脑如何产生意识和思维这个问题也出现过多种猜测，但是这种猜测均无一例外地不能得到科学自身的检验和证实。

不要说这是些隐藏着太深的科学奥秘以至于我们现今仍然暂时无法解决的问题。因为关于什么东西产生什么东西这样的事件是一个简单而直观的过程，这样的问题一点科学性也没有。如果说确实是物质的大脑产生了意识和思维，那么这个物质产生意识和思维的过程应该是能实际观察到的。但是实际上我们并没有实际得到过这个过程，我们凭什么说是物质的大脑产生了思维意识？大脑是一个物质实体，从物质实体及其运动所产生出来的只能是物质实体或者是可以以物理手段捕捉运动的波、磁场之类的东西，但意识和思维却不是某种可以捕捉的实体。意识和思维的存在是可以在物理学之外证明的，却不可在物理学之内寻找踪迹。当我们进入睡眠，意识停止活动，我们的大脑是活着的，当它受到外部刺激，它仍然会进行信息传导，但不会产生意识。这就是说，意识不是某种物理活动的产物。也许真实的情况是，大脑什么也没有产生，它只是被运动而已。奇怪的是，在我们没有物理地捕捉到意识的情况下，我们竟会断言意识是大脑的产物，而且这种话大多出自科学家之口。

确实，我们有一个物质性的大脑，如果它受到了损伤，我们就不能正常思考了。但这种伤害并不仅仅是破坏了一个机械体的组织结构，使它不能正常工作，而是这样的事件阻碍了某种事情的发生，正像我想要做某件事，但由于目前条件尚未成熟，或者由于反对者的人为阻挠，使我无法做到一样。做某件事，只是我的某个意图的表达，如果我实际上已经做了这件事，那么我的这个意图就变成了现实，也就是得到了现实的表达。如果我没有现实地做这件事，我的意图没有被实际地表达出来，但也不能因此否认我有这个意图。大脑的硬伤，是来自外部的力量对自我存在的表达的蛮横性破坏，即它破坏了我的现实，阻碍了我的现实的存在。身体其他部位的损伤亦是如此。

现实是我的存在的表达，由于这种表达，自我实现为一个物质实在体。由于表达只是关于自我的意愿的实现，因此这个表达得到的物质实在体就是现实的我，或者说这个物质性的我与作为一个意识主体的我同一的。现实中，我是通过这个物质性的我而存在的，我通过这个物质性的我而继续展开我的这一种方式的生活。就我接受和认同这个物质性的我而言，当我将自己实现为这样一个物质性的我时，这个物质实体是某种事物，它就是现实之我的先天，我因此也是某种事物。

这种作为主体性之表达的事物与那种我们统称之为事物的人工产品之间的差异是如此的巨大，以至于二者本质上是没有可比性的。但是人们却无法明确地交代出它们的差异究竟是什么。通过如上这些说明，我们可以向他们指出，这种差异并非是事物之间的差异。如果我们把那种人工产品叫做事物，那就不得把我们这里讨论的作为自我之现实主体性的物质实体称为事物，反过来说也如此。总之我们不能在同一个意义下用事物这个名词来命名这两种不同的物质实体。

现在让我们举出这两种不同的物质实体的一个例子来对照分析一下。人工建造的东西，如一所房屋，另外一种物质实体我们随便挑出一个表示动物的字来，如马。我们知道，一所房屋是真正建造出来的，但作为一个字的马却不是你写出来的。说一所房屋是建造出来的，不但是说房屋的屋体，即所谓事物本身是通过工人的劳动，运用各种建筑材料和技术手段构建而成，更重要的是说这所房屋的蓝图，即房屋的概念、风格、样式等这所房屋的一切都是由人工创作出来的。而作为一个字的马，并不是马这个字的墨迹。因此马这个字并非是你用笔和墨水根据某个构思或想象写出来的。如果说对于房屋来说，那个由各种建筑材料构建而成的屋体是这所房屋的本体的话，那么，一块墨迹可不是某个字的本体。一所房屋被拆之后，哪怕是按照原来的样式，相同的建材分毫不差地重新建造起来，但那已经是另外一所房屋了。与之不同的是，一个字擦去之后重写，不管你是把它写大了、写小了，还是写的时候用了不同的颜色，也不管你是用毛笔、铅笔，还是用钢笔写的，它都还是同一个字。而且，就马这个字指示了同一种实体而言，它在不同的语言中有不同的写法。这都说明字是某种实体的表达，而不能是墨迹本身。字迹本身既然不是本体，它就不是何种事物。

科学家们不知道生命与其分子之间存在着什么样的非连续性，不知道仅从作为化学物质的DNA和蛋白质出发，循环系统是如何形成的；我们的基因是怎样决定心脏的形成，并为它设计出不同的心室和心房，从而泵送血液的；基因又是如何构造各种脉管，并以不同的尺寸类型遍布全身各个特定的部位；包括DNA和基因在内的、构成大脑的化学物质，是怎样引起大脑神奇活动的；在这一活动中，所谓的神经传导因素，即从一个神经元传递到另一个神经元的那些携带信息的分子，是如何导致了那种显著的神经活动的；基因以及相应的蛋白质，是如何完全依靠自身来产生如此复杂的结构和组织的，等等。现在我们已经知道，所谓有生命的事物并不是一种建造出来物质实体，而是一种主体性的表达，一种自我的展示。因此并不存在这样一个从部分到整体的扩展过程。当主体实现自己的时候，它是同时实现自我所有的一切，毛发四肢，五脏六腑，一时具备。如此，包括我们的大脑，亦是这种自我实现的产物。我们不应该说是物质性的大脑产生了思维和意识，相反可以说是思维和意识创造了大脑。

我们不可以以物理的手段直接干预意识，脑部的损伤使得我们不能正常思维，或者使得我们意识出现模糊不连续的状况，严重的时候可能使我们的人格发生彻底改变。但这种改变并不是像一部机器的性能受损，从而使它不能生产出正常的产品来一样。我们之所以不能称那些因脑部损伤而不能正常思维和因此行为不能自控的人为精神病人，是因为他们的这种变化并非是出于自我的，而是由于自我与它的现实之间出现了裂隙因而不能很好地相容，即受损的现实使自我的表达出现了缺失。

因此，自我严格说来只是一个意识主体，我们不能从它的表达上把它认定为一部物质机器。当我们从这样一部机器上去把握存在的时候，我们只能将它作为主体传达给我们的信息来解读。这是一个人，这是一匹马，这是一头大象，这是一只飞鸟，等等，即我们所指的世界上森罗万象的事物，都是我们解读这些信息得来的产物。如果我们将它们称为事物的话，我们应该注意将它们和那种科学概念中的事物区分开来。因为这样的事物并没有确立本体，即没有将那种被称为人、马的身体的物质实体当做事物本身来看。改变一个物体，就是改变科学观念中的事物本身，但一个人身体上的变化却并不是这个人本身的变化。科学和哲学一直以来在存在和变化，在事物和同一性这种问题上纠缠不清，根本原因就在于没有弄明白，当我们说人、马等的时候，我们所说的事物并不同于他们在物质的本体上理解的事物。作为主体性的表达，我们身体上的变化并没有触及主体自身的存在。用颜色鲜艳的油漆写在墙上的一个字，过了一段时间后，在风吹日晒中逐渐暗淡了，最终消失了，但你不能说一个字老了、死了。因为一个字不是一个物质产品。也就是说，物质形体上的变化只触及主体的表达。因为自我只是一个意识主体，因此真正自我的变化，是主体意识形态上的改变。这种改变是一种发生在自我内部的事件。为什么是一种自我事件呢？因为如前已经说过，外部的物理作用力无法直接触及意识领域，因此引起意识结构的改变的必然是主体自身。例如人们有时候会突然改变了他们的行事风格，从武断粗暴变得平易近人了，从多疑吝啬变得宽容大度了，等等，这时我们往往会说这个人变了，似乎是换成了另外一个人。在我们这样说的时候，我们知道这种评价与他的身体无关。我们确实是从一个人的行事风格来认识这个人的，行事风格反映了这个人的人格，自我就是这样的人格主体。行事风格的改变是人格的调整，人格的调整即是自我的重新界定。这种改变也许是自我有意识地选择完成的，也许是在认识世界和适应环境变化的过程中无意识地慢慢转变的，也许是主动的，也许是被迫的，但是无论哪种情况，自我改变其自身，都只是改变了他的意识形态，而不是变化了他的身体，也就是说，自我的改变只是发生在意识内部的事件。因此，自我单纯是一个意识主体，而我们的身体是这个意识主体的表达，这是一件很明显的事情。

自我单纯是一个意识主体，身体是这个意识主体的表达。要证明这一点并不是很困难，只要能证实从意识到身体的方向上意识和身体是相及的，或者说意识对身体具有相关性，而在相反的方向上身体和意识是不相及的，或者说身体对意识没有相关性就行了（身体对意识没有相关性不能用身体上的感觉可能在我们的潜意识中造成影响来反驳，因为那种潜意识是条件反射引起的，是主体对自身现实的觉察和反映，不是主体的思维——创造活动）。意识对身体的相关性在有些动物身上体现得非常突出。很多动物都具有改变自己的体色使自己与身处的具体环境融为一体的能力，这种装扮或者是为了自我保护，或者是为了伏击猎物，也就是说，这是一种目的性的行为（尽管动物可能不表象自身的行为）。我们不能以动物的身体自然地吸收了周围环境的颜色来解释这种变化，这种感染是不存在的，动物体色的变化与动物体内分泌出来的化学物质有关，但是这种物质的分泌却不是由环境的物理作用引发的，而是一种真实的自控行为。这就是说，如果没有意识对这个物质性的身体的强调统摄和支配，这种行为是不可能出现的。如果你能做一个实验，使一只变色龙进入休眠状态，然后将它放到不同的环境看它的体色变化，你就能明白意识在整个主体中的作用和地位。意识消失了，主体也随之隐匿了。

其实主体与我们的身体的关系，早就在精神分析学家那里被明明白白地揭示出来了，只不过因为我们一贯坚持着科学上事物的观念，才没有领悟到精神分析学对于解开存在的真相所具有的重大意义。事实上我们可以用精神病治疗的过程来说明自我如何单纯只是一个意识主体，当意识受到非常刺激时，主体为何受到了真正的伤害，这种伤害又如何表达到我们的身体上来，以及在这种治疗中，医生的话语干预为何能收到实效，这种方法起作用的机制是什么，等等。

癔症不是器质性的生理疾病，癔症的出现是由患者的情绪引起的。癔症的临床症状通常表现为身体上某些特定部位的异常不适，严重时甚至会引起身体上异常变化。但是在临床诊断上，我们却很难或不能找到症状的生理学根据，而是只能根据对患者生活中言行举止的仔细观察，然后深入到患者的意识内部，从心理上寻找到致病过程的蛛丝马迹。这种治疗，实际上是把患者作为一个整体不可分的人，从他对自我的把握中来观察和判断症结所在的。即是说，医生必须把患者作为一个完整的人格来看待，只是在这个基础上，当患者的人格有所缺失，不能完整地把握自我时，癔症才会出现。精神分析治疗的这种特点与生理病理学的治疗有着明显的差异。生理病理学的治疗直接针对病灶下手。在实践中，即使生理病理学的治疗将患者作为一个有机整体来考虑，但这个整体也是一个结构体，各部分有着自己独特的功能，它们只是在与其他部分的联系中发挥作用。精神分析治疗则把这些部分还原给整体，甚至可以这样说，把身体还原给主体。它是从主体来看它的身体的状况的，其次才有身体各部分的存在。也就是说，精神分析学的理论基础，实际上是承认作为一个整体的人是一种意识主体（弗洛伊德错误地另立一个“身体的我”的概念，表明他并没有真正领悟到他亲自创建的精神分析学本质，他仍然坚持着物质上的事物的观念）。精神分析治疗的实践是从对这个意识主体的整体照顾开始的。

由于所需篇幅太长，这里我们不方便详述一个癔症治疗的全过程的例子，这样的例子有大量的医学文献可以查找。总之，癔症既然是由发生在意识内部的事件引起的，那么，癔症的治疗也只能是对患者意识的“治疗”，因此，实际治疗的药物或者媒介是语言。在临床治疗中，医生往往采取催眠的办法，通过与疾病相关的语言暗示，诱使患者在回忆中达到致病的情境，然后在完全放松的状态中将当时被压抑成无意识的情绪引导到意识中来得到表达和宣泄。这样做被称为释放病因。病因既被排出，病情自然也就随之消除了。我们看到，在这整个的治疗过程中，医生的作用只是辅助性的，实际的过程全部都发生在患者的意识内部。这就是说，这个过程本质是一个患者的自疗过程，因为对于病情的改善和消除，医生并没有给予患者什么。

这里我们要关注问题是：一、为什么情感的创伤会引生肢体上的疾病，或者说为什么心理疾病会转换成生理疾病？二、为什么他者（医生）的话语能改变患者的意识结构？关于第一个问题，我们已经说过，我们的身体不是别的什么东西，不是一个外在于自我而自我受其主宰的自有的事物，而是自我的实现和表达。由于自我单纯只是一个意识主体，因此，当自我遭受到情感挫伤时，其实是扰乱了它的正常的意识状态，使得自我不能在正常状态中直观地把握自身。当这种扰乱的结果停留在无意识领域中时，它就会一直持续存在下去，并在自我的表达中一同体现出来，这就形成了心理疾病和生理疾病在临床上相互伴生的现象。心理方面的病态被表达到生理上，是因为主体在没有得到提醒的情况下，不能认识到自己正处于非正常的健康状况。它不能察觉在它当前的意识状态中已经出了问题，而是认为一切都是正常的，一切都在原来的秩序中按部就班地进行着，如果说现在我在身体上遇到了麻烦，那原因也肯定是生理上的。因这种态度，自我便不会启发主体性的反思，那被隐藏了的心理问题也不会被注意到而进入意识的领域。这是一种主体的被劫持状态，即被那个受伤害的情感控制而不能自主的状态。而主体自身却不知道自己已被劫持了，更别说发现劫持者是谁和怎样劫持了它。若非是旁人观察到并施以援手，或者另有机缘巧合，它是不能自行脱困的。使那被隐藏的情感被发现，就是寻找症结的所在。因为发现了这是哪个特殊的情感，同时也就找到了致病的情境或事件。为什么使无意识的情感上升到意识的层面上来本身就是一种治疗呢？这是因为那种寻找和发现是一种在理性意识指导下的认知。提供这种理性指导的当然是一旁的医生。当患者的意识在医生的引导下发现了那个受伤害的情感的时候，它同时回到它受伤时的情境中，认清了造成这种情感伤害的原因。原因找到并被认识了，就不再能造成伤害，因此让情感进入到意识中，本身就是对症结的解决。这种解决消除了受伤害的情感，使之以后不再存在，不存在也就不可能被表达，也就不可能出现症状。当被抑制的情感以及相关情境和事件进入到意识之中时，患者可以用语言把它们陈述出来，从这个意义上说，是患者的症结以语言的方式被表达了。相反，在无意识的状态中，由于受挫的情感以及相关的情境和事件的存在是没有被察觉的，那当然也就不可能以语言的方式陈述它们。当受挫的情感的存在不被意识所反映时，它们就采取一种非语言的形式表达出来，由此一方面扰乱了主体正常的意识形态，一方面将它的存在表达到我们的身体的特定部位，形成身体上的症状。至于表达到我们身体的什么部位，则决定于创伤的方式和当时患者在情境中的状态。因此，身体上的症状，是一种情感方面的肢体语言，是创伤性的情感的无意识表达。

关于第二个问题，患者的意识为什么能在无抵御的情况下接受医生话语的引导。癔症的治疗是非接触性的。话语并不像医生手里探入患者皮肤内的银针，可以直接调节身体的肌理。有形质的语音可以振动空气，以一定的频率作用于听者的耳鼓，引起听者听觉器官或强或弱的物理反应。从物理的角度说，听者从说话者那里所接受到只不过是一个声音而已，而不会还有其他的东西。因为声音是物体与气流相互撞击产生的，这只是一个纯粹的物理事件，因此声音在听者那里所引起的，也应该只是一个物理反应，即耳膜振动，并获得一个声音的感受，而不会在这个声音之外产生一个意识。这就好比我听到一个自然的声响时不会产生一个关于人的概念来一样，或者像因为我不懂俄语，而你正好用俄语和我说话，不能引起我的回应一样。声音就是声音，它只是一种空气振动产生的波。但是，在两个人进行的有效交流中，你说话的声音却能被我听进去，即是说，在我的意识里产生了你所希望得到的效果，或者说通过声音，你把你的意愿传达给了我的意识。因此，话语的声音和那种自然的声响是不同的。这种不同并非是它们的物理性质的不同，而是在话语的声音里包含了一种意义，我从你发出的声音里听到的也正是这种意义。因此，两个人之间的交流是一种意识的传达，而不是两个物体之间的物理作用。

这些是人们再熟悉不过的常识，我在此重提它们，是想让人们重新注意到意识的存在。既然意识是可以传达的，那么我们就不能因为它不可物理地捕捉而忽视或否认它的存在。因为在我们这个崇尚感官并且迷信科学的常识世界里，我们只承认物质的实在性。我们虽然也承认意识是存在的，但我们只是把它作为一种物质的附属产物来看的，只具有一种衍生的现象的资格。然而，通过我们已经对意识现象所做的分析，我们认为意识是一个独立于物质之外的完全自洽、自我生发的完整系统，因此我们赋予了它完全的实在性，甚至是一种唯一的实在性。因为说到底，所谓生命的运动，全部都可以归结为意识的活动，生命的出发点和回归点，以及生命运动的主体，都是意识。

声音因为表达了一个意识内容而成为一种语言符号。在语言的运用中，即在我们日常的话语实践中，我们全部关注的只是这个符号的意识内容部分，而不是去关注符号本身。一旦这个符号所传达的意识内容被我们接受并领悟，符号本身就被我们遗弃了，而不会一同进入到我们的意识之内。在结构语言学中，这种语言符号被区分为两个组成部分，即能指和所指。能指就是符号的声音部分，它是一个意识的载体，所指是即是符号的意识内容，它是声音的意义。对于语言符号来说，能指和所指的关系是任意的，就是说，我们选定某个声音来表示某种含义是约定俗成的，并不是某个声音在物理上天然具有这样一个物理功能。我们不会在乎某个人说话的音色，声音的大小，声调的高低，等等，这些都与我们听话的目的无关。也就是说，作为能指的声音在我们的话语交流中不是作为实体存在的。相反，我们所要表达的每个意识内容都是确定的，否则我们便没有什么可以表达。因此，在话语里，在我们的语言符号中，只有一种东西是实在的，那就是构成所指的意识内容。

如果说生命的本质就在于我们对自身存在持续不断的关注和实现的努力之中，这都是意识中的事（自我意识），那么，生命的运动其实就是在意识之内相续不断地发生的各种事件。我们为什么不可以从意识的存在上来界定人，以及一切有生命的事物的存在呢？

两个主体之间之所以可以实现交通，是因为意识本来就是一种语言系统。当然这里并不是指哪一种物质化的语言。这是因为任何意向在生成，直至成为一个明确的意识的同时，它们都表达了自己。没有表达就不可能有意识出现，一个意识，要等到它说出了自己是什么它才是存在了的。所以言语同时也就是意识本身。

因此在精神分析师们的眼里，我们身体上出现的某种异常的变化，我们日常生活中的每次失误，一些似乎本能性的无意义的习惯动作，一个本能性的玩笑，等等，可能都是一个富有含义的隐喻，一个能指符号，一个无意识状态的表达。他们能根据这种符号解读出主体当下无意识内正在发生什么事情。他们也能够通过消除致病的情境的办法来根除主体身上发生的这些异常的情况，使一切都在主体的理性所能控制的轨道上运行。

总的说来，通过精神分析对神经症的治疗，是一种人格上矫正。而这种矫正又是通过引导使主体进行自我认知而实现的。虽然说实际的治疗过程只是发生在患者的意识内部，但医生的参与作用是患者进行这种自我治疗的必要条件。医生的参与体现了另一个意志的存在，通过语言进行的精神分析是一个意志对另一个意志的干预和匡正。我想说的是，既然两个意志之间的这种直接的交通是可能的，那么，主体的存在便可以只在意识的维度上得到完全清楚的指定。

本篇旨在说明亚里士多德的“这个”是什么。现在，我们已经说明了它并非是一种物理实体，即不是我们在科学的唯物主义意义上所说的那种机器一样的事物。从某种意义上说，它是一种物质化的语言，正像在癔症的情形中患者身体上长出来的那种包块一样。只不过癔症是一种无意识状态中的挫伤性情感的肢体语言，是一种对于主体的额外的损坏性增补，因而才是一种病态。我们的身体是这样一种东西，它是由某个正在成为现实的意识主体造成的。当这个意识主体在实现它的这一种形式的存在时，它同时也就以这种形式表达了它的存在。前面已经说过，没有不表达出来的存在，也没有存在不能被表达。因此，我们的身体是这个意识主体的在场形式，也可以说是一种形象化的物质语言。这种语言之所以是一种活的语言，是因为这个意识主体在某一时期内一直维持了这种形式的在场。这就是我们为什么看到了有一种活的物体存在的真相。

因此，我们的身体从来就不是一部物质的机器。如果我们将它作为一部物质的机器来看，那么我们其实一点也不了解这部机器的性质，即不了解它的意义和价值，或者像我们平常所说，不理解事物本身。当然，就我们的身体作为自我主体的实现和表达而言，它确实可以看做一部机器，但是这部机器却不能与造成它的主体分开来看，离开主体，这样的机器是不存在的。当这样的事情发生时，我们就看到了所谓的死亡。在前面的文章里，我们曾经提到过人的死亡，那时我说其实并不真的有人死亡了。其时我说的死亡，就是说的作为物质性的事物的人的死亡。因为并不存在这种物质性的人。假如我们如现时理解了我们的身体是什么，那么我们也就知道了死亡究竟是怎么一回事，它其实就是主体对它的现实的舍离，是主体停止了它的如此的表达。

我们也曾拿一个字来和我们的身体相比，并指出了一个字和那种人工建筑的不同。一个字和我们身体的共性在于，字和我们的身体的物质形式都是由一种表达造成的，即不存在物质上自立的实体。但字和我们的身体毕竟是不同的，一个字所表达的只是一个概念，概念不是一种意识实体，因此表达概念的物质即使消灭了，概念自身却不会受到影响。但我们的身体却是一种实体性的表达，是主体自身的在场，因此当我们的身体即使受到部分损坏时，都是对主体真实的损害，即破坏了主体表达的完整性，当身体全部，包括大脑部分已经完全损坏时，主体也就失去了它全部的现实性，即，主体不再能以它现时的这种方式继续存在，或者说不再能以它已经造成的现实为自我。从这个意义上说，主体经历了一次死亡。因此，擦去一个字的行为对我们来说是无意义的，而对我们的身体的打击却有真实的意义。这个意义就在于它是对自我主体的现实性的损害。

表达即是实现。凡存在必须被表达出来，或者说已经是表达出来的，才能说是存在的。即是说，存在必须有其实在的形式。这个实在的形式，我们谓之众生相。当我们指着一个走近的人，说他是某某人的时候，我们在事实上指示了一个物体，我们之所以能够说这个物体是某某人，是因为某某人正是这个物体。某某人是这个物体，是因为这个物体是某某人把自己实现为这个物体，他就以这个物体表达了自己的存在。我们当然可以把这个物体称为某种事物，例如我们就把你、我、亚里士多德称为人，把长鼻子大耳朵的那个称为大象，等等，并把所有能运动自己的称为动物。但是我们必须记住，当我们把这些运动的物体称为事物的时候，我们是在众生相的意义上说它们是事物的。这是我们的事物与科学上物质基础上事物的重大差异。当亚里士多德指着某个肉体说它是某某人、某种事物的时候，他是在后一种意义上说事物的。这种事物以物质为存在的基底，并被物质生成，即是说，物质对说明这种事物的存在是充分的。而我们的作为众生相的事物只是假立，并非这个物体本身是某种实体。而且，我们在众生相意义上假立的事物，并非是根据某种原始的实在者命名的，而是一种分别设立。我们这里并不承认有这种原始实体的存在，即不承认所谓人、马是一种实体。但如果我们以物质为基底建立事物，那么就必须建立这种原始实体，以使得现实中个体的存在有据可依。这样我们就不得不求助于形而上学的思辨，人为地构造出这种原型事物来。柏拉图的理念实体，亚里士多德的自然的观念就是这样来的。事实上我们根本就无法理解这样一些说法，比如，本质是事物存在的根据，是事物中常在不变的形式，是内在于事物，为事物所固有的根本属性，寓于特殊性中的普遍性，等等。相反，作为众生相的事物因为不是实体，也就不需要这种根据，正如人的长相，那是千人千面，并没有一个统一的模型。世界上的万物形态各异，就跟我们人类的长相一样，并没有什么本质的意义。比如说你和我长相上的差异，并不会妨碍我们两个人之间的交流，同样，世界上所有的动物之间，也是可以实现这种相互的交流的。动物可以被驯化得按照人们的指令作出相应的动作，家畜很可能知道主人的某些动作的含义，它们甚至可能了解主人的意愿。所谓通人性就是这种意识上的交通。而这是不可能在真正不同的事物间实现的。当我们在这种差异中读出了多于一个面相的其他意味时，实际上你早已离开你原来面对的对象十万八千里了。形而上学的真正害处，就是它教人养成一种脱离本来对象的坏习惯，他们手里掌握的最有力的武器就是辩证法，凭据它，他们以为自己获得了关于事物的真正知识，殊不知当我们运用那玩意来谈论存在的真相时，它只是使我们得到了一些主观臆想的东西。这方面的杰出人物，当然得属黑格尔了。

第九章　世界和自我

应该怎样去认识自我的存在，或者说，自我应该怎样去认识其自身的存在？

这两种不同的问话方式，无意中显露了提问者两种截然不同的世界观。这两种世界观对世界及世界中的万物如何存在有着完全不同的解读。应该怎样去认识自我的存在，只是把自我当成一个现象性的存在去认识的，而认识者或者说认识主体被标明只是一个大写的人。从这个大写的人的角度，我们是从世界本身那里去发现自我即个体的。另一方面，自我怎样去认识其自身的存在，则是在把自我确立为一个主体的同时，从这个主体自身那里去寻找和发现它成为实在的原因的。因此，自我怎样去认识自身的存在，是主体对其实在的性质的认识，而不是对其所以存在的认知。

从哲学史的具体情况来看，我们大多数人都采取了前一种方式的问话，即我们持有这样一种基本的信念：我们是与世界同在的。这种共同性表现在，没有世界就不会有我们自身的存在，世界的任何变化都将改变我们的前程和命运。明确地说，我们是被世界孕育和保存的。因此，我们和世界的这种共同性就是原因和结果之间的联结性。我们被一条看不见的脐带和世界联结为一体，我们来自世界，最终也必然归向世界。总之终其一生，我们没有办法剪断同世界的联系，实现自我的独立存在。这种因果的性质，取决于我们对现实事物的评价。当然，现实是不变的，我们对现实总有某些固定看法，即是说，现实具有某些能够被我们清楚地认识到的特征。当我们实际地认识个体事物的时候，从联系的角度说，我们同时也是在认识世界。这样，在与世界的联系中，我们由对作为因果关系链条中的果的现实事物的认识，追溯到对世界本身的认识，这个过程便创造出了我们的形而上学。如我们实际看到的，这种世界观的最终的结果，是哲学除了保留了那个大写的人之外，具体的每个自我却消失了。即是说，在这样的问题之下，真正存在的是世界本身，它才是存在的主体。而自我毕竟只是一种幻想，它只能在对能生产的世界本身的亲身体察中，把自己作为世界的一部分，才能观照到自我。这里我们首先存疑一个问题，在这种由对现实的个体事物的认知中被追问出来的世界本身又是什么呢？世界本身是一个实体的名称吗？我们除了能把它说成是一些抽象的真理的原因拥有者之外，我们是否感觉到它是一个主体？或者，上帝就是世界之名？相反，后一种方式的问话，是立足于自我的认知，这种世界观从一开始就只认识到事物本身的存在，而没有看到一个外在于事物本身的世界。这种朴素的眼神，把看到的每个事物都作为它们自身来认识。事物不是因为别的什么原因而存在的，如果事物是它们自己，它们就是一个完整的主体。主体的意思即是自我决定的。这是一种众生的世界观。在这种世界观里，世界是众生的世界，是众生共有的世界，或者说是被众生拥有，因众生而存在的世界。如果说这里也有因果关系存在，那么，众生的存在是自因自果的。

在第七章，我们已经讨论过生命事物的存在不能还原到它们的物质性上去，我们也不知道仅从作为化学物质的DNA和蛋白质出发，生物的各种组织是怎样形成的，这就是说，生命的存在至少至今还没有得到科学合理的解释。但是，生物的各种组织系统对于说明生物自身的存在来说是充分的，即是说，生物自身只是在这些组织系统的联合中展示了自己，或者反过来说，这些组织系统的联合实现了生物存在，生物本身，不多不少，正是这些组织系统的联合体。但是这些组织系统本身却不能脱离生物自身独立存在。这里实体只有唯一的一个，就是生物自身。这就是说，这些组织系统是生物本身自有的。从这种意义上说，生物的各种组织内在于生物本身。因此，生物的各种组织系统乃是先天的，也就是说，生物的每种样式是先天地存在的，现实事物之所以有如此之多的种类，根据的是它们的先天性。从世界本身的角度来看，它是无穷种类的先天性的根源，即在它之中，原始地包含着无限多的事物的种子，甚至它已经为每个事物的形成准备好了它们的物质基础，比如它们的毛发、骨骼、血液，等等。因此，《还原论的局限》的作者论述说，每个具体生物的组织形式总是已经包含在它们先代的遗传物质中了，它们的蓝图总是已经被规划好了的[①]。这是可信的，因为从世界本身，我们没有别的途径来理解事物的存在。如果说我们的科学终于无法从物质的层面上追溯到

---

① ［美］斯蒂芬·罗思曼：《还原论的局限. 来自活细胞的训诫》李创同、王策译，上海世纪出版集团上海译文出版社 2006 年 6 月第五章 伊皮斯特蒙与欧多克索斯。

事物的真正起源，那么，哲学就仍然还会是我们问答存在、获得知识的有效方法。因为我们既已把事物植入世界之中，那么我们就必须对世界本身的属性的方方面面作出说明，以作为我们对现象性的事物本性的理解。

这里我们只须提及两种具有代表性的世界思想。一种思想来自古希腊的阿那克萨哥拉，另一种是古代中国的道家思想。

阿那克萨哥拉，古希腊前苏格拉底时代伊奥尼亚传统的哲学家。在阿那克萨哥拉之前，可以一直追溯到泰勒斯的时代，哲学家们便对组成世界的基本物质进行了探讨。泰勒斯本人认为构成世界的基本物质是水。在此后的哲学进程中，人们把构成世界的元素增加到了两种、三种，到恩培多克勒的时代是四种：地、水、火、风。世界本身就是在这一种或多种元素的运动变化中形成万物的。恩培多克勒的残篇[①] 9说：“当它们（四元素）混合在一起，以人或者野兽、植物和鸟的形式出现，人们就说这是生成，而当它们分离，又被称为不幸的亡故，它们的称呼本无道理，不过我自己也只能从俗。”残篇21说：“无论树木、男人和妇女、走兽、飞禽和游鱼，还是众生膜拜、长生不老的神灵，都来自诸元素[②]。”

世界是由为数不多的几种基本元素构成的，无论基本元素是一种还是多种，但不会是无穷多的。这些基本元素不但是物质宇宙本身的依托，而且也是宇宙中的万事万物，包括有生命的事物的依托。这种观念，是所有世界思想共有的。

那么，我们要问的问题是，基本元素究竟是怎样造成了有生命的事物的？

阿那克萨哥拉与恩培多克勒思想的共同点是认为所有的事物均是由物质的不同排列方式造成的。阿那克萨哥拉的残篇说：“那些希腊人叫做生成和灭亡的，其实是不正确的。因为没有什么东西生成，也没有什么东西灭亡，有的只是那些存在着的事物的混合与分离。所以，假如我们把生成称为混合，把灭亡称为分离，那就正确了[③]。”但是恩培多克勒除了指出事物是元素的聚合外，并没有指出形式各异的事物是怎样形成的。所谓“事物都分有思想”[④]，是不是造成不同事物

① 泰勒：阿那克萨戈拉（[英]泰勒（c.c.w.Taylor）主编，韩东辉、聂敏里、冯俊、程鑫译《劳特利奇哲学史》。中国人民大学出版社 2003-9 第一卷第六章 第 241 页）

② 怀特：恩培多克勒（[英]泰勒（c.c.w.Taylor）主编，韩东辉、聂敏里、冯俊、程鑫译《劳特利奇哲学史》。中国人民大学出版社 2003-9 第一卷第五章 第 230 页）

③ 泰勒：阿那克萨戈拉（[英]泰勒（c.c.w.Taylor）主编，韩东辉、聂敏里、冯俊、程鑫译《劳特利奇哲学史》。中国人民大学出版社 2003-9 第一卷第六章第 241 页

④ 恩培多克勒认为是地、水、火、风四种基本元素的凝聚和分离形成了宇宙万物的。而这四种元素相互之间的运动又是由友、爱、恨、争吵四种基本情感引起的。因此事物在形成时，也分有这些基本情感。“万物都拥有智慧，分享着思想。”（残篇 110.10）怀特：恩培多克勒（[英]泰勒（c.c.w.Taylor）主编，韩东辉、聂敏里、冯俊、程鑫译《劳特利奇哲学史》。中国人民大学出版社 2003-9 第一卷第五章 230 页）。

存在的原因，从恩培多克勒那里，我们是不得而知的。明确地指出了不同事物的来源，而且具有逻辑上的可信性的，是阿那克萨哥拉。

是阿那克萨哥拉第一次明确提出了事物种子的观念。有一个极为重要的残篇说：

我们必须假设所有类型的事物都是由各类不同外形、颜色、味道的种子聚合而成。但是在这些东西分解之前，所有的事物都是聚合在一起的。没有什么颜色是纯一的，因为事物的混合将颜色都混合在一起，混合在一起的还有干和湿、冷和热、亮和暗，大地也和所有事物混合在一起，所有的种子数量是无数的，彼此都是不同的。因为没有什么事物是彼此相同的，故此，我们必须假设，所有的事物最先是一个整体。

这个残篇的意思很明白，阿那克萨哥拉告诉我们，在世界形成的原初时刻，万事万物的种子已经包含在世界本身之中了。

种子的概念为何是非常重要的？因为种子已经是一个有形实体。假如这个有形实体是原始的，那么，现实世界中所有事物的起源便不是问题了。所谓种子，它是那样一个特殊的东西，即它本身是其所是。因为这种是其所是，所以我们在事物之上所看到的物质和形式都不能离开种子本身来谈论。是种子结合了物质和形式，从而解决了形式怎样与物质遇合的难题。我们看到，在亚里士多德的体系中，这个问题实际上并没有得到解决。谁使形式进入到物质之中？形式为什么具有对于物质的优越性？自然之中有抽象的、独立于物质的形式存在吗？如果形式只能寓于物质之中，那便说明形式不可能是一种实在，它如何能导致事物的产生？特别是，有生命的事物是怎样来的？因为有生命的事物是一种物质实体，如果引入别的什么东西来解释这种物质实体的生命现象，只能说是一种推理中的理论倒退，等等，这些问题都不是形而上学的理论能克服得了的。

阿那克萨哥拉的另一个重要思想是，一切在一切之中。

阿那克萨哥拉与其他原子论者的不同点在于，他认为不存在基本元素。上面提到的这个残篇，应该是阿那克萨哥拉用来描述宇宙的原初状态的，在宇宙的这个原初时刻，一切事物都融合在一切，以至于我们无法把它们彼此区分开。

从这个残篇中，我们读出了两层基本的意思，一是世界的统一性，“各类不同的外形、颜色、味道的种子在分解之前都是聚合在一起的”。这就是说，世界在其原初之时是不可分的，是一个一。世界本身是一，而在世界之中存在的万物都是从这个是一的世界分化演变而来的，因此一即是一切，一切即是一，万物在本质上和世界同一的。二是万物之间的不可区分性，“没有什么颜色是纯一，因为事物的混合将颜色都混合在一起，混合在一起的还有干和湿、冷和热、亮和暗，大地也和所有事物混合在一起”。这种混合是无间的，一切都在一切之中，你中有我，我中有你，任何二者之间都是不可截然分开的。

关于第一层意思，我们说，万物是众多，而世界本身是一。世界本身是一，从所有世界思想者的角度来说，这句大概都是真的。万物在世界中存在，并且是在世界本身的运动变化中产生出来的，从而一囊括着多。然而从逻辑上说，一是不可能囊括着多的。因此多必须是在本质与一同一的，即是说，万物在本质上与世界同一。如果我们把世界与万物之间的关系，用一个表达式来描述：

$$S=A+B+C+D+\cdots\cdots$$

式子中S表示世界本身，A、B、C、D等表示属于世界的万物。若世界本身是一，那么，这个一便等于万物的总和。然而这个式子并没有表达出阿那克萨哥拉真实的思想，照这个式子理解，世界本身只是万物的一个加和，即它只是表示了一个集合的存在，那么世界本身就什么也不是。这与世界思想者的作为一个实体的世界是不相吻合的。如果世界是一个作为一的实体，那么在这个作为一的实体的世界中存在的万物就不能成为异于这个世界本身的东西。也就是说，在世界中存在的万物是被世界本身内在的拥有的。因此，如果我们说万物存在，那不是说它们绝对存在，不是相对于世界本身而言有其存在。它们只有一种相对的存在，即事物A相对于事物B而言是有的，事物B相对于事物C而言也是有的，依此类推，万物才显示出它们的存在，我想这才是世界思想者们的真实意思。例如阿那克萨哥拉的意思可以用这个表达式来描述：

$$S=S(A)+S(B)+S(C)+S(D)+\cdots\cdots$$

式中S(A)、S(B)、S(C)等表示在世界之中而属于世界本身的万物。因为A、B、C、D等分别内在于世界，所以它们对于世界本身而言是不存在的，即是说，它们不能脱离世界而作为一种事物而存在。但是A、B、C、D相互之间却表现了一种差异性，因此它们被标记为不同的事物。也就是说，它们其实并不是一种真实存在的东西。这就像我们的身体一样，我们的身体是个统一体，而我们身体上的每个部件都不能分开来说是存在的。手与脚相对存在，手和脚相对我们的身体不存在。因此我们其实不能在这种手脚的相对关系中来看待事物。在极端的情况下，比如说当世界中只有一种事物A存在的时候，那么，世界本身就只是一个A。在这种情况下，世界就停止了运动和变化。

关于第二层意思，你中有我，我中有你，一切在一切之中，我们可以这样来理解，因为当世界在其没有分化的原初时刻，是作为一个不可分的一存在的，没有任何元素、颜色、性质等能从其他的元素、颜色和性质中分离出来，实际上是不存在元素、颜色、性质等这些东西。对于种子来说也是这样。因为你中有我，我中有你，所以实际上也不存在你我之分。简言之，如果一是一切，那么一便一切都不是，如果所有事物的种子混为一体，你中有我，我中有你，那么不可能有事物的种子。情况可能是，不存在真正的事物的种子，而一是所有事物的种子，事物的种子是一。也就是说，依照这种推理，世界在其原初状态时是混沌不可辨的。如果说这样一个世界是物质的，那么构成世界的这种物质则不可能是任何种类的我们所知或可想象的物质。

总的说来，在我看来，阿那克萨哥拉的世界虽是难于进行科学想象的，但他的思想无疑是西方哲学史上极为重要的世界思想。其重要性不是体现它对哲学史本身的影响上，也不是体现在它作为一种哲学思想在构思方面的精巧上。老实说，我不知道应该把这个残篇作为一篇哲学论述来看，还是作为一篇科学论述来看（当然是在第一哲学和当代科学的含义上），也许应该把它看做是哲学和科学的交界思想。我们知道，在当代思想中，哲学和科学是处于几乎对峙的状态的。而这个残篇，既有科学的蕴含，也有哲学的蕴含。就残篇文字本身的大意而言，它体现了一种对于世界上所有事物的存在上的哲学思辨，但它同时还对世界上所有不同种类事物的存在提供了一种解决思路，所以说这个残篇也不失为一种科学的构想，比如一切中分有一切这种想法，可能是来自于实际的观察的，正如在事实上我们可以看到，在每一个具体的事物身上，都含有构成其他事物的相同部分或者元素，这就为事物的生成和消亡，为事物之间的相互转化提供了解释的依据。还有就是如果就像我们前面说的，科学真的不能解释世界上何以存在如此众多不同种类事物的话，那么，在世界之初为无穷种类事物的存在预留种子就是必需的。

阿那克萨哥拉对世界之初的阐释与中国先秦时期道家的思想有很多相似之处。道家的思想是以道统领整个宇宙的。在道家的思想中，道是宇宙及其万物生成和变化的根源和力量。因为有道这种主宰的力量存在，才有宇宙万物现象的出现。《老子》章一说："无名，天地始，有名，万物母。"此句有的学者断句为"无，名天地始；有，名万物母。"我们可以笼统地把它理解为，天地万物都是从无中生成的。天地万物之所以得以生成，乃是基于道的力量。由于道的运行，原本不存在的东西才实现出来，因此道是天地万物的源泉。对于道的描述，见于《老子》以下篇章。第十四章说道："视之不见，名曰夷；听之不闻，名曰希；搏之不得，名曰微。其上不皎，其下不昧，绳绳子兮不可名，复归于无物。是谓之无状之状，无物之象，是谓之惚恍，迎之不见其首，随之不见其后。"第二十一章说："孔德之容，唯道路是从，道路之为物，唯恍唯惚，惚兮恍兮，其中有象，恍兮惚兮，其中有物。窈兮冥兮，其中有精，其精甚真，其中有信。自古及今，其名不去，以阅众甫。吾何以知众甫之状哉？以此。"中国道家思想中的道，有点像赫拉克利特的逻各斯，然而逻各斯的意义偏重于价值、理性、言说，相对于这种赋予事物的存在以理性精神的逻各斯而言，道更是一种基本的创造力量。然而道又是如何形成天地万物的呢？《老子》第四十二章："道生一，一生二，二生三，三生万物。万物负阴而抱阳，冲气以为和。"一，即是形成天地万物之本体的气，即先天之气，是天地万物，包括神鬼之类存在的根本。以气为宇宙万物的根本，这种思想与古希腊的伊奥尼亚传统思想是一致的。恩培多克勒认为，无论树木、男人和妇女、走兽、飞禽和游鱼，还是众生膜拜、长生不老的神灵，都生自诸元素。并且他和阿那克萨哥拉都认为，所有事物的生灭都只不过是元素的聚合与分散的结果。所不同的是，道家所谓之气，也并非是某种基本元素，这一点倒是和阿那克萨哥拉一样的。道家思想和阿那克萨哥拉的区别在于，在世界之初，并不同时含有一切事物的种子，它们是在气的运转中后天形成的。所谓一生二者，即是一气判为阴阳；所谓二生三，即阴阳二气交通之和；三生万物，即万物从阴阳二气之交合中产生。万物负阴抱阳，冲气以为和，即万物在阴阳二气的往来中维系自身的存在。

因此，就世界之初的状态来说，阿那克萨哥拉的思想和道家可以说是基本相同的，即在世界形成之时，万物是混而为一的，或者说并没有万物的存在。如果我们把阿那克萨哥拉的一切在一切之中理解为一个不可分的整体的话，那么这个整体的性质也就是跟道家的气差不多是一回事，它们都是造就宇宙万物的基本物质。作为世界思想，阿那克萨哥拉和道家在两个重要的基本方面是相同的。一是万物生灭的观念，二是万物同一的观念。阿那克萨哥拉认为其实没有什么东西生成，也没有什么东西死亡，有的只是那些存在着的事物的混合和分离。如果我们把"那些存在着的事物"叫做气的话，这就成了地道的道家思想。道家解释万物的存在，气聚则生，气散则亡。所以真实存在着的只有永恒的气，而所谓万物自身则不可私心执之，妄以为自有。道家的这种思想可以从他们对待生死的态度中反映出来，我们所熟知的鼓盆而歌的故事出自《庄子·至乐》篇："庄子妻死，惠子吊之，庄子则方箕踞鼓盆而歌。惠子曰：与人居，长子、老、身死，不哭亦足矣，又鼓盆而歌，不亦甚乎！庄子曰：不然。是其始死也，我独何能无概！然察其始而本无生；非徒无生也，而本无形；非徒无形也，而本无气。杂乎芒芴之间，变而有气，气变而有形，形变而有生。今又变而之死。是相与为春秋冬夏四时行也。人且偃然寝于巨室，而我噭噭然随而哭之，自以为不通乎命，故止也。”同篇中还有另外两个段落表述了同样的思想：“支离叔与滑介叔观于冥伯之丘，昆仑之虚，黄帝之所休。俄而柳生其左肘，其意蹶蹶然恶之。支离叔曰：子恶之乎？滑介叔曰：亡，予何恶！生者，假借也。假之而生生者，尘垢也。死生为昼夜。且吾与子观化而化及我，我又何恶焉！ ”“列子行，食于道，从见百岁髑髅，攓蓬而指之曰，唯予与汝知而未尝死、未尝生也。若果养乎？予果欢乎？种有几，得水则为继，得水土之际则为蛙蠙之衣，生于陵屯则为陵舄，陵舄得郁栖则为乌足，乌足之根为蛴螬，其叶为胡蝶。胡蝶胥也化而为虫，生于灶下，其状若脱，其名为鸲掇。鸲掇千日为鸟，其名为干余骨。干余骨之沫为斯弥，斯弥为食醯。颐辂生乎食醯，黄軦生乎九猷，瞀芮生乎腐蠸，羊奚比乎不箰，久竹生青宁，青宁生程，程生马，马生人，人又反入于机。万物皆出于机，皆入于机。”引文“列子行”这一段提到了事物的种子，但是这里的种子“几”并不是某种特殊事物的种子，因为其极细微而不可辨，或者说还处于生成之初而未获得形式，所以它是不可分的。因为一切事物的种子都是从它而来，所以应该说它是种子的种子。从这个意义上说，它就是那种我们所要寻找的一切生命事物的原生基质，一切生命事物的原始胚胎。所有事物在萌芽之初都是不可分的，这是现代生物学证明的事实。这段引文确实传达了一种进化论的思想。因为它指出了事物之间并没有绝对的间隔，而是可以相互变化和交通的。万物皆出于几，而又入于几，所以万物在存在上的基底是同一的。又或者，这里的几，不作极细微的生物解，而是多少之意。那么，问事物的种子有多少，则是问道。道生一气，一气分阴阳，阴阳交合、万物当生之机，得水则为继，得水土之际则为蛙蠙之衣，等等。后一种解释把万物的生成归之道，道以一至三而生万物，万物随机而生，随势而成，为数无穷，此是自然。万物出于自然，而又复归自然。自然本无，故出于无者，还归于无。

关于阿那克萨哥拉一切在一切之中的说法，历来哲学家们都无法给予清楚明白、令人信服的解释。因为上面提到的那个残篇中明确说到了事物的种子，又说没有什么事物是彼此不同的。既然种子已经存在，而事物又是界限分明的实体，它们又怎么可以混合在一起呢？我认为，可以理解的解释是，那些种子是后天形成的。说它们在世界之初就已存在并混合在一起，只是说构成世界的基本物质同时是形成各种事物的基本物质，各种事物种子的形成只是一种可能性。至于哪种事物的种子实现了，则取决于造化。如果这样理解，则与道家的思想是近似的。即是说，在阿那克萨哥拉那里，万物也最终可归于一。

为了更清楚地理解什么是世界思想，我们首先要弄明白“一”这个概念的几种含义。一即整体不可分的意思。在一之中不包含多，意思是说在这个整体中，没有在性质上异于这个整体的事物。比如我们说某个东西是水，我们可以用一来表示它，一即是水。当我们说水是一的时候，就是说它是纯然的水，水之中没有可区别出来的异于水的东西。同理，如果我们说世界是一，那么世界也就只是世界本身，在世界中不能有异于世界本身的东西存在。因此，一、构成在世界中存在的万物的基本物质和世界本身是同一的；二、万物的本性和世界是同一的，或者说万物并没有属于自身的真实独立的本性，就万物均来自于世界本身而言，它们的本性是相通的。

道家思想要求人合于道，即摒弃人自认为纯属于自我的东西。因为包括人类在内的所有万物都来自于自然，也就是说，人并非是某种自在的东西，因此所有的事物都不是私有的。道体现在自然世界之中，就是我们可以实际观测到的自然的规律和法则。自然世界的规律和法则，比如地球之于太阳系中，由它的自转形成了地球上的白昼和黑夜，又由它围绕太阳的公转形成了地球上的四时寒暑。这些都是自然的规律。在这些自然规律的运行中，方有大地上万物的春生、夏长、秋收、冬藏。什么是自然？所谓自然，是指不知其所以然而然者，或者说是某种先天性，它是道的体现。老子论道之体：“有物混成，先天地生。寂兮寥兮，独立而不改，周行而不殆，可以为天下母。吾不知其名，强字之曰道，强为之名曰大。大曰逝，逝曰远，远曰反。故道大，天大，地大，人亦大。域中有四大，而人居其一焉。人法地，地法天，天法道，道法自然。”（《老子》第二十五章）统治世间万物的规律是自然的，自然之道自古而固然，化生万物而不为万物所改变。所以生生者不生，化化者不化。老子道之用：“万物作而不为始，生而不有，为而不恃，功成而弗居。”“大道泛兮，其可左右。万物恃之以生而不辞，功成而不有。衣养万物而不为主，可名于小；万物归焉而不为主，可名为大。以其终不自为大，故能成其大。”（《老子》第三十四章）万物在道的运动中孕育生长，而道终不以孕生万物为名、为任，仿佛世间一切规律的运行，随机而作，一任自然。因此天地之间无私生、私蓄之物。天地无私，人亦不得自私。万物不自私而与道合，是一同万物。是谓以明。《庄子·知北游》章二："天地有大美而不言，四时有明法而不议，万物有成理而不说。圣人者，原天地之美而达万物之理，是故至人无为，大圣不作，观于天地之谓也。合彼神明至精，与彼百化，物已死生方圆，莫知其根也，扁然而万物自古以固存。六合为巨，未离其内，秋毫为小，待之成体，天下莫不沉浮，终身不顾，阴阳四时运行，各得其序，昏然若亡若存，油然不形而神，万物畜而不知。此之谓根本，可以观于天下。"同篇章四："舜问乎丞曰：'道可得而有乎？'曰：'汝身非汝有也，汝何得有夫道？'舜曰：'吾身非吾有也，孰有之哉？'曰：'是天地之委形也；生非汝有，是天地之委和也；性命非汝有，是天地之委顺也；子孙非汝有，是天地之委兑也。故行不知所往，处不知所持，食不知所味。天地之强阳气也，又胡可得而有邪？'"天地有大美而不言，四时有明法而不议，万物有成理而不说，非不言、不议、不说，此乃自然之道，故不以为美、不以为明法、不以为成理，故不言、不议、不说。何谓知道？"道行之而成，物谓之而然。有自也而可，有自也而不可。有自也而然，有自也而不然。恶乎然？然于然。恶乎不然？不然于不然。恶乎可？可于可。恶乎不可？不可于不可。物固有所然，物固有所可。无物不然，无物不可。故为是举莛与楹，厉与西施，恢诡谲怪，道通为一。其分也，成也。其成也，毁也。凡物无成与毁，复通为一。唯达者知通为一，为是不用而寓诸庸。庸也者，用也；用也者，通也；通也者，得也；适得而几也，因是已，已而不知其然，谓之道。"（《庄子·齐物论》章四）然、不然，可、不可，皆出自自然的规律，只要我们不用自我的是非功利之心对自然的规律妄加揣度，而是顺从自然之理行事，那就是知道了。这里我们想起了黑格尔那句名言，"凡实在都是合理的"。我们说过，自然之中并没有矛盾。凡实在都是合理的，这个意思可合于老庄的思想，奇怪的是，哲学家竟以矛盾的辩证法来阐释事物的存在，不得不说是一种巧智的运用。如何可谓人与道合？就是绝圣弃智，安处自然，以无所待之心交接万物，物我两忘："天下莫大于秋毫之末，而大山为小。莫寿于殇子，而彭祖为夭。天地与我并生，万物与我为一。"（《庄子·齐物论 》章五）庄子有一则寓言生动地说明了这种万物混一，物我两忘的境界："昔者庄周梦为胡蝶，栩栩然胡蝶也，自喻适志与，不知周也。俄而觉，则蘧蘧然周也。不知周之梦为胡蝶，胡蝶之梦为周与？周与胡蝶，则必有分矣。此之谓物化。"（《庄子·齐物论》章七）。

阿那克萨哥拉的世界思想与道家思想的不同之处主要在种子的观念。阿那克萨哥拉认为在世界中原始地包含着各种事物的种子，大概因为否则就不会有各种植物从土地里面冒出来。残篇中提到了大地，意思可能就是指事物的种子是埋藏在土里的。但是这种设想可能不是最合理的。因为如果在世界之初就已经预备好了各种事物的种子，那种当世界已经分化展开时，各种事物就应该是同时展现出来的。而事实证明当生物开始在地球上出现时，它们的品种是非常单一的，甚至可能只有一种，而绝大多数的物种都是在世界历史的演化过程中后来出现的。真实的情况很有可能如老庄所设想，并为考古进化论所证实的那样，在世界之初，任何生物都不存在。我之所以认为道家思想在解释生物在物质宇宙中的出现方面明显具有较阿那克萨哥拉，甚至也较当代自然科学的优越性，是因为道家思想确实提供了解释生命事物的存在所必需的创造条件。道家思想认为有生于无，即自然万物都是在道的运转中从无到有的。而从无到有地创造出自然界中生命事物的"物质"乃是宇宙之中的一种先天之气，一种混元真气。这种先天真气是世界之初，甚至是世界开始之前就存在的。这种创造生命的物质，不同于西方哲学中的物质。在西方哲学中，物质是一种实体，是一种与精神相对而言的具有质碍的、惰性的自然物，我们可以在材料的意义上来理解这种物质，或者从微观的角度说，物质可分析为一种基本粒子。但是道家思想中的这种气却不是某种物质实体，不是某种粒子。道家思想中的这种气不能纳入西方哲学的物质范畴，我们只能说它存在，但却不是有形之物。"窈兮冥兮，其中有精，其精甚真，其中有信。"（《老子》章二十一）其中有精，气生精也。精的意思，即凝聚、纯化，犹如说钻石是石精一样。因这种凝聚而形成了生命的基础物质。因此先天之气乃是先于实体之精的无形之物，可知而不可道。从气至精，是一切自然事物的开端和萌芽。我们注意到，这里不再有生命如何从物质中创造出来这样的问题。因为是先天之气创造了万物，包括一切有生命的事物，因此物质和生命是不可再分的，不是生命属于物质，也不是物质属于生命。我们还可以从另一种角度来理解道家的这种创造生命的气，即如自然科学所认为的那样，假设宇宙是一个物质世界，那么，我们就将气理解为是这个物质宇宙中先天存在着的另一种创造生命的非物质元素。这样，这种先天之气就是在物质中产生生命现象的生命元素。这样我们就可以在想象中解决掉突现论所面临的难题了：这种生命之气的存在，是这个宇宙中和物质并存的另一种东西，它是另外一种力量，我们可以把这种力量看做是自然的，也可以把它看做超自然的。如果是自然的，那么我们就要以科学的方法去寻找和证明这种非物质元素的存在，如果是超自然的，则我们可以把它看做上帝的魔力。如果我们不愿意这样做，那么我们确实可以从道家的气的理论中寻找到形成生命事物的更有说服力的解释。气是形成一切有形实体的基础物质，当气形成有形实体的时候，它同时产生天与地，即物质世界，而其中至精者形成了有生命的事物的物质基础，即原生质，也可以把它叫做遗传物质。如今我们在科学上面临着一个难题，我们不知道这种遗传物质究竟是什么，我们在这种遗传物质中找不到生命的确切部位，那是因为形成一切实体的气不是任何特殊的物质，气所成之精也不是何种特殊的物质，气是一切物质实体的母体，而精又是一切生命事物的母体，因此这种实体是不可分的。因为这种不可分性，在我们看来，它就不可能是什么特殊的物质。而且，气生精，精生成有生命的事物，这是一个不可分的整体，因此我们无法找出生命究竟在我们身体的哪个部分中。

在谈到世界思想时，我们为什么只是举出阿那克萨哥拉和道家这两种思想来做比较呢？这是因为这两种思想都没有脱离感性的实在世界，这种朴素的唯物主义比较适合现代自然科学的精神。如果有人在老庄的哲学里面只是学习到了一种混世的辩证法，那么，这是对老庄哲学的严重歪曲。《老子》和《庄子》确实有浓厚的人生哲理和智慧的寓意，但这是对自然之道的解释而成立的，而不是反过来。自然之道，虚静无为，不期然而然。即不是在一种相互对立的关系中创造万物的。毋宁说，自然中没有对立。这就彻底否定了人类在看待自然时的主观主义。“有无相生，难易相成，长短相形，高下相盈，声音相和，前后相随。”（《老子》章二）所谓有、无、难、易、长、短、高、下、和与不和、前与后，等等，自然之中可真有这些东西吗？老子指出，这些东西只不过是人们思想中的观念而已。人们的言论就是这些观念的产物。人们喜欢执著于言论上争辩，就是因为他们认为自己的观念是实在的。其实人们的观念并非实在，它们只是人们从自我的角度形成的相关于自然世界的一些意向，当我们认为这些意向是真实的时候，这就形成了庄子指出的成心。我们往往会利用自己形成的意向去说明自然世界，从而使世界进入到自我的观念的思辨之中，这就产生了哲学。因此，从老庄无为的角度，可以这样说，哲学就是人们妄图以自我之心解释自然的产物。因为所谓哲学，本质上也就是一些相关观念之间的相互演绎，因此是一种纯理性、纯逻辑的思辨。老庄所要求人们放弃的就是这种违背自然的观念上的纠结。言辞害道，是所有哲学的通病。有鉴于此，老子才要求“处无为之事，行不言之教”。“夫言非吹也，言者有言，其所言特未定也，果有言邪？其未尝有言邪？其以为异于谷音，亦有辩乎，其有辩乎？道恶乎隐而有真伪，言恶乎隐而有是非，道恶乎往而不存，言恶乎存而不可？道隐于小成，言隐于荣华，故有儒墨之是非，以是其所非而非其所是，欲是其所非而非其所是，则莫若以明。”（《庄子·齐物论》章三）人们对于世界的意向各有差异，自然各种意见不尽相同，若各执己见，则各种见解之间永远也辩不清谁是谁非。因为每个人所形成的关于世界的意向是不相同的。如果人们过于相信自己的判断，以为世界如我，乃是一个理性的实体，我就将以这种理性加之于世界，使世界如我所说，在我的所说中演绎出来，这种做法将使自然之道彻底丧失或隐匿起来。“物无非彼，物无非是。自彼则不见，自是则知之。故曰彼出于是，是亦因彼。彼是方生之说也。虽然，方生方死，方死方生，方可方不可，方不可方可。因是因非，因非因是。是以圣人不由，而照之于天。是亦彼也，彼亦是也。彼亦一是非，此亦一是非。果且有彼是乎哉？果且无彼是乎哉？彼是莫得其偶，谓之道枢。枢始得其环中，以应无穷。是亦一无穷，彼亦一无穷也。故曰莫若以明。”（《庄子·齐物论》章三）所谓彼是莫得其偶，即是要放弃观念的对待，然后事物才能自是其是。彼不因此成立，此亦不因彼成立，彼此之间互不相涉，则无彼此、是非；若事物之间依彼此成立，则是假说。所以庄子说：“以指喻指之非指，不若以非指喻指之非指也；以马喻马之非马，不若以非马喻马之非马也。天地一指也，万物一马也。”（《庄子·齐物论》章四）若无非指指亦无，若无非马马亦无，反之亦然。当事物自是其所是的时候，它就一无所是。这就是没有对待和差别的情境：若以指谓一物，则天地可谓一指；若以马谓一物，则万物可谓一马。“彼是莫得其偶，谓之道枢。”物果有其偶乎？物本无其偶。物有其偶者，谓观念也。“道行之而成，物谓之而然。”我们总是忘记了，或者说没有搞清楚事物之所以有这样那样彼此不同的存在，乃是因我们的差别言说造成的。因为这种无知，我们认为世界中存在着各种不同种类的事物是世界的本来面目，而我们之具有各种事物的观念，是我们的心灵像镜子一样反映了这些事物的结果。如此一来，世界便展现了一种秩序性结构。而我们也很少会像康德那样反思我们的理性，发现世界之所以显现出某种秩序性，乃是我们整理世界的结果。我们整理世界使世界呈现一种秩序，却认为世界本身就是理性。因此当我们认识世界时，我们认为这种认识旨在发现隐藏在世界中的真理。因此有些人认为通过某种由少数几个公理组成的公理系统，我们就可以将内在地隐含在世界中的某种真理演绎出来，或者通过某几个基本的概念，我们就可以说明世界的基本结构。正如事实所证明的，他们确实做到了。这样就形成了许许多多的体系性哲学。黑格尔用矛盾、扬弃（辩证法）、世界灵魂演绎了世界，而像意志和冲动这样的词语则产生了叔本华、柏格森那样的哲学体系。

老庄确实指出了一种辩证关系，但这种辩证关系毋宁说是一种物理法则。因为事物从无到有、从有到无的过程须是在某种作用之中才能实现。道就是这种作用的规律的体现。在道家的思想中，这种作用就是阴阳二气相互之间的消长变化。阴阳和合才有生，阴阳消长才有事物的变化。这可不以你的意志为转移。阴阳二气相互作用的规律是可以合乎情理地加以设想的，而这却不是观念上基本概念之间的纯理性、纯逻辑的演绎。因此它与任何体系性的哲学都不同。老庄关于人生智慧的哲理性说教，要求人们虚静无为，这与科学家们对自然法则的遵从并无二致，体现的同样是一种科学的人生观。当我们读黑格尔和老庄时，其中的这种本质性的差别，必须要注意把它们区别开。黑格尔那种观念性的辩证法正是老庄所要警醒人们加以放弃的。另，阿那克萨哥拉认为世界中包含有事物的种子，可能是因为他认为事物是实体。但道家认为并不存在这样的先天实体。形而上者谓之道，道乃是指生化一切的自然法则的力量；形而下者谓之器，器即一切有形之物，有形世界即器世间。器世间的所有事物都是道的产物，因此它们都不过是一种现象性的存在，无法执著。

这样一来，道家思想也把万事万物还原到了世界之中。当我们把道家的道当做自然中生化万物的实体来思考时，甚至可以说道家思想中的自然世界比之于现代科学中的自然世界要具有更多的可理解性，也比后者更加真实。因为理论科学中“自然”这个观念非常空泛，我们不知它究竟意指什么。当我们从科学的意义上说，自然创造了万物的时候，我们其实并不真的知道万物就是自然的产物。我们所知道的只是自然界中确实存在着一些规律性的事件，但是这些规律性的事件如何就创造出了万物是我们所不知道的。因为科学中的自然世界是一个以物质为存在基底的世界，生命如何经过这种事件而得以从物质中造成，虽然我们现今仍然对科学抱有信心，但在得到证实以前，它亦不过是一种思想而已，并且不见得就比阿那克萨哥拉和道家的思想更高明。

关于世界思想，我们不可能每家每派地去研究它们是怎么说的，总之不管是哲学的还是科学的，世界思想就是把每一个体的存在组织到整个世界的存在中去考察的。世界思想认为存在着一个自成体系的世界，而我们，即每一种事物、每一个个体都是这个体系的产物。本文所要考察的问题只有一个，那就是，我们与世界的这种关系是真实的吗？

因为只需假设一个在万物之先的创造力量存在，不管这个力量是理性的还是非理性的，都能成为解释一切的充足理由。但是如果这个力量不是我们所能触及的，甚至于不是我们的智慧所能理解和认识的，那么，那样的一个假设对我们来说就是无意义的。很多哲学家在论述上帝的本性时都会说这样的话，说上帝在本性上来说是全知全能的，他的无限的能力，甚至于他的存在都是我们有限的人类智力无法想象的。现时代具有科学冷静意识的人很难同意这种不负责任的说法。因为我们甚至都无法对他进行想象，我们怎么能肯定他是存在的呢？因此当我们在此讨论世界思想时，首先要抛开哲学、神话与宗教那些纯主观性的理论不论，只讨论具体实践了世界思想的自然科学理论。现在关于万物起源的最权威、最深入人心的科学思想是宇宙的大爆炸理论。这个理论的细节我们已经在本书第一章描述过了。我们姑且承认这个理论是真的，承认这是一种真实的世界思想，即承认我们是这个物理世界的产物，那么，我们要问，既然如此，我们和这个世界的联系点在哪里，是什么？

就科学将我们界定为一种事物，一种物质实体而言，它把我们与世界联系起来，是很容易的。我们与世界的相通之处，就在于我们的身体。我们的身体是一个物质性的东西，它的来源只能存在于这个物质的宇宙中。因此我们属于这个宇宙。这是一个非常简单而直观的推理。然而要证明我们确实属于这个物质宇宙，可不是如此简单的事。首先，对科学家来说，单是证明构成我们身体的物质来源于这个物质宇宙就不是一件很容易完成的任务。自然世界中并不存在构成我们身体的这种天然物质，即是说，不存在一种本身就具有生命，能够造成一种有生命的事物的天然物质。虽然科学家能够证明，某些物质在某些特定的自然条件下可以转化，从而形成构成我们身体的这种物质，但是这种物质的出现是否就是生命本身的出现呢？我的意思是说，物质，假如真的存在这种物质的话，会不会仅仅只是生命的必要条件呢？但是从科学上的实际观察来看，物质和生命又是不可分的。因此这个假设并不成立。因此我认为并不存在有生命的物质。科学家曾经以实验的方式证明了有机物可能在某些特定的自然条件下从无机中生成，可能是因为科学至今仍没有真正弄清楚物质的本性，所谓有机物与无机物可能并不是绝对对立的。其次，即使我们在理论上承认我们是从世界中的物质得到我们自己的存在的，但是，当我们以这个物质性的身体的名誉开始我们的生活的时候，我们事实上也感知不到我们与世界有什么样的联系。这个时候，我们所知道的，大概只是，世界是一个我们在其中居住并从中取食的地方。就我们不得不努力拼搏，与环境做艰苦的斗争才能生存下去这层关系来说，我与世界是对立的，甚至于我与我自己也是对立的，因为我不得不喂养这个讨厌的身体。有可能说，世界本身为我们准备好了各种生存必需的物质条件，比如说，在我们这个星球上，有适宜于生物居住的合适的温度，有保障生命存在的空气、水等，自然界中又有各种可以供我们享用的食物，这些都是世界造就我们时一道为我们准备好了的。的确，世界中有这些资源，但我没有任何伸向世界的触手把我与世界联结起来，从世界中吮吸我所需要的营养。我们是这样一些平凡的人，我们没有大地之子的资格，倒可能只是这个世界上终将成为过眼云烟的旅客。古希腊神话中有一个叫安泰俄斯的大力士，能从大地中汲取无穷的力量，只要他的脚不离开地面，他就几乎是无敌的。但是他的母亲是大地女神盖娅。他们之间存在着那种血缘关系，能力的给予是可以想象的。而其他与大地女神没有这种关系的所有人，都不可能有安泰俄斯的那种好运。而我们就是那些除安泰俄斯之外的所有人。因此，即使是从身体的角度，我们也不可能建立起与世界的内在性联系。相反，通过身体，我们倒是认识到了有一个外在于我们自己的世界存在着。这个世界之不同于我们自己，那是不可以我们自己的心灵揣度的那种，我们不可以认知自己的方式去认识这个世界。我认为，要真实地弄清楚自我与世界究竟有没有联结，正应该在自我的感知中来寻找。那么，当我们把目光转向自我的时候，我们并不会在那里发现世界的影子。当一个人开始在感知中审视自己的存在时，他除了知道自己是一个心理主体之外，他还知道自己有一个物质性的身体，而在他对自己的存在的感知中，除了他的身体以外，他不能感知到别的更多的东西。这就是说，在我对自己的存在的本然的认知中，我并没有发现我与世界的联系。

如果我们肯定自我与世界是有联系的，那么，这种因果关系应该怎样去证实？因为这种因果关联性在我们对自身存在的感知中并没有被察觉到。所以认为想要证实我们和世界有一种因果联系的企图，一定是出于纯粹理性上认知的需要。因为还在很早的时候，我们智慧的先贤就告诉过我们，没有任何事物是凭空产生的。基于这种认识，科学家才要竭尽全力地为我们解开生命的秘密。这种努力不会停歇，直到我们终于醒悟，我们并非是哪一种事物。

第十章 自我认知

即便我们承认有生命的事物是来源于自然的，那么如人类这样的智慧生物具有自我意识，也应该被视为是得之于自然的一种天赋禀性。因此要求人们放弃对自我的执著也是不合理的。这里似乎出现了一个悖论：一方面，我们知道，我们都是有一个出处的，我们也知道我们最终不愿回到那我们所从来的地方去，从理性的角度说是不明智的。另一方面，既然我具有关于我自己的意识，而且在我已经生存了的这段时期内，我都是真正地以我的名义生存的，这说明我在本质上是一个私有的存在者，从而要求放弃自我回归自然，或者为了某种尚不能真实地把握到的真理捐出自己的生命，那就是不合情理的。照我的看法，这里实际上并不存在悖论，只存在着一种错误的认识。如果我们诚实地对现下我们所掌握的关于自我和自然真理的情况反省一下，那么我们会发现这是一个事实，即自我是真真切切的，而所谓自然的真理却从古及今都只是一种传说。如果我们承认已经真切地把握住了东西，那么，形成悖论的另一方就应该放弃，我们不承认有什么自然的真理统治着我们。

在几千年来的人类文化发展中，智慧的哲学家和科学家们一直在运用着自己的大脑和一切的科技手段为我们的生存寻找着出路。这些出路最终要不是通向了神，要不就是通向了某种自然真理，从而把自我带上了一条出离它自身的道路。时至今日，我们在自己的文化中确立了许多各式各样的神，我们也可以宣布说，我们找到了可以说明我们自身存在的自然真理，比如说，我们可以把达尔文的进化论和宇宙大爆炸理论搬出来，从宇宙进化的角度来说明我们已经真正解决了地球上生命存在的问题。但是，当我们把这些神，这些自然真理当做确切无误的知识接受下来的时候，关于自我的问题就真的解决了吗？你可以在某种信仰中安身立命，但你真的活得心安理得吗？对神，或者对某种真理的信仰永远无法消除那种你自身可能随时在内心深处意识到的自我的外在性。如果这种自我的外在性终究是你无法克服的，那么你就不能真正地以自我的名义生活，你就不可能实现真正的自由。

在我们的知识的殿堂里，我们往往是怀着无比的崇敬之心去仰望那些真理的发现者们的。由于那些真理的发现，由于他们的智慧，由于他们向我们布道，他们显得那样伟大、卓越、与众不同。但扪心自问，他们的金身确实不是由于你的无知而给他们描抹成的吗？所谓的真理使人膨胀，那是因为不理解自我的缘故。

获得知识的唯一方法，不外乎如我们所了解的两种途径，其一就是纯粹观念性的论证，就是那种我们号称第一哲学的形而上学。其二就是物理学意义上的实验科学。形而上学，因为一开始就是致力于发现物理世界背后隐藏着的东西的，所以它非常明确，那就是真理。形而上学认为有形世界不可能是一个自在的世界，因为实在的世界是一个物质世界，所以一定存在着一个超越的主宰的力量来驾驭它。这种主宰的力量一定不能是物理的，不能受制于物质，否则它便被物质世界运转了。因此这种力量必然是超自然的，这种超自然的力量才是自然的真理。因为是超自然的，所以我们把它视为神性的。另一方面，物理学意义上的自然科学则把所有问题的解决都严格限定在物理的自然世界之内，物理学家否认超越自然规律的那种神性的真理存在，他们认为现实世界中存在的一切都是这些自然规律的产物。因此，物理学家心中的真理就是科学所发现的自然规律。并且，物理学家对于自己所拥有的真理也有自己的科学式的看法，他们甚至只承认这种真理是统计学意义上的，是某种描述过程的产物，像库恩那样的科学史家，则把它们看成是文化的结果[①]。

因为我们只能在这两种形式的知识中来解决关于存在的所有问题，进而认识我们自身的存在，所以我们要对这两种知识中与自我有关的部分进行一些粗略的讨论。

在科学哲学没有揭破形而上学只是一些虚假观念的体系，并且确立起现实世界唯一的实在性之前，我们确实很容易被引导到一个神的世界。但是，形而上学如何从一些虚假的观念开始论证，我们并没有彻底弄清楚。所以我认为要弄清楚

① 参阅［美］库恩，《科学革命的结构》金吾伦、胡新和译，北京大学出版社 2006-10

形而上学真理的本质，首先需要从根基处对这种体系形成的机制有一个认识。

那么，我们说，形而上学机制是一种就事论事，或者说就现实立论，发表个人关于现实的评说的一种方法。它的目的在于最终肯定现实的合理性。

因此，形而上学论证的第一步，通常是对现实的确立，是对现实的描述，指出现实是什么。比如，指出这是一个人，这是一匹马，等等。形而上学家在具体实施论证的时候，当然不会去将现实复述一遍，因为这种事情早已由大众做好了，甚至于形而上学家也许没有意识到，他是在接受了大众关于现实是什么的一致信念后，才进行他的形而上学论证的。只有在现实是什么被明确说明，或者说对象是没有歧义、自明的、是其所是的事物时，论证才可能启发。

形而上学论证的第二步，是要设法找到一条通向事物本身的路。而这就不是寻常百姓所能做到的了。只有那些受过关于事物的理论术语的专门训练的睿智人士才能提供一种"洞见"。而这是哲学家的专长，也是哲学的用处。哲学家们清楚地知道，所谓通向事物本身，并不是真的要我们进入到一个实体之中。事物是什么？那不过是我们所理解的一种东西而已。因为我们是在概念之中获得事物的存在的。因此，要通向事物本身，实际要做的，不过是要实现对概念的理解而已。但是，要如何来实现对一个概念的真正理解呢？在形而上学论证的第一步，我们已经确立起了一个特定的对象是什么，也就是说，我们已经有了这个对象的非常清楚的概念，但只是有了概念并不就是对事物的理解，理解一个概念是要知道这个概念是如何建立起来的。按照我们的知识形成的方式，哲学家们可以实现一种在概念之间的相互说明。我们的知识是以一种熟悉、相似、归并的方式构建起来的一个观念系统（这是大多数哲学家的共识），因此，如果可以找到一个意指较宽的概念把一个意指较窄的概念包含进去，那就可以算是对这个意指较窄的概念的说明了。因此，要说明一个特定的对象，我们要做的，就是要设法找到或是建立一个比这个特定事物的概念更基本的、涵盖更广的上一层的概念，除此之外我们没有别的道路可供选择。我们也可以说这是一个迫不得已的逻辑性策略：表面上看来，我们把概念从具体的对象或者说事物本身那里提取出来，用事物的概念来取代事物本身的存在，进而通过概念之间的换算来演绎事物的存在，这种做法是不符合大众的心理预期的。但在哲学家们看来，这应该是一个有效的手段：因为事物是其所是除了是概念所说的以外还能是什么？只要我们知道事物是那种我们有它的明晰概念的那种东西就已经足够了。因此概念之间的换算是允许的。把某个特殊的概念归并到一个所指范围更宽的概念中，这种运算本身是一个论证的过程。再如我们日常生活的经验所告诉我们的，世界上的所有事物都不是孤立地存在的，而是处在广泛的联系中的。只有在这种所有一切都相互联系的情景中，才会有事物的存在。这也从事实的角度印证了概念之间的运算是可行的。这是一个基本的信念。这个信念是我们进行理解和论证的基础。因为在事实的层面上，我们所要说明的每一个对象都是一个实体，我们的每一个基本概念都是建立在这类实体上的，所以，我们准备用来进行说明的那个概念也必须是一个实体的概念。这样，在概念的构建上，我们的要求是越来越基本的。随着论证层级的递进，在每一个层级上都会出现一种不同的实体。不同层级的实体之间从下到上要是一种归属关系，从上到下是一种统摄关系。这种概念的金字塔到了塔尖的时候，概念便只有唯一一个了。因此，这个塔尖的、最高的概念具有满足说明世界上一切事物的能力。如果我们能最终找到这样一种概念，我们的论证就可以结束了。如我们在众多的体系哲学中所看到的那样，这个唯一的概念指向的那个唯一的实体，或者是上帝、或者是宇宙灵魂之类的东西。

如果只是单纯从理论的、逻辑的角度来说，我们似乎只能承认形而上学的这种论证方法是正确的。然而我总是觉得其中隐藏着一个重大的不妥，我总是有一种被这种论证撇在一边的感觉。这种感觉就好像在运动的赛场上，参加比赛的是我们这些运动员，而获胜者却是裁判一样。这种论证的对象本来是我们，但是论证一开始，话题就把我们甩开了，论证者们自顾自地在理论的证明过程中达到了真理的归宿，却把我们撇在原地不管了。

这种被欺骗的感觉可不是错觉。因为即使是形而上学体系的构建者们也不能不承认这样一个事实：在这样一个体系最终构建完成时，自我总是原封不动地存在着的，它甚至于没有被这个论证的过程触动过。在此我想指出一点：如果一种理论是成功的，那么这个理论就必须能把它所分析的对象还原掉，使之消失在论证的过程中。但是我们的理论并没有做到这一点。

千百年来，我们始终不能真正地认识自我，是与这种理论的失败分不开的。因为我们过于相信哲学家们的智慧，以为他们告诉我们的是事实的真相，所以我们都心甘情愿在哲学家们的理论海洋中沉浮，而放弃了挣扎上岸的念想。如果我们始终没有对这种理论生起疑心，并发现它是建立在一个错误的基础上的，那么，我们就没有回过头来真正认识自我的希望。那么，形而上学究竟错在哪里了呢？错在它用来进行论证的那些基本概念上。

我们知道，形而上学的论证是在概念之间分析地展开的，概念是形而上学论证的工具，又是形而上学理论所要阐述的对象。我们也知道，只要不出现逻辑性的错误，分析的论证是永远保真的。因此，如果说形而上学理论是荒谬的，那么它的错误不在于论证的哪个环节上。这是一种体系性的错误。即是说，形而上学理论的发生，是由一些最基本的错误认识引起的。我们已经说过，形而上学的论证是从明确地指明对象是什么开始的。这个意思是说，在论证开始之前，形而上学家便具有了关于这个对象的明确概念。这种与俗人无异的哲学家的信念，使得伟大的形而上学从论证的第一步开始，就与真实的现实分道扬镳了。在世俗的日常生活中，我们说这是一个人，这是一匹马。我们从来也不会对我们说出来的东西持有一种怀疑的态度。但是，当哲学家们从自己的口中说出这是什么什么的时候，他可不能对自己说出来的东西无所谓。日常生活中的一些普通名词在老百姓看来也许只是一些代号，没有什么本质的意义。但是当哲学家们运用到这些普通名词的时候，它们不可能还只是一个代号，而是，它们已经在某种意义的规定中获得了自身的本质性，变成了一个概念。作为代号使用的普通名词是用来指物的，如果说它们有一种意义的话，那只是表示了一些差别性，但是我们必须记住，这种差别性不是用来构建实体的。因为老百姓并没有实体的观念。如果哲学家也像老百姓一样，不加反思地运用自己的概念，那么，概念也会像代号一样，被认为是用来指物的。这样一来，就会产生一种概念中的实体——事物。不幸的是，哲学家们真的就是这样做的。因此，当哲学家们进行自己的论证时，他们就认为对象是一种事物，它就是我们拥有它的概念的那种事物。

如果对象确是一种事物，或者说真的存在那种能被概念进行说明的事物，那么，形而上学用概念进行的论证无疑是可行的。但是，果真存在那种我们用概念说出来的事物吗？或者，我们的对象是那种我们用概念加以说明了的事物吗？

在上一章里，我们已经阐述了并不存在那种实体。那种在概念中被设想的实体只是我们关于现实的一个意向。“物谓之而然”，说的就是用我们自己的观念去指谓自然，因这种指谓，才有我们所谓的事物这种实体存在。这种意向的本质近似于设计和创造，正如我们在机械上的发明一样。所以，当哲学家在这种意向性的活动中寻找我们关于一个特定对象的概念性说明，以期把这个对象从它那里接受到我们这里来的时候，我们实际上是用一个本不存在而被我们设计出来的东西取代了它。我们把关于现实的一个意向称之为观念，一个概念就是经过表述的观念。当我们用一个概念去承接现实时，我们所说的其实都只是我们自己的意向和观念。以我们自己的意向和观念去说明现实，这就形成了这种自说自话式的形而上学。

在讨论形而上学真理的本质时，我想指出的是，我们之所以想出了形而上学这样一种解释实在的方法，是有其现实的基础的。这种现实就是，我们从来不怀疑现实。我们已经指出，在论证之初，形而上学家们自以为已经非常了解自己的对象了。因为他们已经有了关于这个对象的非常明确的概念，对于这个对象是什么，人们早已有了一致的看法。可事实真的如形而上学家们所想吗？我认为他们根本就不了解自己的对象，他们根本不可能具有对象的概念。因为他们对对象的来历一无所知。根据我们在前文中对概念一词的解释，概念是用来解释事物的由来的。我们确实拥有某些事物的概念，这些事物就是出自我们自己之手的那些东西。我们知道这些东西为什么被制造出来，我们把它们叫做某种事物就是用这样一个概念来给它一个解释。比如说我们知道钢笔、汽车等这类概念意味着什么。因此，真正说来，（一）只有在概念之中才有事物存在，（二）只有事物才会有相关的概念。根据这两条，我们来看看形而上学家现实的情形。那么，我们可以肯定，一、形而上学家们不可能形成他们的对象的真实概念，因为他们没有形成概念的要素。二、自然中没有什么对象是我们所谓的事物。

那么，形而上学的事物是什么，它们是怎样来的？我们已经说过，它们是一种观念之物，它们是根据现实的意向形成的。这种意向以现实为蓝图，通过对现实的描述形成它想要得到的东西，然后以这种意向中的实体来置换现实的存在。这种方法就是定义。我们知道，一个定义本质上就是一种约定。它通过对对象是如此这般的一般性描述形成对象在我们的认识中的观念，当我们把这种在我们的观念中得到了描述的事物称为什么的时候，那些描述就会变成对这种对象的规定性，甚至会变成对它们的本质说明。但是在这种描述性的说明中，我们除了得到了对象的观念之外，却无法实现对这种对象的理解。或者可以这样说，定义形成的概念不可能导致理解的产生。对于这种对象，我们只能知其然，而不知其所以然。对于有些对象，比如那么需要在某种系统或规则中加以说明的事物，它们的存在当然是由定义导出的。但是自然并不需要这样一套定义的法则。约定俗成只对我们自己的游戏规则有效，却不能运用来说明自然的存在。因此，尽管我能理解你为什么把如此这样的一种东西叫做人，把如此那样的一个东西叫做马，但是当我用这样一些名称来称呼那些自然的对象时，我真的不知道人是什么，马是什么。

总之，形而上学是这样一套观念的系统，通过这样一套系统，我们确立起了自己在世界中的位置，并建立起了属于我们人类自身的文化。但是我们必须记住，这样一套系统绝不是对世界本身的说明。当我们阅读那些伟大的形而上学经典之时，我们是在娱乐自己的精神。

既然形而上学并没有带给我们关于存在的真正知识，那么，在与形而上学对立的科学中，我们又能获得一种什么样的知识呢？

科学并不关心观念的事，或者说科学中没有形而上学中那种观念性的实体。但是这并不排除科学也有事物的观念，并且，科学中各种事物的概念也是通过对实在的描述以定义的方式取得的。但是科学的事物是并且仅仅是一个物质实体，在科学中，我们说这个是什么，仅仅意味着我们把这样的东西叫做什么，而不是根据实体的观念而说的。这是真正的科学与形而上学分野。在这一点上，相信今日大多数人只会站在科学的一边。

科学所教给我们的知识，全部都是关于经验世界里面的事情的，在可以得到实际观察证实的程度上，我们完全可以信赖它们。这就是说，与形而上学那种不着边际的空谈相比，我们认为科学给予我们的是一种真实的知识，或者说，它是一种关于真实世界的学问。

但是，我们还是要问，这种真实的知识能否解决或有助于解决那些对我们的生存来说至关重要的问题，比如自由的问题、生存的意义和价值的问题、永恒的要求问题，等等，这些问题全都与自我的认同有关。可以说，如果这些问题一直横亘在我们的生活中，那么我们就不可能实现为一个真正的自我。我们是否可以把这些问题看做一种妄想抛开不管？不可以！这些是一些真实的需要，它们是我们心底的声音，是附着在我们的存在上的，它们本质上是属于存在范畴的真实问题。因此，假如说有一种学问能解决存在的问题，那么，这里提到的这些问题必须是能一并解决掉的。

那么，科学解决存在的问题了吗？

科学家们的回答是：是！

科学家如何解决了存在的问题？

科学家说：我们是事物。

我们如何是事物？

科学家这样告诉我们：你不是这个吗？这个不是一个物质性的物体吗？如果你承认这是事实，那么你就是一个事物。一个事物是什么，就是一个由物质造就的实体，它是一种物质事件的结果。世界上只存在这种物质造就的实体，它们是由自然神奇的力量造成的。

科学是很容易说服我们的理智，使我们相信我们就是这个自然世界创造出来的一种事物的。因为在我们的经验世界里，我们除了知道不断有这种肉体的东西出生和死亡外，别的事情是一无所知的。

但是，就科学关于我们的存在给出的这种解释，我们真的感到满意和放心了吗？远远没有。从内心深处，我们不会满意于科学家们告诉我们的故事，说在这个物质宇宙的某个地方，有一种充满幻想，其行为完全自主的生灵过着一种物质性的生活。我们会认为这是一种谎言，或者至少是科学家们还不了解它们的真实情况。现在，我们就是这样的生灵，我们又怎样来面对科学家们的解释呢？因此，情况显然是，我们接受这种解释，只是因为我们压根就没有关于存在这方面的任何与生俱来的信息，因此我们也不知道这种解释是否是真的。

给出一种存在的解释，意味着同时给出了与存在相关的一切问题的解释。情况是这样的，如果我们已经接受了科学关于存在的解释，那就必须把那些与心灵相关的问题都当做形而上学的假问题通统抛弃掉，甚至于抛弃掉心灵本身。有时候，科学家们的有些想法的确表明了这样一种意图，他们把这种心灵现象说成是某些种类生物的天赋或本能。很难想象，科学家们是怎样把心灵的存在归属到这种过着物质性生活的事物身上去的。因为心灵的活动能力和范围远远地超出了它们的主人身体的能力和范围，因为心灵的内容绝不止是反映单个身体的情况，它还认知身体以外的世界。我们甚至可以这样说，存在一种自我与外部世界的对立，是心灵确立自身的结果。从这个意义上说，心灵才是存在的主体，自我是心灵自身的实现。

在科学中，心灵方面的问题与存在的问题似乎是很难调和的。唯物主义者也当然承认人们向往自由和永恒的心愿是正当的，但是他们同时认为那只是一种精神上的寄托和超越，本质上只是一种伦理情感，而事实上根本不会有真的自由和永恒的事情。因为在唯物主义者的世界中存在的一切都是事物，既然所有事物都只能是一种物质实体，那么，首先，所有事物都受着物质性的制约，我们只能在物质世界的那些法则的控制中生活。例如，假如我们不小心从很高的楼顶上摔落到坚硬的地面上，我们肯定是要丧失生命的；我们也不可能以超过光速的速度离开一个地方到达另外一个地方；我们更是不能真的心想事成，只靠想象就能做成一件事情，或者得到自己想要的东西，等等。其次，所有事物都有一个成、住、坏、空的过程，那么，当存在消灭，属于存在本身的那些东西，不管说精神也好，还是心灵也好，就都一同消灭了。所以，向往自由和永恒的心愿，虽然美好，却是不切实际的。

我们要问，产生在心灵上的这些有时甚至是难以抑制的情感既然是不明智的，不切实际的，那么，它们是如何产生出来的呢？我们当然知道这些情感的产生与爱生惧死，与贪婪享受有关，但如果存在只是一种物质实体，它怎么会“分泌”出这些有违自身本质的念头呢？而心灵又怎么会不认识自己的存在呢？这里显然存在着一种对立，这种对立似乎表明，身与心是不相属的。就是由于身心问题的存在，我们很难把事物作为一个统一体来看。但是如果存在确实是事物的话，就不可能有这种对立出现。这种情况表明，关于存在是事物的说法是尚待商榷的。

身心的问题真的存在吗？身与心的对立是真的吗？假如我们不是从事物的角度来领悟存在，或许根本就没有身心两分这回事。这就是说，在一个实在体上有着身与心两个不同的部分无间地融合在一起，或者说，有些事物（生物）具有心灵或灵魂，这种说法是假的。或许我们从另外的角度理解了存在，可能，我们对自由、永恒的追求，或者其他痛苦的情感，并不表明身与心的对立，而是表明了当事人正处于当下的这种生存状态中。这里当事人只有一个，它既不是身体，也不是与身体相分离的心灵，而是身体与心灵相有相属、不可分离的整体。心灵不是某种能够单独存在的实体，若说心灵自身有获得自由和永恒的要求，那是非常荒谬的。心灵要求获得自由和生命的永恒，与我们的身体相关。也只有与我们的身体相关的自由和永恒的希望才是可以理解的。因为我们的身体是物质性的，是受制约的、可朽的，使得我们的存在是不自由的，我们的生命是有限的。这就是说，身体是我们存在的全部，或者说，身体就是我们凭据它存在的东西，它就是自我。因此，要求获得自由和永恒，就是希望我们的这种存在进入到一种理想的不受限制的状态中。

从这里的分析中我们可以看出，对我们的存在提出自由和永恒要求的并不是什么心灵，而是自我，是那个以身体体现了其存在，并正以这个身体作为他自己存在的自我。这个自我是一个有行为和认知能力的主体。不自由和可朽性正是它对自身当下这种存在状态的评价。但是我们必须注意，在这种对自我的整体性把握中，对自我的现实状态的不满，或者对人生的烦忧产生了厌倦，或者对人生的生死无常感到焦虑，它们所带来的后果——人格分离，与那种由于存在的错误认知所带来的后果——异化，在性质上是不同的。前一种是理想和现实的冲突，所产生的是情绪上的伤害，但是其根源在于当事主体没有自我认知的开导。而后一种则是存在与认知之间的冲突，它所造成的是理智上的伤害。如果说在前一种情况下自我不能达成其理想，获得自由和永恒，那是一种自我之病，那么，当自我把自身当做一个事物来接受时，那就是一种不可克服的、被迫接受的缺陷。因为自我作为一个事物，它的存在是被给予的。在这种情况下，自我提出自由和永恒的要求，甚至都是无理的。

在本真的、整体性的自我把握中，我们的身体不会呈现为一个有异于我们自己的东西，它就是当下自我的表达。有自我的存在，因此有自我的显现。如果只是单纯地从物质的层面来说，我们的身体就是实在的自我。因此，实在是存在的表达，就是从这个意义上来说的。如果我们是在作为存在之表达的意义上把实在说为事物的，那就没有什么错误，但如果我们说实在是它们自身，是一种物质成就的事物，那就不可思议了。

上面我们说到科学知识不容置疑是一种真实的知识，我们只是在肯定它是一种有真实研究对象的知识这个意义上来说的。其实我们并没有把它与实在是什么这个问题联系起来。但是科学不会只满足于对给到手的东西进行一种纯科学式的描述，而不把自己的对象主题化，这样一来，那些到手的东西就在科学家的手中变成了事物。如果我们是这样把科学家的知识理解为即是关于存在的知识，那就不是真实的。

因此，我们只是在研究存在的表达这个意义上说科学是一种真正的知识。首先，我们的存在是真实的，我们表达在这个世界上的存在也是真实的，我们有一个物质性的身体，本身不是一件虚幻的事。其次，因为实在是自我的表达，所以实在有其真实的内涵和价值，可以成为一种真实研究的对象。在研究的方法和手段上，我们也可以清楚地说，只是研究存在的表达，并不妨碍科学家把自己的研究对象作为一个封闭的系统来处理，即作为一个有机整体来阐述。因为确有一个实体在此。这个时候，科学家手上的东西与他们设想的事物无异。例如一个医学的对象，我们就是把它作为一个有机整体来治疗的。医疗的目的，就是要保证这个对象整体的完好性。任何局部的损伤都是对整体的损伤，因此对任何局部的治疗，目的都只在于对整体的修正。科学家把一个对象肢解开来，指示给你看，说这个东西由什么什么样的一些部分组成，这些都是真实的。但我们必须记住，这里真实的对象只有一个，那就是整体所是的那个。同这些部分的东西展示给了我们一个作为整体的真实对象一样，我们的实在，即我们的身体展示了我们的存在。

这样，我们就解释了世界上为何会有那种似乎是有生命的事物存在，我们也就不会把它们和那种人工创造的东西混为一谈。应该说，在我们可以理解的意义上，只是后一种东西才可以称之为事物，因为它们是在我们的意向的控制中出现的，没有我们在概念上的运作，世界上就不会有这类东西存在。我们把它们称为事物，已经明确显示了我们对这类东西的态度，说明我们从一开始就不可能误会了它们，把它们当做某种自在的东西来对待。

科学是不会相信神话的。神话故事总是以某个永恒存在、具有一切能力并统治着万事万物的神作为我们的始祖来娱乐我们朴实的心灵。如果说我们相信有什么力量创造了像我们这样的有生命的事物，这难道就不是一个神话故事吗？科学虽不相信超越自然的神灵的存在，但科学家们说自然的力量创造了万物，除了没有赋予自然以人格或神格之外，自然确实具有我们认为神具有的一切力量，难道自然还不够神吗？在品评和解释实在世界中的万物时，我们为什么总是需要那样一种神奇力量的存在，需要那样一个没有真实身份的存在者，让它充当幕后解说者的角色？原因只在于我们把像我们这样的实在和人工制作的产品当成了一类。我们管它们叫事物，我们有什么理由？因为我们是事物，又具有实在的特性，我们就说它们是有生命的事物。由“有生命的事物”这样一个评价，引发了我们的多少奇妙猜想，神话的、宗教的我们不必说了，由有生命的事物，还不足于引起笛卡尔机械中心灵那样的联想吗？我认为反对笛卡尔的科学哲学家对生命现象提出的解释，远不如笛卡尔吸引人。如果人与一台电脑确实是一类东西，是事物，那在我们的身体内部，确实应该有一个小人。

只要一直以来钳制着我们头脑的事物的观念不被消除，我们就不会获得自我认知的正确途径。千百年来，在人类文明持续不断的进程中，我们创造出来的文化最终所能到达的高度，那恐怕是任何不羁的大脑也难以预见和想象的，而在这种创造中所展现出来的人类智力同样也是让人不可思议的。唯独有一点我们至今都没有做到，那就是，达到自我。我想说的是，这一点与我们的智力水平无关，而与我们的智慧有关。智力是在对外在世界的观察分析中形成的，智力也以外面的世界为自己的对象，因此智力展现的是我们对外在世界的见识，在这种见识中并不带有对任何自我的认同色彩。因此，在智力运用的地方只有事物，而没有自我。相反，智慧则一开始就是自我存在的产物。在自我与外界的不断接触中，自我也不断地获得更多的教训和感受，自我为了保证能够继续生存下去，它不得不随时反思自身的存在，对自身的存在作出新的认识和评价，这在客观上有利于促成自我本身的开化。如我们可以实际看到的，有些文化是偏于智力的，有些文化却是偏向悟性的。我们说的生活的智慧，说的就是这种悟性。

如何是自我认识的状态？那就是当事人的自身拥有状态，或者说是他在自己行为中的在场状态，是当事人对其现时所有的认可状态。这里认可的意思是理解。在我们的日常生活里，应该说，绝大多数时候，我们都是真实地把握着自我的。因为我们总是能够理解自己语言行为的意义，否则我们就是失去了心智。在出于我们的本心，或者是我们自己想要做的这样的事件中，我们的心情是愉悦的。因为我们把做这些事理解为是自我的本分。这里含有一种理解和一种认同。这种理解和认同的基础在于自我在做这些事情的行为中得到了肯定。有时候，有些行为并不是出自我们的本心的，而是迫不得已的，但我们也能理解做这些事情对我们来说具有的必要性，或者说我们知道如果我们不做这种事情所带来的后果会是什么，那就是对自我存在的威胁，因此说我们选择做这样的事是出于自我保障的考虑。做这样的事的行为决不会把自我抛空。但是如果说某种行为是我们所不理解的，我们不知道自己为什么在做这样的事情，而这样的事情却似乎是非强迫性，那么，这种行为就会将自我抛空。我们不理解这样的行为，是它们与自我无关，或者说在这样的行为中，找不到自我的空间。因为这种行为是无主体的，它宁可说是一种机械行为，因为我们不知道应该由谁来为这种行为作出解释。涉及人生的价值和意义的问题，我们日常生活中很多行为，甚至于我们整个的存在本身，有时候就会显现出这种荒诞性。但是认真分析起来，我们感觉到有很多事情是我们不得已而做的，是无聊无意义的，进而我们也感觉到了自我的存在的荒诞，其实这些都不是真的。我们之所以不理解我们的很多行为的意义和价值，不能在这些行为中确立自我的存在，反倒是因为我们没有真正认识自我所致。这个我们后面很快会说道。

以上我们粗略地交代了在形而上学和实验科学的世界中，人们在对自我的认知中所面临的一些无法克服的困难。自我认知的问题一直以来都是西方文明中的一个重大问题。可以说，这个问题从泰勒斯的时代就正式提出来了。虽然说在神话时代已经有了德尔斐的阿波罗神谕，叫人们要小心认识自己，但是那种教谕是从教人们应该怎样行为处事，以符合自然理性精神的角度提出来的，没有本体论的含意。本体论上的自我认识问题，是以世界思想的出现为标志的。泰勒斯代表了世界思想的开端。世界思想即从世界的角度来解释个体的存在，认为存在的本原在世界本身。泰勒斯以水作为世界万物的基质。万物究竟是不是由水构成的，或者说是别的哪一种物质构成的，这个问题本身并不重要，重要的是，世界思想并没有从事物本身来解释它们的存在，而是一开始就离开了事物本身。他们之所以不可能从事物本身来解释它们的存在，或者说他们不可能进入到事物的内部了解它们的存在，是因为他们眼中的这种事物不可能具有内部。因为任何事物都不可能是自在的，它们的存在是从无到有的，它们只能从它们在其中存在的这个世界得来。这种直观和简朴的想法产生了他们的世界思想。关于存在的形而上学和科学主义都是世界思想的必然产物。在世界思想中，只有物质性的事物。这种物质性的事物被亚里士多德关于本体的论述彻底落实下来后，成为唯物主义世界中的生物，也是科学工作者的经典对象。

我们说过，事物这个概念，本身就意味着一种对于自我而言的外在性。哲学家和科学家之所以不能把我们领上一条真正认识自我的道路，就是因为他们无法消除掉由于我们是一种事物所天然具有的这种外在性。如果我们自身的存在并无自我的根据，如果我们自身的存在需要从别的地方得到说明，那么，我们就没有办法真正实现自我的认同。这就是我们的存在经常性地落入虚空中去的原因。在我不得不以这个身体的方式开始我的存在时，自我已经宣告了永久地同它自身的断裂，宣告了一个生活中的人，或者说一个经验主体同它的存在之间的永远的断裂。因为我是被不明所以地带到这个世界中来的，没有赞赏，也没有违拗，有的只是无知。总之从我认识到自己的存在的那一刻起，我已经无可挽回地被抛到了这里。我们来到这里的真相只有柏拉图们才能知晓，而我们自己却仿佛只是一个茫然无知的婴儿。这种无知状态将从婴儿的拉康镜像阶段开始持续到我们的生命的终结。

孩童在婴儿阶段仍被自己运动机能方面的无力和嗷嗷待哺的依赖状态所束缚。此时他对镜中映像的这种欣悦的认定，似乎展示出某种典型情境下的符号基质。在这一基质中，作为主体的“我”（I）初显雏形，在与他人相互认同的辩证对立关系中被对象化之前，在重新积贮起语言之前，这个作为主体发挥作用的“我”就被突然抛到了世间。

选自《拉康文集》①

显然，这个被儿童在镜像中确立起来作为主体的我并没有我的实质意义，它只是作为“我”这个主体之存在的能指符号。而我的实质部分是要在自此以后我的经验生活中去重新建立的。拉康指出，产生自我认同的那一瞬间之所以具有关

① ［英］约翰·斯特罗克编，渠东、李康、李猛译：《结构主义以来》辽宁教育出版社／牛津大学出版社 1998-3 第 137 页．上海三联书店《拉康选集》 2001 年 1 月第 90 页．译文稍有不同．

键意义，是“因为它体现着个体的某种持续不断的倾向，在这种倾向的引导下，个体会终其一生，寻求并呵护某种‘理想自我’（ideal ego）想象中的整体性。这些瞬间创造出来的统一性，以及不断创造出来的自我，都是虚幻之物，都是为化解人类生存中无法逃脱的匮乏、缺席与不完整性所作出的努力而已”。（马尔科·鲍伊《雅克·拉康》）[①]

自我与其存在之间关系的龃龉，无意识这种横蛮力量在人类生存中的许多重大时刻所发挥的主宰性，在弗罗伊德开创的精神分析学中得到了空前深入细致的研究。精神分析家们不但发掘出了无意识的存在，而且似乎肯定了无意识的存在是正当的。西方人好像在俄狄甫斯杀父娶母的行为中体会到了某种与命运有关的美感，而且弗罗伊德本人也曾说过，在作出某些有关人生的重大决定的时候，最好听从无意识本能的指挥[②]。似乎，没有人会认为我们的这种不正常的存在状态是不正常的，没有人会认为我们的这种存在是可以改变的。是否，我们只能承认并接受这种被给定的存在，在自我与非我的游戏中挣扎下去，最终以死亡抵消那骰子一掷所造成的后果，并且这些都可能是毫无意义的？

如同我们看到传统权力在福柯那里被解构掉一样，作为主体的人在拉康这里也完全地倾覆了。我们不可能得到一个真实的自我，而是无论如何都只能指出一个我们替他活着的他者来。

也许有些哲学家在解构主义的路上真的走得太远了。也许我们的实际生活的状态并不像他们说的那么耸人听闻，也许人生其实非常简单，也许哲学家们以极其精湛的智慧为我们讲解的那个异常复杂，让我们陷入其中无法脱身的迷宫才真的才是他们编造的一个白日梦。这倒不是说哲学家们所讲的是一些虚幻不实的故事，而是这都是一些真实发生着的事。这一点，我们只要看看精神病院里那些歇斯底里的病人，看看那些偏执狂、自大狂、妄想病人就知道了。你没有看见那些头撞玻璃的苍蝇吗？它们何尝不想主宰自己的命运，只是它们被自己的盲目困住了通向自由的路。

我是说，精神分析学家们似乎认为，我们人生中的各种精神方面的问题，是我们的存在本身携带着的。因为无意识在我们的存在中表现出了一种根深蒂固性。它只能被表达、宣泄，而不能被消除。而它似乎才是自我存在的地方。真实情况是这样的吗？

① ［英］约翰．斯特罗克编，渠东、李康、李猛译：《结构主义以来》辽宁教育出版社／牛津大学出版社 1998-3 第 138 页

② ［美］欧文．斯通《心灵的激情》朱安等译，中国文联出版社 1986-11

我们被一种无意识的能量控制着，这确实不假。无意识是一种本能性的欲望。欲望所在，也正是自我之所在，因此无意识对自我具有一种肯定性。可以说，在我们的日常生活中，意识世界里的所有计谋都受到了无意识本能的驱使。这也说明，意识性的行为也是为我的。关键是，既然自我在无意识之内，我们就不可能真正掌握它。这就使得我们从理智的角度来把握自我的一切努力都落空了。

那么，我们真的就只有接受一种迷茫中的存在了吗？我们虽然无法深入到无意识之内，探索它发挥作用的机制，但是我们必须弄清楚一点，无意识并不是某种实体，更不是无意识创造了存在本身。无意识只是我们的一种存在状态，是一种不被我们意识到的、或者由压抑形成的欲望。我们往往误解了这种无意识状态的欲望的性质，把它表述为本能，这样就把我们带到了一种莫名其妙的事物的存在中。

我们要问，那决定了你的存在的骰子难道真的是由别人的手掷出来的？

第十一章 走向自我

第一节 引论

“悟道者行往坐卧无非是道，体法者纵横自在无非是法。”“悟道之前，看山是山，看水是水；将悟之时，看山非山，看水非水；悟道之后，看山还是山，看水还是水。”禅者口中的这种话是什么意思？会不会成为无赖者颟顸人生的借口？如果禅者的宣告真的成为无赖揶揄大法的口实，那倒是遗祸匪浅。有时你说这个是我，可能招来德山一棒，有时你说这个不是我，也可能招来德山一棒；又有时你说这个是我，可能被德山首肯，有时你说这个不是我，也可能被德山首肯。其间究竟有什么奥秘？德山一棒，临济一喝，令得多少异乡冤魂迷途知返，趋向人生正途。这些是不是真的？还是故弄玄虚？阿波罗神谕教训你要认识自己，禅者大德也教训你要认识自己的本来面目，其间意味有何差异？

同一句话在不同的人口中说出，其意义可能南辕北辙，同一件事由不同的人作出来也是如此。其中的缘由在于对蕴含在这句话、这件事中的道理知与不知。“悟道者行住坐卧无非是道，体法者纵横自在无非是法。”其中关键，要你必须是一个悟道者、体法者。如果不是，那你就是空人说空话。行住坐卧，是当下的事，眼前山水，也是当下真实的景色，问题是，你在行住坐卧之间，你在浏览山水之时，你承担起了什么？你的浏览山水、你的纵横自在，你是作为你自己浏览山水，你是作为你自己纵横自在的吗？这里有个道，这里有个法，你得道了吗？你懂法了吗？又禅者云：“不是诗人莫说诗，访着剑客须呈剑。”所以无知者最好选择缄默。有时德山肯你这个，有时德山不肯你这个，那是防着你不懂装懂，堕入非道。

那么，如何才是悟道？如何才是佛所要求的觉悟？

这里我们不探讨佛法修行中证得涅槃境界的各种法门，我们只说什么是觉悟的状态。

为什么有时弟子告诉禅师说，这个是我，这个不是我，两种说法都会吃禅师一顿棒喝呢？这是因为禅师明白，当这个弟子如此说的时候，他其实并不真正明白这个如何是他，这个如何又不是他的道理。因为这种不明白，他与这个认同不得，也拒绝不了。因此他处于一种似是而非的境地。如果他是真正明白的，那么他既可以认同这个，也可以拒绝这个。这是一种出入自在的境界。若是拒斥，在明白事理的情况下，他知道一个血肉之躯的物体不可能是自己，他的自我不会被这个物体所夺，也就不会执著于这个血肉之躯的存在，从而使心性之我得以解脱自由；若是认同，在明白事理的情况下，他知道这个乃是他自己所造成，并选择为自己的实在的东西（事物），这个不是你又是何人。只有经过理解之后的这种认同，自我才能把这个接受为它当下的存在。禅者说，一花一菩提，一叶一世界。意思是就是让你活在当下。但如果你不悟道，不懂法，连真实的自我也没有，教谁活在当下？只有当你认识到这个并非是外来的，你真实地把它认同为你自己的时候，你才会有当下的生活。行住坐卧无非是道，纵横自在无非是法，体现的就是这种自我认同的意境。倒不是说在有了这个认同之后，你就可以妄念妄行，而是说经过这种认同，你成为你自己的主人，获得了主人的自由。而你仍不外乎是原来的这一个。

第二节 众生的世界

与我们前面论述的世界思想不同，有一种思想（可能思想这个词用在这里并不妥帖，用“洞见”这个词反倒贴切一些）是从众生的角度来解释世界的。

唯物主义者认为只有物质的世界才是真实存在的，并且世界上的所有事物均由物质创造出来。但是在佛学理论中，物质世界并非是一个客观真实、自有自在的世界，这个世界是属于众生自己的世界，是由众生自己创造出来的，并且世界并不是一个，而是由无数各自独立的个体世界共同形成的同一个世界。也就是说，佛家的众生思想认为，世界的本原即是众生自己。对于众生来说，并不存在什么外在的、创造的力量使得他们存在或者不存在。一切皆决定于他们自己。是他们在创造了自己的现实的同时创造了这个世界，并且和自己的世界一道浮沉轮回。

如何对这两种截然不同的思想作出中肯的评价，取决于我们对现实的评价。对唯物主义者来说，存在只能是一种物理实在。这种观念是根深蒂固的。这种观点可以从我们地球人类的科学家想要探索外星生命存在的行动上体现出来。在他们论证和选择外星生命的探索地时，他们给出了外星生命可能存在的最基本的必要条件，就是那里必须有水和空气。他们认为，所有生命都必须有水和空气才能生存。这种条件是依照地球生命形式提出来的。但是我不知道这种观点是否失之武断。是否所有的生命都只能以类似地球生命这种形式出现呢？空气和水是地球生命不可或缺的，其他的生命形式也必得依靠它们吗？哲学家们早说过我们这种形式的生命有限的、不圆满的，但会不会有其他更高级形式的生命不依赖空气和水呢？会不会他们有另外的营养方式？等等。所以我认为以这样的条件把生命限定在了物质实在的层面上并没有体现一种开拓性的思维。但是当我们以一种物理实在来评价现实时，我们发现有越来越多的问题是难以克服的。我们可以承认物理学家关于物质世界中的所有陈述是真的（假如它们是真的的话），但是若说生命是从物质中冒出来的，这种说法确实很难使人认同。还有就是有关心灵的问题，也是无法解决的。在第七章，我们说过存在者的主体性是无法被还原掉的，既然如此，我们为什么不以主体性来承担一切，承担自我以及世界的存在？我这样说并不意味着其实是一种哲学方案。因为佛法是一种实行，是对各种人生现实问题的具体解决。这一特色使佛学与所有哲学和宗教区别开来。毋宁说，佛学的思维方法是科学的。这一点，只要比较一下佛教中的训诫与其他宗教中的训诫就可以清楚地看出来。例如著名的《摩西十诫》就只是体现了一种人神之间的契约关系和一种道德上的教谕。因为这种训诫的目的和内容通常都非常直白，并且言简意赅，所以我把《摩西十诫》的全文抄录出来：

第一条："我是耶和华——你的上帝，曾将你从埃及地为奴之家领出来，除了我之外，你不可有别的神。"第二条："不可为自己雕刻偶像，也不可做什么形象仿佛上天、下地，和地底下、水中的百物。不可跪拜那些像，也不可侍奉它，因为我耶和华——你的上帝是忌邪的上帝。恨我的，我必追讨他的罪，自父及子，直到三四代；爱我、守我戒命的，我必向他们发慈爱，直到千代。"第三条："不可妄称耶和华——你上帝的名；因为妄称耶和华名的，耶和华必不以他为无罪。"第四条："当记念安息日，守为圣日。六日要劳碌做你的工，但第七日是向耶和华——你上帝当守的安息日。这一日你和你的儿女、仆婢、牲畜，并你城里寄居的客旅，无论何工都不可做；因为六日之内，耶和华造天、地、海，和其中的万物，第七日便安息，所以耶和华赐福与安息日，定为圣日。”第五条：“当孝敬父母，使你的日子在耶和华——你上帝所赐你的土地上得以长久。”第六条：“不可杀人。”第七条：“不可奸淫。”第八条：“不可偷盗。”第九条：“不可做假见证陷害人。”第十条：“不可贪恋他人的房屋；也不可贪恋人的妻子、仆婢、牛驴，并他一切所有的。[①]”

从诫文中我们可以看到，人与神之间的关系只是一种简单的权能上的附庸关系。如果说向权能的拥有者归命，便是朝向真理的话，那么这里并没有教给人们如何以知识和智慧启发自己。这种要求宣誓效忠的训诫在佛学中绝无仅有。其实佛学里面并没有训诫，只有信、戒。佛家要求修行佛学的学者皈依佛家三宝，皈依佛，皈依法，皈依僧，并不是说有佛、法、僧三种超越的力量主宰着世间众生，因此世间众生要膜拜它们。信佛、皈依佛的意思，是劝导人们相信世人可以成为觉悟者，并以这样的觉悟者为自己人生实践的楷模和导师；信法、皈依法的意思，是说有帮助你成为觉悟者的法门，你要依法而行；信僧、皈依僧的意思是，僧人是佛法的实践者和善知识，你要以他们作为你修佛路上的助伴和良师益友。因此，佛学里讲崇信和皈依，全是平等的，并没有剥夺你半分的权力。佛学里有多种形式的戒律，适用于修持不同等级的出家人群。佛学里的戒律虽也有训诫、惩戒的道德伦理方面的含义，但它的根本目的是自利的。戒律的根本宗旨是利益众生自己的开悟，若是没有众生的这种自我实现，那么，一切戒律都不会有实质的意义。六波罗蜜亦只不过是众生开悟的方便法门而已。

我们这里讲佛学是一种实行，就是要阐明佛学并不仅仅是一种关于一个外在世界的解释学，而是关于存在的真正的科学。这与我们现在所掌握的这种自然科学迥然不同。在佛家的眼里，世界并不外在于我们，而是我们自己的世界。当然，说佛学是关于存在的真正科学并不意味着佛学对自然科学是否定的。正像我们的身体出现了不适，需要药石一样，自然科学发展出了物理学、化学、生物学、工程学、机械学等多种多样的学科，这对于我们的生活是具有巨大的好处的，它们可以为我们的生活提供各种便利，解除我们身上的疾苦，使我们的生命得到安稳，等等。

---

① 《圣经 . 旧约》

那么，世界又如何不外在于我们呢？

在佛学里，物质世界被称为器世间。物质世界中所有的一切都可以归结到佛学中的法的概念中去。法，根据玛欣德尊者《巴利语汇解》对这个巴利语词的解释，“凡保持各自的本质特性者，称为法。如《法集义注》解释说，保持自己的自性为法；或是被诸缘所维持，或如其自性被保持着者为法”。熊十力对法的解释：法字义，略当于中文物字之意。中文物字，乃至普遍之公名。一切物质现象或一切事情，通名为物。即凡心中想象之境，亦得云物。物字亦恒与事字连用，而曰物事或事物。物字所指目者，尤不止于现象界而已。乃至现象之体原，即凡云为万化所资始，如所谓道或诚者，亦得以物字而指目之。如老子云：“道之为物。”中庸云：“其为物不贰。”皆以物字指目实体也。故中文物字，为至大无外之公名。佛书中法字与物字意义相近，亦即至大无外之公名。如根尘曰色法，了别等作用曰心法。又万法之实体，即所谓真如者，亦名无为法。（《佛家名相通释》）《俱舍论》卷一，“能持自相故名为法”。总之，自然哲学中的事物在佛学统视为法。但是，小乘佛教时已经在整个器世间中另立了一个有情世间，这是为什么呢？大乘唯识学十分明显地把法与我作为两个分立的范畴来论述，是不是有什么深长的意味呢？若按自然哲学家的解释，应该是世间就是世间，而不应该有有情世间和器世间之分。因为世间一切无非事物，无非法。佛家另立有情世间，体现了佛家与自然哲学家在看待现实方面的根本性差异。《大毗婆沙论》云：“法，无我者也。”严格说来，只是物质的世界才属器世间。然而有情世间是有我的，有情世间即指众生自体。“我谓主宰。”（《成唯识论》）窥基《成唯识论述记》说，“主宰”有二义：一有自在力，如国之主，有自在故；二有割断力，如宰辅能割断故。僧肇注《维摩诘经·不二法门品》云：“妙主常存，我也。”注《方便品》云：“纵任有自由谓之我。”又云：“主、寿、人是一我义，立四名也。”《大涅槃经·哀叹品》：“若法是实，是真，是主，是依，性不变易，是名为我。”我即是能自主宰者，是指不依持外部条件能独立自主地支配身心的实体。在不坏世俗的意义上，“我”的意思，应该是可以用来泛指一切众生的。众生指一切有情类，或者说含识类，在哲学和自然科学里被称为有生命的事物。在自然哲学家那里，因为存在只是在物质的层面上被界定的，所以一切有形之物不加区分地都是事物，众生因为有一个物质性的身体，所以众生也在事物之列。但是佛家一开始就注意到了众生和那种物质的产品不能混为一类。因为众生含情，或者说众生含识，而这种情识是那种物质构造的东西不能具有的，因此它们不是事物。它们不是事物，它们是一种自为并以自己为中心的存在，因此佛家将它们确立为我，以示与法的区别。我们可以将这些自我称之为人、马，但我们必须记住，它们不是自然哲学家们的事物。虽然我们的身体同属于法，但是佛家并不从物质（色法）来认取众生，因此并不把它们归入法（事物）类。当佛家讲说人我空时，也是从法的角度来说的。因为我们的身体属法，法空故我空。

佛家认为器世间的一切都是假有，并非实法。假有并非没有，只是因为器世间的一切都是有为法的缘故，因而没有真正属于自身的本质。有为的意思即造作，被它因缘所造，被它因缘所持，缘在法在，缘灭法亦灭。因此《金刚经》云："一切有为法，如梦幻泡影，如露亦如电，应作如是观。"整个器世间，从能造色（四大种）到我们自己的身体（所造色）都是这种有为法，因此都无自性可言。生、成、异、灭四有为相才是器世间的本质。那么，谁造作了器世间呢？那就是众生的阿赖耶识本体。

佛家认为众生并非是来自于一个外在于自己的世界的造物，而是由众生自己的一个永恒存在着的识本体创造的产物。不仅如此，也是这种识本体在创造了现实众生的同时创造出了器世间即物质世界中的一切。

首先我们说有情世间的形成。有情世间即众生自体，在自然哲学里被称为有生命的事物。诚如阿那克萨哥拉的所见，这种有生命的事物绝不可能是由外力造成的，它只能来源于这种事物的种子。种子的概念我们已经阐述过了。这里也不可能把阿那克萨哥拉的明见否决掉，有生命的事物确实只能由它们的种子生成。但是我们这里所说的种子与阿那克萨哥拉的种子却大不相同。首先，自然哲学中的种子是一种物质实体，它是由物质形成并由物质保持的。而我们这里所说的种子并非是物质实体，而是一种识种子，它是由心识形成并由心识保持的。其次，在自然哲学里，生命是在个体之间传递的，他是我因，我为他果，而后我是他因，他为我果，辗转相传。一句话，在自然哲学里，一切都是外力作用的结果，生如此，死亦如此，生前无有，死后归无，自我若是实有，亦只能随波逐流。而在佛学的世界里，一切都是自因自果的。我们自己的生命不可能从他人手中得来，而是他人存在只能作为自我实现的缘（必要条件）。根据佛家的解释，众生自体的种子是由众生本有的阿赖耶识形成的。由种子生成众生自体，是阿赖耶识现行。因此存在的根本是阿赖耶识。而且我们要注意，也并没有什么世界性的阿赖耶识，只存在众生个体的阿赖耶识。

这里我们没有必要深入探讨有情世间如何从阿赖耶识中形成的缘由和过程，

只要对能生成现实的识有一个基本的了解就够了。《三十唯识颂》首颂云：

由假说我法，有种种相转。

彼依识所变，此能变唯三：

谓异熟思量，及了别境识。

……

意思是说世间种种相、种种事物都是假立而有的，实则它们都是由三种识变现出来的。三种识即异熟识、思量识、了别境识。异熟识即阿赖耶识，思量识即末那识，了别境识有六种不同分别的识，眼、耳、鼻、舌、身、意。这里共列出了八种识，但后七种识以阿赖耶识为根本，因此我们这里只要简略地谈一下阿赖耶识的性状就可以达到我们的目的了。阿赖耶的意思是“藏”，故阿赖耶识也称藏识。《唯识三十颂》云：“初阿赖耶识，异熟一切种。”意思是说世间一切有情种类都是阿赖耶识的异熟果，因此阿赖耶识又称为异熟识，一切种识。《成唯识论》云：“初能变识，大、小乘教名阿赖耶，此识具有能藏、所藏、执藏义故。谓与杂染互为缘故，有情执为内自我故。此即显示初能变识所有自相，摄持因果为自相故。”异熟的意思是异时、异地、异类成就。阿赖耶识为什么有能藏、所藏、执藏三义？是因为阿赖耶识是无覆无记的。阿赖耶识能含藏一切有情世间的种子，因此能藏；有情世间反过来熏习阿赖耶识形成自己的种子，并以阿赖耶识为根本依托保存在自身之内，因此被藏；有情世间恒执著阿赖耶识为自身本体，是为执藏。因为阿赖耶识的这些特性，所以阿赖耶识是世间一切因果的起处。《成唯识论》：“此是能引诸界、趣、生善、不善业异熟果故，说名异熟。离此，命根、众同分等恒时相续胜异熟果，不可得故……”阿赖耶识能引生三界、六道、四生善、不善业异熟果，故说为异熟。没有阿赖耶识，就没有有情世间。

其次我们再说器世间即物质世界的形成。没有阿赖耶识，就没有有情世间。同样，没有阿赖耶识，也没有器世间。我们所认识的世界是一个可见、可听、可触、可嗅、可尝的世界，是五识身的认识对象。自然哲学用感官对象来描述它，并以质碍性、不可入性来形容物质世界的特性。

这个物质性的世界是实在的吗？在某种意义上，我们不可能否认它的存在，否则就是否认我们自己的感官功能。传统哲学关于这个世界的实在性的说法实在是太多了，有人认为这个世界因为充满无间的流变，因此这个世界中的所有事物都是不可认识的（赫拉克利特）；有人认为这个世界中的所有事物都没有属于自己的本质，它们是一个理念国度中的原型事物的影像（柏拉图）；有人认为这个世界没有独立于人类感觉经验之外的实在性（贝克莱）；有人认为“事物本身”之说是不确实的（休谟）；有人认为我们没有通向这个世界的真理方法（康德）；还有人提出来世界在本性上物质第一，意识第二等等。所有这些哲学家的见解，都是把世界作为独立于我们自己的外在存在，去认识它的实在性的。对于这些哲学家，这里我只想提出这样一个问题：某物是外在于你的存在，那么它的存在是你能认识的吗？除了承认它是一个存在的事实之外，你还能说什么？因为不甘于这种在存在的事实面前无话可说的窘境，科学家才动手解剖事物本身，才在全球范围内联手展开了规模宏大的人类基因组行动计划，但是时至今日，关于存在的事实，他们有什么话可说了吗？比如说你的存在与我无关，即是说你外在于我，我就不可能对你的存在提出一种解释。同样，如世界外在于我们，那么世界的存在就与我们无关，就不能用世界来解释我们的存在。如果两种事物之间没有任何存在方面的相关性，那么它们之间是不能相互解释的，这是有关事实的问题，而不是关于概念的逻辑问题。假如世界外在于我们，那么，事实是，我们无法证实，更不用说感受到了世界与我们的相关性。这是我们在谈论世界思想时说过的话。

我们承认这个物质世界的实在性，并且也在某种意义上承认事物的实在性，但我们不是在自然哲学的那种超越的客观性上承认的。我们居住在这个世界上，我们享用着这个世界中的各种资源，为我们生命持存提供营养。这就是我们与世界的相关性。但是我们必须注意到这种相关性的方向性：我们这里所举的相关性的方向是由我向世界的，是一种真实的、主动的关联。而在世界思想中，这种相关性是由世界向我的，因为世界并不会主动保障我们生命的持存，所以我们总能感觉到它不是真实的。我们这里所举的真实的相关关系，在我与世界之间建立起了一种真实的联系。什么样的地方才是我们能真正托身于其中的家园？我们能接受什么样的东西作为维系我们生命的营养？因为我们所要居住的地方必须不但能够容留我们的存在，而且我还必须是那里的主人；因为作为我们的营养的东西进入到我们的身体后就成了我们的身体的一部分，所以它们必须与我的身体具有同质性，否则就会出现我们医学上说的“排异反应”。因此，世界不可能外在于我，它是因我的存在而存在的，或者说，它是我们给自己的存在准备下的。

佛经上说三界唯心。自然哲学中只有一个世界，即整个物质宇宙，这是从物质实在的角度来说的。从存在的角度来说，因为佛家认为存在不仅仅只有物质实在一种表现，而且还有非物质的表现形式。根据众生存在的不同表现形式和众生自身的不同特性，将全部世界划分为三种不同的世界，即欲界、色界和无色界。又在三界之中划分出九地来：欲界六道为一地，色界四禅天为四地，无色界四天为四地。佛家认为，三界之中所有一切，都只是心的造作。这里心即是众生的阿赖耶识本体，注意这里的心不是唯心主义哲学中那种神秘不可捉摸的心灵。《渐备一切智德经·目前住品》："其三界者，心之亿为。"晋译《超日明三昧经》："一切三界所受形貌，皆从心意，心意无形而有所造，随行立身。"鸠摩罗什译《十住经·现前地品》："三界虚妄，但是心作。所有十二因缘分，是皆依心，"《华严经·十地品》："三界所有，唯是一心。""心如工画师，画种种五阴，一切世界中，无法而不造。"三界之中，无色界是没有物质的，无色界的众生没有物质性的身体，无色界也没有器世间。器世间只是在欲界和色界有。佛家认为，器世间乃是众生业力所造。业即是作用。因这种作用力，众生不但创造了他们的有色根身，同时也创造了属于他们自己的器世间。《成唯识论》："器世间，是诸有情所依处故……阿赖耶识自体生时，内变为种及有根身，外变为器。"大乘唯识学认为，每一众生都必须变现出它们自己的器世间，否则它就没有世间受用。而世界之所以看起来只是一个，是由众生中的共相种子（形成共同受用世间的种子）造成的。由于有无数相同的业力，熏习成了无数相同的种子，又由于这些无数相同的种子在变现自己的器世间时地点相同，所以它们变现的器世间不但形貌相同，而且各自的器世间也重叠在了一起，这就形成了一个共同世间。不仅如此，唯识学还认为，三界中的所有众生，不管它现时生于此界的哪一道中，它都必须变现出此地中的所有国土。如欲界六道中的众生现时生于人道，但他的阿赖耶识同时也变现出了包括其他五道天、地狱、饿鬼、畜生、阿修罗在内的所有国土。也就是说，我们所居住的这个世界，是由六道众生共同创造的。

关于世界，这里我想说几句题外话。我们之所以不愿相信所谓异界或者说异度空间（天界、地狱界等）的存在，是因为它们是不可证实的。但是，所谓证实，只是根据我们人类所掌握的技术手段而言，或者根据我们普通人的感觉器官而言，它们是无法证实其存在的。科学上不承认，不相信奇迹的存在，这也是我们的态度。但奇迹是指那种毫无根据的事情，比如那种超自然的意志显现。而我们这里所说的异界，并没有超出自然的范畴。它们存在与否，实在不能以科学上能否证实为判断的标准。比如，至少在目前阶段，科学上仍然没有将生命事物彻底还原的技术手段，为什么我们会相信是自然的力量创造了生命的事物呢？摩态哲学论证出了N种可能的世界，它们会比我们这里说的异界更可信吗？所谓异界，只是对我们这种有形的生命形式来说的。

第三节 众生

我们为什么能称为众生？

所谓众生，通常的意义，是指那些不能决定自身生死的存在者，或者说主体。人固有一死。这是一个古老的话题。不止人，世间所有有生命的事物皆难逃一死。我们惯常说这是它们的命运。然而谁又知道，它们的这种必死的命运是谁安排下的呢？谁掌握着决定众生生死的大权呢？“没有人能够洞晓众生生死之秘密。”类似这样的话在我们的哲学家口中坦然地说出来，显得是那样的睿智深邃。然而，既然不管你是不是认识到了我的无知，我都是无知的，你又何必多此一言呢？

不知其生，亦不知其死，也就是对我们整个存在的无知。然而，或许只是我们人类才是这种情况：我们虽然对自身的生死，对我们整个的存在都一无所知，我们却能在这种无知状态中高傲地活着，我的意思是像个主人一样地活着。我们不但通过不断的经验积累学习掌握了许多各种各样从自然中获取所需资源的方法，越来越深入地了解着我们身边的世界，并且我们还懂得各种各样的享受，有时甚至把它们发挥到非常夸张的程度，我们还知道怎样与他人进行钩心斗角，在我们的社团中争取到更大的权力，以取得更多人的尊重和爱戴，等等。我之所以说这种不切题的话，是想告诉人们，他们的无知实际上是假的。他们的无知只是一种理论上的无知。

关于理论，我们已经说过很多的话，其中我们强调指出过理论对事物本身的存在有一种褫夺作用。我们也曾经分析过，在什么情况下理论对事物是可以通行的，那就是在事物本身是真正的事物的情况下，理论的说明才是有效的。因为事物根据什么成立，总有一个道理或者说法则，这个为事物所遵循的道理或法则对于事物本身来说是一种外在性的强制的规定性，因此，在面对事物时，只要我们陈述出关于事物的理论，我们就总是已经把握住了事物本身的存在。至于事物本身，它只有一种相对于理论被援引的，或者说一个事实的意义。当我们企图把一种理论引入我们自己的存在时，我们究竟干了一件什么蠢事？我们难道是一种与桌椅板凳、钢笔、房屋、甚至电脑一样的东西吗？是谁告诉你我们就是那样一些东西？当你认为我们就是这样一些东西时，你怎样把我们与那些桌椅板凳、钢笔、房屋、电脑区分开？说我们具有灵魂，是有心灵的高级生物吗？假如你是诚实的人，你应该知道这种话是没有作用的。

然而，不幸的是，我们似乎是得了理论的强迫症。我们似乎总有一种用话语来构建我们的存在的冲动，似乎没有话语我们就不实在一样。哲学家是如此，精神病人也是如此。我们也许不应该说，这种理论的强迫症是一开始就有的，它更多的是古希腊自然科学的产物。因为这种理论的强迫症是我们关于事物的一般观念引起的，而理论的出现又反过来加剧了我们的事物化。

事物，就我们被作为一种事物来认识，就我们自身来说，我们已经被赋予了一种无法克服的外在性。对于任何一个自我来说，如果他已经被教导说，他是一个事物，那么，他实际上已经丧失了自我性的全部根据。因为我们前面已经说过，事物是不可能自在的，它又怎么能进行自我认知。而假如说有人曾经制造了我们，那么，关于我们之所以存在的理论就应该由那个制造了我们的人来告诉我们。而这样的一个人是存在的吗？我们凭什么来假设这个人的存在？我猜想，之所以能够作出这样的假设，其理由仍然不外乎是，事物不可能是自在的。可见一切的谜团都是由事物的观念引起的。

众生有生死，也只是因为它们是一种事物而显得神秘而不可解。因为在自然哲学家们的眼中，众生不但是一种事物，而且还是一种自体，一种主体。这种事物出现和消失在我们眼中显得是那样的神奇诡异，难道还不能成为大自然的奇迹吗？

但是，从我们这里的角度来看，这种事件却显得非常平淡无奇。它们是那么地自然，甚至可以说，如果这样的事件不是不断地发生着，反倒才是不合常理的。

众生的生死是外部的力量主宰的吗？我们的存在是一种偶然的、纯粹现象性的事实吗？

科学是讲因果的。科学上的因果发生也可以算是一种缘生，但科学上的因果概念与自我的主体性没有任何关联。因为自然世界中所有事件的发生都只是一些随机事件，只是一些物质在一些机械力的作用下相互冲突的结果。也就是说，自然事件中没有策动者，没有行为主体，因此，自然事件从本质说，并没有任何的创造意味：它不创造自身，也不创造任何别的东西。与这种不创造任何东西的自然运动不同，佛家所说的因果发生是一种真正的创造性事件。因为这里有事件策动者：众生的阿赖耶识本体。所谓因果缘生，是由众生的阿赖耶识本体由内引发的。而这种运动（引生种子的运动和种子现行）的成果，就是众生的自体。因此，阿赖耶识子随缘流转而有所成就，全部过程都是自我中心主义的。因此，佛学里的因果成就不同于自然科学中的因果成就，它不是一种自然的造化过程。

因此，在佛家的眼中，现实世界中所有的一切，并非是毫无来由的、纯粹现象性的外来之物，它们不是某种由自然之力创造的事物，而是我们自己的成就或者说实现。这个以物质的形式出现在这里，看似实在的东西，乃是有情众生的自体，或者说是我的有根身（再说一遍，它不是事物）。只是从这一条，我们就不难理解，所谓事物的生灭，其实不是事物的生灭，而是众生的缘生缘灭。我们为什么会认为我们自己的身体是事物？这是因为我们自己的某种无知状态造成的。由于阿赖耶识是超经验的，对于以有色根身存在的众生来说是难于知晓的。当阿赖耶识自体生起（现行）时，具有现实知见力的了别境识（眼、耳、鼻、舌、身、意识）对它的存在无法察觉，因此当意识攀援住这个色身为自身时，就出现了认知上的缺失。也就是说，从种子到现行之间出现了意识上的断裂。若是无漏种所引现行，或如菩萨降生为人时，就不会出现这种迷误。关于死法和生法，《大集经》《瑜伽师地论》《大智度论》有详细的记述。《大智度论·释中品菩萨论》云菩萨正慧入母胎，忆念不失，于入母胎后的各个阶段都知我，知父母。

我们说过，佛法修行是一种实行，是一种通过心智上的锻炼，以觉知来证知存在（事实）的方法。因为是觉知上的证实，所以这种方法并不会超出当事人本身之外，从而导致一种理论产生，也导致对自身存在的荒谬僭越。

什么是众生？由众缘引生故名众生，引众缘维持故名众生。什么是众生的缘生缘灭？是说众生自体因缘而生，又因缘而灭。在佛学里面，众生皆有其赖以生起的阿赖耶识本体，因此这里我们要记得一点，我们说众生因缘而生，并不是说众生自体是由缘所造成的，否则众生就成了事物。而是说阿赖耶识的众生种子是由众缘引生的，而众生种子的现行也是由众缘引起的。只是因为众缘能在阿赖耶内引生新种，所以称之为能生因。生是心生，心在佛学里指的就是阿赖耶识自体，没有阿赖耶识作为众生自因，众缘也就不能成为能生因。由心生起世间万物，这个在佛学里有两种说法，一是真如缘起，一是性空缘起。由于真如无实性，故能被众缘作用，引生一切众生种子；或者因为一切法无自性，能被众缘转变，生起其他一切众生种子。实则两种说法意思本质上大体相近。为了便于没有佛学知识的人阅读，我们暂时不引述佛学理论，这里用一个比较通俗的比喻来说明什么叫做众生缘生缘灭。比如一个新生婴儿，不谙世事，无我无他。我们说一个新生婴儿还不是一个完整意义上的人，就是说他此时是无自性的。等到他长大一些，有了自我的观念，并在一个特殊的环境中养成了一种属于他自己特殊的气质，这时我们就说他成熟了。这里所说气质，犹如佛家所说的种子。这种气质的形成，是由他生长的特殊环境造成的，比如说他父母的品质习性，邻居、师长的品质习性，还有他自己生长过程中的经历，等等。这些都是他性格形成的影响因素，佛家称之为缘。他跟着父母、邻居、师长学习，做种种与他们类似的善、不善、非善非不善的事，这就是作业，这种业力也会在他自己的心田中培植着这种性格或气质，也就是增强着这种种子的势力。气质一旦成熟，他就是一特殊的人，会用特殊的态度来观待世人世事。反之，如果婴儿一生并不长大，智力不发育，那么，各种环境因素于他便不起作用。也就是说，自因不起，或者说阿赖耶识自体不生，众缘便不能生。进一步说，一个人的气质既已形成，他就会被这种气质所左右，随时准备做与这种气质相应的种种事业。但如果没有适合的机会，种种事业也不可能发生。犹如一个好人不会时时刻刻在做善事，一个坏人也不会时时刻刻在造恶业，总之要有恰当机会，一个好人，或者一个恶人才能做成。当这样的善事、恶事做成之时，就是善人、恶人现行，也就是种子现行。

我们已经解释了什么是缘生缘灭。如果众生不知道自体乃是这种因缘力作用的成果，不知道如今之我乃是属于我的阿赖耶识无明现行，那就会认为这就是本来的我，是一种自性自在的存在。从而也就不可能对我们自身的存在有一个突破性的了解。只是在这里，我们才能恰当地运动到“事物”这个属于自然哲学范畴的词。因为当我们说到众生时，它们是这样的一种存在，它们执著一个物质性的物体（即实际是它们的身体的东西）为它们的存在的本体。在这样的情况下，我们可以说，它们就是那种东西，或者说那种东西就是它。两种说法都没有错误。由此，它的人生将被这个事物所决定，而它也将在这个事物里失去其作为主体的资格。

第四节 自我与非我

佛说法空，我空，如何这里说有自我?

这里说自我，有两种含义，一是以自我之名将众生自体与自然哲学中的事物相区别，而立名自我，二是在世俗谛中说有自我。

在禅师与弟子的对答中，有时弟子告诉禅师，这个是我，而不能得到禅师的首肯，是因为禅师知道，弟子是在事物的意义来理解自我的：弟子执著一个物质性的并且是来历不明的物体为自己，从而使自己也成为一个来历不明的物体，沉沦为世间的一种孤魂野鬼。若是弟子知道世间一切不过是众生自作并自受用的，进而他能够承担起他当下的自己，那么禅师是会同意他的。禅师说见性即见佛。既已觉悟到目前这个乃是过去无明所作，那么他当然也觉悟到了目前这个并无实体，并非真我，因此不会被其所拘。但是现实作为过去种种（业）的结果，并非没有，只是因为它们既非自体，也无自性可言，所以不得说为实体。大乘瑜伽行派就是在这种意义上强调不坏世间的，并以此成立中观论。因为若是否定了世间实有，那么佛亦不能成就。佛乃是觉悟了的众生，没有众生，没有觉悟，自然佛亦无从说起。

而在现实的世界里，为什么很多人会有缺失感，为什么那么多的人这样努力地做种种事业，为什么失意的人总感觉着真实的自我不在当下，又为什么有些人会陷入各种各样的妄想之中，精神分析学家揭示出来的那种莫名其妙的死亡本能是怎样来的，等等。所有这些问题，如果只是从自然哲学的角度来解释，我认为他们不会找到真正的出路。

过去种种，能造现在种种。过去种种是现在种种之因，现在种种是过去种种之果。如果我们找不到过去，或者干脆否认过去的存在，以为只在现在这里就能发现所有症结的原因，那么我们可能彻彻底底地错了。从自然科学的角度，事实上我们所看到的全部，都只是症结的表征而已，症结的真正原因我们是看不到的。因为我们并没有意识到它的存在。医学可以把每一个独立的生物体作为一个封闭的系统来描述和评价，并以某些固定指标的存在为这个生物体是否处于正常状态的标志。但是这些指标的存在是可以观察得到的，其实我们并不了解这些指标为何存在。这就是说，我们没有这些指标形成的根据，整体来说没有关于事物的历史。为什么我们人类是恒温动物？为什么我们的正常体温必须维持在36℃～37℃度之间才是正常的，而不是40℃、50℃或者100℃？医生当然会告诉你，超过或者低于人的正常体温，人体就会感觉到不舒服，这种情况说明在我们身体的某个部位出现了毛病，他还可能更专业地告诉你，因为我们的血液只有在这个温度中才能正常流通，供给我们的身体所需的养分，保障我们身体的正常代谢。但这是一种循环说明，没有真正的价值。事实上所有科学的说明都是这种循环论证，因为我们关于正常情况的认定本质上是一种假设，它们是没有得到说明的，并且我们永远也不可能得到这种说明。精神分析学家为什么能在病人的语言表达中收到一种“治愈”的效果？他真的治疗了吗？他治疗什么了？他又是怎样治疗的？帮助患者发泄某些被压抑成无意识的情绪，为什么就会使患者“恢复正常”？什么才是精神分析学家视为正常的状态？力比多又为什么受到精神分析家那样大的重视，它是我们人类，或者还有其他感情动物的固有的组成部分吗？如此等等。在对现实事物做科学说明时，之所以会形成这种恶性循环，是因为我们找不到一个真实的起点。而这个起点很可能就是我们所要寻找的主体，而这个主体又永远只能到它的历史中去寻找，但是在我们科学的自然观里，却没有主体的历史。

一种无主体的研究，或者像结构主义者说的，一种祛中心的观察。对于他人来说，我们明知道现时有某物在此，然而它却总是在一个我们看不见摸不着的地方，我们没有其他办法，只能把它作为一个假设的存在悬置在一旁，然后才能在它的符号性表达中，在它说出的话语形式中寻找它存在的蛛丝马迹。这是一种被认识的存在，也就是说，他人的存在是由我们这样旁观者的阅读来决定的。然而，因为能指和所指在任何时候都是含糊的，所以我们实际上也无法准确把握对象他人的存在；对于自我来说，情况也是如此，由于我不清楚自己是怎么来到这个世界上的，我对于自己的存在没有决定的根据，因此我只能任由其他人摆布，我无限地受到他人的塑造，我可以说我是自己，然而我同时又是任何人，由于我其实真的找不到自己的位置。这就是我们面对他人，也是自我在他人之前实际面临的窘境。从我们这里的角度看，我们不难认清，这种窘境是由我们对现实的不了解造成的：当科学将现实作为事物看待时，事物在科学的打量中隐藏了自身的历史。

由于从一开始就正视着意识在众生世界里的主导地位，因此，佛学是从心灵的角度来研究现实的。佛学里的心灵不是某种无形实体，对于众生来说，心灵指的是它们的阿赖耶识本体。因为识有分辨能力，故也称之为心或心识。因此，在佛教的开导下发展起来的文明，收获的不是事物，而是满世界活泼泼的众生，而自我的开化也不像在自然哲学中那样走向与世界的冲突，而是采取了一种内观的方式。因为在佛者的眼中，我们不是有别于自我心灵的某种东西，我们不是由外向内地认识我自己，因此我们也没有必要建立一门单独的心理学科。概括起来，前面提到的科学在解释事物时所遭遇的困境，精神分析学发现的所有问题在我们这里都是不成立的。因为这里有主体在场。而所有精神方面的问题都是因为缺乏主体的生活引起的。以下我们将分析现实如何是主体的在场形式。

我们已经说过了阿赖耶识自体是众生自体生成（也是成佛）的根据。阿赖耶识的特性我们也已说过，是无覆无记的，能“与杂染互为缘，有情执为内自我”。由于任何现时阿赖识都是过去世业力熏习的成就（否则阿赖耶识的性质已被舍弃，成为清净识），所以阿赖耶识自体是是一种染污意识。染污即是无明之意，无明即是不如实知之意。由于无明，遂令阿赖耶识十二支缘起。于此遂有众生于六道中生死轮回。如何是十二支，谓一无明，二行，三识，四名色，五六入，六触，七受，八爱，九取，十有，十一生，十二老死。此中无明是十二缘生的根本原因，由于无明导致贪欲和执著，而后才有行、识、名色、六入等的相继发生。天台四教仪解“十二因缘”：

[一、无明]谓过去世烦恼之惑，覆于本性，无所明了，故曰无明。[二、行]谓过去世，身口造作一切善不善业，是名为行。[三、识]谓由过去惑业相牵，致令此识，投托母胎，一刹那间，染爱为种，纳想成胎，是名为识。（梵语刹那，华言一念。）[四、名色]名即是心，谓心但有名而无形质也；色即色质，即是身也。谓从托胎已后，至第五个七日，名形位，生诸根形，四支差别，是名为色。（四支者，即两手两足也。）[五、六入]谓从名色已后，至第六个七日，名发毛爪齿位，第七七日，名具根位，六根开张，有入六尘之用，是名六入。（六根者，眼根、耳根、鼻根、舌根、身根、意根也。六尘者，色尘、声尘、香尘、味尘、触尘、法尘也。）[六、触]谓出胎已后，至三四岁时，六根虽触对六尘，未能了知生苦乐想，是名为触。[七、受]谓从五六岁至十二三岁时，因六尘触对，六根即能纳受前境好恶等事，虽能了别，然未能起淫贪之心，是名为受。[八、爱]谓从十四五岁至十八九岁时，贪于种种胜妙资具及淫欲等境，然犹未能广遍追求，是名为爱。[九、取]谓从二十岁后，贪欲转盛，于五尘境，四方驰求，是名为取。（五尘者，色尘、声尘、香尘、味尘、触尘也。）[十、有]谓因驰求诸境，起善恶业，积集牵引，当生三有之果，是名为有。（因果不亡为有，三有者，欲有、色有、无色有，即三界也。）[十一、生]谓从现世善恶之业，后世还于六道四生中受生，是名为生。（六道者，天道、人道、修罗道、饿鬼道、畜生道、地狱道也。四生者，胎生、卵生、湿生、化生也。）[十二、老死]谓从来世受生已后，五阴之身，熟已还坏，是名老死。（五阴者，色阴、受阴、想阴、行阴、识阴也。）①

从三至十二，即从识至老死，这个过程，我们谓之众生有我。因为在此期间，众生有一个自受用的实体（即它们的身体），从世俗谛的意义上说，它是一个主体。在自然哲学中，我们无法解释清楚贪欲、情感、意志等这些心灵现象的来源，只能把它含糊地说为动物的本能。但是在我们这里却看到了它们的本体论上的意

① 谛观录《天台四教仪》，大正藏第46册。

义，我们也在这里看到了力比多的位置。当然自然哲学的有些解释听起来似乎有些道理，即它们来源于动物保持自身存在的欲望，我们这里也可以把它们解释为是因为自我的缺失引起的，但如果这些情感因素不能引致某种存在上的结果，它们就是无本质意义的。

为什么这里说只是从世俗谛的意义说，当众生住世时，它们是有我的？因为从胜义谛上说一切法空。一、众生执著以为自我的那个物质实体空。因为这个物体并非自体，因造作而有。一切有相，皆属造作，并无自性，因此不可外执为自我。二、所有心亦是缘起法，无缘不生，因此并非自在，不成实体。若心空、法空，世间便不得谓有。佛家讲说人无我，法无我，即是此意。又说无我相、无人相、无众生相、无寿者相，以示所有世间法皆不可执为实我实法。

我们这一章所讲的是自我的承接和认同，这种承接和认同主要是以对世间法的解释来消除自然哲学中事物的观念来实现的。如果我们知道了现实中所有的一切，无非我作，那么，我们就不会再向外寻求一个别的自我。现实中我们以寻找自我、实现自我为我们人生的最大目标，殊不知这其实是迫使自己造更多的业，把自我引向更加迷茫的境地。事实上确有一个真实的自我让你把握吗？

对自我的追求大概起源于两种心理需求。一种是对自我的界定，一种是对现实的不满足。

第一种追求是一种本体论的梦想，只可能出现在那些擅长哲学思想的人身上。因为在具体的人生实践中，我们的身体只是一种被运用着的东西，它只有在我们说话和做事的时候作为我携带着的东西才是存在的。也就是说，我的身体并不能成为我之所是、我之存在的根据。在我的活的生活中，我是以一个感觉主体，一个经验主体，一个思维、情感、意志的主体来认识我自己的，并且我只有在感觉着、体验着、思维着、决定着的时候，我才能认识到自己的真实存在。但是，我永远只是这样一个感觉的、经验的、思维的、做着决定的主体而已，我永远也无法使我这个主体成为一个固定不变的被认知的对象，或者像海德格尔所说的，一个现成在手的东西。我这个主体被我的感觉、我的经验、我的思维述谓着，但是我的感觉、经验、思维、情感等并不始终是同一个感觉、同一个经验、同一个思维、同一种情感等，它们总是处在不断的生灭和变化中的。因此自我也总是处在不断的更新中的。我不能使自己固定下来，形成一个可以真实地把握住的东西。这种实际情形，使得我自己有一种永远不在场的感觉。

如果我不能使自己成为一个可以真实地把握住的主体，那么我的存在就可能沦为虚无。因此，对自我的追求就成了我们的人生中的一个永恒的主题。因为事关我们的存在，所以这种需求是深刻在我们的骨子里面的一种最真实的需求。

然而，事实证明这种需求是我们无法实现的，至少可以说在我们生的全部过程中，这种愿望不可能达成。因为只有在感觉、经验、思维、情感中，我们才能能够有存在的体验。反省一下，追求自我的情感，不就是想使自己成为一个在手现成的可以认知的对象的那种内心需求吗？就像我们在镜子中看到的自己的形象一样，没有摇摆，没有变化，真实准确。然而一个镜像不过是一个死的、遗像式的东西。因此，追求一个真实不变的自我的情感，不就是一种追求死的情感吗？因为只有死亡才能自然地阻止你发生变化，因为只有死亡到来，我们才再也不会在我们的感觉、情感、经验、思维中寻找自我的存在。因此，当死亡使得你最终可以和你的自我面对面时，是死亡成全了自我认知、自我把握的最终愿望，给你的存在的虚无提供一种实在的安慰。这就是死亡本能的来源。

第二种自我追求，是对现实的不满足。这是一种占有的野心，或者说是一种自我的宣示。其实权力、金钱、物质利益，甚至女人等的占有，也是不能真实把握自我引起的，是对空虚的自我的填补，即他想以自我的行动在现实的世界里所争取到的东西来证明或者替代自我的存在。因为这是一种厚重的无知，没有任何自我反思的意味，因此是不值得讨论的。

死亡有时候为什么会变得非常有吸引力，原因我们已经指出来。我们这里要说的是，这种对死亡的向往是不正常的。因为我认为，对一个真实不变的自我的追求，本身就是一种不正常的妄想。我们必须弄明白，一个不变的东西是什么。一个固化了的、不变的东西必定已经是一个逃脱了你的控制而独立存在的异物，是一个外在于你的东西。假如它不是外在于你的，它又如何能成为超越的、客观的存在？又假如它是这种超越的、客观的存在，当你自居于其中时，你岂不是又沦为一种没有根据的存在？因为你是从这个超越者那里得到了你自己的存在的。

我这本书的总的目的，就是要让人们弄明白现实是什么。当我们觉悟地领受了我们的现实，真正地活在当下时，我们就不会再追求所谓自我的超越性、客观性的明证。企图把握住一个固定不变的自我的真实形象，是一种典型的异化思维。

第十二章 自由诸问题

第一节 引论

自由历来是形而上学探究中的一个非常重要的问题。然而，通过前两章对自我与世间法的阐述，我认为自由并不能成为一个形而上学问题。因为这是一个现实问题，并不需要做形而上学的探究。另一方面，科学哲学家因为情感领域中发生的事件不是一种物理事实，无法给予科学的解释，因此常常不愿对情感的问题发表过多的评论，而任由它们处于一种所谓自然的状态。

但是我们认为，关于自由的问题不但不是形而上学的问题，而且它是可以给予科学合理的解释的。我们之所以认为自由是一个形而上学问题，而且又不可以给予科学的解释，只是源于对实在世界的一种错误的解读。一方面，我们认为，像我们这样一种存在，本身不是一种自在的、圆满的存在，而是一种源于某种终极实体的受造物，因此它们始终携带着一种作为被造物所必然具有的局限性，它们在本性是受约束的；另一方面，在科学哲学内，我们不承认我们是一种形而上学的造物，不承认我们生而具有这种形而上学的局限性，我们认为我们是一种自然的产物，我们具有各种情感，是我们的自然禀性的体现，包括追求自由的情感也是这种自然禀性之一。因此，科学哲学家们似乎认为，将我们追求自由的情感上升到哲学层面来讨论是没有意义的。然而，我们要问科学哲学家一句：在不考虑情感的形而上学价值时，情感的问题是不可以科学地解决的吗？或者说，情感真的是像我们这样的高级生物的自然禀性吗？它们只能以生物生存的本能需求来解释吗？

当我们从存在的根源处揭开自由问题的真相时，我们会发现，我们对自由的表面的追求，其实隐藏着一个重大的认识上的错误，当这个错误被我们认识到，我们也会发现，在这种错误的行动中，其实包含了一个重大的逻辑矛盾。而当我们发现了这里原来有一个没有被我们觉察到的逻辑矛盾时，我们也就能自觉到其实自由的问题原来只是一个假问题。

第二节 唯心主义的形而上学的自由观

首先说明一下，本章主要讨论的是存在论意义的自由，讨论我们在生存上的不自由感是怎样形成的，是怎样的认识导致我们认为我们从存在的根本上说就是不自由的。因此我们这里不决定讨论社会契约意义上的自由，不讨论那种在我们的生活实践中由我们的道德信仰决定的自由。这种道德信仰可能塑造成一种人格，导致一种殉道激情。但是这不是存在论意义上的自由。这些种类的自由如在苏格拉底那里所表现出来的那样，是由在我们的日常生活中对什么是正义的理解所定义的。在苏格拉底那里，所谓正义，乃是过一种有德行的生活，所谓有德行，就是要在我们的生活中体现出来一种智慧，所谓智慧，就是对秩序的认知和遵从；另外，我们也不讨论由于我们的世界知识的扩张给我们自身带来的力量的增强所产生的行动上的自由，如培根所说知识就是力量。所有这些都不在本文所讨论的范围之内。

存在论上的自由，是由我们的存在本身所提出来的。由于我们是这样一种性质的存在，决定了我们从根本上说就是不自由的。

形而上学的自由观当然是在形而上学唯理论思辨的基础上提出来的。它是形而上学家们对物质世界的存在做形而上学解释的必然结果。我们知道，从表象上看，形而上学是一种立足于现实之上，从一个超越的角度来解释现实世界的学问，它以对统治这个现实世界的真理的“发现”为自己的终极目标。当然这里所说真理，并非是自然科学中的自然规律，而是这种自然规律的根据。而实际上，形而上学只是一种产物，是一种文明形态的结果。因为世界在某个时代的人们的信念里是个什么样子的，并不是哲学解释成的。相反倒是哲学要对世界何以是如此的提供一种说明。因此是一种说明之后的说明。

说明之后的说明即是解释。科学通常是以从现象之中所发现的内在联系（规律）作为解释现象的依据的。但是形而上学却并不止于发现这些现象之间的内在联系，对于形而上学来说，现象之间的这种内在联系并不能成为因果关系的起点，而是这种内在联系也只能作为现象出现，是现实的。形而上学家所要寻找的，是超越于现实之上的、决定现实的那种终极原因，只有这种终极原因才能成为真理。

那么，从现实的角度看，我们是怎样的一种存在呢？

在西方文明中，从古希腊时候开始，我们就是一种身心二元的混合物。在身与心二者的关系中，心（或者灵魂）历来是居支配地位的。整个说来，像我们这样一种具有物质性的身体的存在，是由灵魂来保障的。很可能我们也都倾向于承认这样一个事实，即由于像我们这样一种有生命的事物的物质部分是惰性的，因此它不足以成为我们存在的基础（古希腊时代的科学还不是如今科技时代的实验科学，不可能产生唯物主义的突现论思想）。因此设想灵魂的存在是很自然的事。因此，所谓自由，基本上说的也是灵魂方面的自由，是灵魂面向真理的存在时的自由。

灵魂是现实世界中的我们之所以存在的基础，而且在形而上学家看来，在现实世界之上存在着真理。因此，如果我们想要实现存在上的自由，就要从我们灵魂入手，引导它向上寻找通向真理的道路。

第一步，是要努力使灵魂脱离肉体的拘绊。

由于对真理的探索和发现是一种纯粹的思想活动，是只属于灵魂的事务，因此我们要保证灵魂有充沛的精力和充裕的时间。但是我们的肉体是充满物欲的，要保证它不死掉，就必须随时喂养它。只是这一条，便可能使爱好真理的哲学家对它心生不满。因为喂养我们的身体是一件需要劳作，费力费神费时的事，会耽误哲学家对真理的沉思。因此，哲学家必须把肉体生活的要求降到最低水平，以保持沉思真理的灵魂平静不受肉体物欲的诱惑和干扰。在这方面，我们知道苏格拉底本人可谓是哲学家们的楷模。他的一生都在奉行着一个酷爱真理的哲学家的苦行，他衣着简朴，即使在冰天雪地里也可以光脚行走；他会在赴宴的路上突然停住脚步，通宵达旦地陷入深思；而他面临死刑时那种真正的视死如归的大智大勇，更是一般的哲学家、哲学爱好者所望尘莫及的，他饮下毒芹汁之后对他的追随者、学生们的谈话，被罗素以基督登山训众场景相比拟。可见苏格拉底对肉体的战胜到了何等彻底的地步。我们可以从柏拉图的对话《斐多篇》中引述几小段来说明苏格拉底对死亡的态度和见解：

现在我要对你们，我的法官，解释一下为什么在我看来一个真正把一生贡献给哲学的人在临死前感到快乐是很自然的，他人充满自信地认为当今生结束以后，自己在另一个世界能发现最伟大的幸福……普通民众似乎无法理解，那些以正确的方式真正献身于哲学的人实际上就是在自愿地为死亡做准备。如果这样说是正确的，那么他们实际上终生都在期待死亡，因此，如果说人与人之间在这种长期为之准备和期盼的事真正来到时感到困惑，那么倒确实是荒谬的。

死亡只不过是灵魂从身体中解脱出来，死亡无非肉体本身与灵魂脱离之后所处的分离状态和灵魂从身体中解脱出来以后所处的分离状态。

哲学家并不关心他的身体，而是尽可能把注意力从他的身体引开，指向他的灵魂。

灵魂把身体当做工具来进行探究，无论是通过视觉、听觉或是任何别的感官，因为使用身体包含着使用感官，这样一来，灵魂就被身体拉入了多样性的领域而迷了路，在与那些具有相同性质的事物接触时它感到困惑而不知所措，就好像喝醉了酒一样。

可以说，从柏拉图的形而上学开始，以后所有的哲学家对自由和永恒的追求，都是专注在灵魂上的。因为相信灵魂本身已是不朽的，因此灵魂是否是自由的，取决于灵魂自身对真理的认识和把握。只有掌握了真理，使自己融合进自身的存在之中，灵魂才能实现自身的真正自由。因此，自由真正是灵魂存在于真理之中的一种无拘滞状态，或者说是灵魂的一种精神境界。

第二步，是要使灵魂认识真理并趋向真理。

既然我们的身体是被灵魂控制着的，而且既然我们的灵魂是由控制着这个世界上所有一切事物的真理控制着的，那么，要使我们的现实生活获得相对的自由，那么，我们就必须引导我们的灵魂去发现真理。事实上，按照哲学家们的解释，我们的自由也只能存在于根据真理的行事之中。因为除了真理以外，我们没有别的根据来定义自由。

那么，真理又在何处呢？以下是几个有代表性的哲学家的真理观的简述。

［柏拉图］柏拉图的真理在他的理念里。柏拉图认为存在着两个世界，一个是可感的世界，一个是可知的世界。可感的世界，即我们这个以物质的形式存在的世界。可知的世界即他提出来的理念世界。在柏拉图看来，我们的这个物质世界由于其非自在性、变易性、可朽性、杂多性，等等，因而是一个无自身本质的

世界，是一个现象或者说影像的世界。这个世界中的所有事物之所以看起来像是有本质的，是因为它们从另外一个真实的世界（理念王国）中事物那里分享它们的存在。这个被分享的真实世界中的事物是我们这个现实世界中的事物的原型，而只有这个被分享的理念世界中的事物才是真实的实在。但它们不能成为我们的感官知觉的对象，因为它们不能被分化，不能以具体的物的形式表达出来。它们只能是我们的灵魂的思维对象，我们只能以纯粹思维的方式才能认识到它们的存在。关于柏拉图怎样阐述原型事物的存在，这里用不着解释，只说他是怎样把灵魂引向理念天国的。

我们都知道柏拉图式的爱情是什么意思。那就是超脱身体的纯粹精神的爱。既然我们已经找到了真理，那就是理念原型事物的存在，那么，我们就要使我们自身的存在向着这种理念的原型事物看齐。因为原型事物是现实事物存在的根据，或者说它们自身是原始者，因此它们的存在是纯粹而美好的，不受限制的，是完全的善。因此当我们向这种完全的善趋近时，我们同时也是向着自己的善趋近。在向这种完全的善的认同和趋近中，我们的灵魂就获得巨大的利益，获得了更多的自由。但是，灵魂要怎样才能趋向真理呢？那就是对纯粹的善的爱。由于现实世界中的事物具有上面我们提到的种种缺陷，它们是不值得爱的。而它们之所以会这种种的缺陷，乃是因为它们的身体的缘故。因此我们要努力超脱对身体的贪恋和执著而向往那完善的原型。这就是要在我们的精神里默念它、观照它、喜爱和赞美它。

从对真理的认识开始，继之以对真理的热爱，引导我们的灵魂超出现实趋向完善之物，柏拉图为所有后世追求存在之永恒和自由的哲学家开辟了一条精神上的康庄大道。从此以后，如我们所看到的，会有越来越多的富有智慧的哲学家们沿着这条大道勇往直前，为我们发现越来越多的真理，指引我们平凡的人生向着不朽天国飞升。

［奥古斯丁］奥古斯丁的哲学根基大部分在柏拉图那里，例如他对灵魂的性质的描述，他对如何以单纯的灵魂来获得正确的知识的论述，他对什么是确实的知识的描述，他对真正的善的描述，等等，都体现了他源于柏拉图的思想。上帝之城不就是柏拉图的理念天国吗？而被贬到尘世中来的芸芸众生不就是柏拉图的现实世界中那些缥缈的影像般的事物吗？下面这些话简直像是柏拉图本人说的：

再来看你所能看的，你肯定只爱善的东西，地因其崇山峻岭及平原而善，农田在位置土地肥沃时为善，房屋因建筑对称、宽敞明亮而善，动物因身体充满生气而善，空气凉爽宜人为善，食物健康可口为善，人的脸庞比例匀称、欢乐怡人、表情生动为善，朋友的心因心气相通、相互信任为善，公义的人为善，财富因方便使用为善，天空因日月星辰而善，天使因神圣的服从而善，言谈因娓娓动听、教诲听者而善，歌曲因优美的调子、高贵的情感而善。为什么我要不断地说呢？因为这个好，那个也好。请去掉这个那个，若你能的话，去看看善本身。借此方法你将得见上帝。他不因别的善而善，而是一切善的善。因为确实，在我以上所列的这些善物和任何别的我们能看到想到的善物中，除非我们已有了某种善本身的观念、由之得以赞成一物亦偏爱一物甚于另一物的观念，我们是不能说一物好过另一物的，若我们的判断为真的话。这就是我们应该如何爱上帝，不是这个或那个善，而是善本身，我们也应寻求灵魂的善，除了上帝，这还能是什么呢？不是善的心灵、善的天使或善的诸天，而是善的善。……

故此，除非有一个不变的善，是不会有可变的善物的。当你听闻此善物、彼善物，即可在别时称为不善之物的，若没有这些因分有善而善的东西，你能觉知事物因分有它而善的善本身——你在听到此善物彼善物时把它与它们混在一起理解了——若你能把它们放到一边，只觉知善本身，则你就将觉知上帝了。若你在爱中依附他，则你就会径直进入至福。别的事物之被爱只是因为它们是善的，若你过于依恋它们，你会羞愧的，因为你没有爱那使得它们善的善本身。

——《论三位一体》[①]（卷8周伟驰译，上海世纪出版集团）

在谈到知识可能性时，奥古斯丁说，是人们先得见了不朽的真理，凭着永恒的相来认识事物的。这也是柏拉图的观点。总之奥古斯丁《论三位一体》是以柏拉图的哲学理念来解释基督教的教义。在《论三位一体》中，奥古斯丁还借《圣经》之言给出了真理对于人们的好处："真理必叫你们得以自由。"从什么得以自由呢？从死亡、从可朽坏、从可改变。真理总是不死的、不朽坏的、不改变的。而真不死、真不朽坏、真不改变，就是永恒。

宗教只不过是唯心主义哲学的极端形式。人要是手中被赋予了真理也就成了上帝。因为我们不能说是上帝使真理成为真理的，这样说是横蛮的。我们只能用真理去定义上帝，说上帝是掌握着真理的人或者神。只是因为基督教的世界与古

① ［古罗马］奥古斯丁：《论三位一体》 周伟驰译，上海世纪出版集团 上海人民出版社 2005年5月 第221页

希腊人的世界不同，古希腊的世界是自然存在的、由基础物质构成的自然世界，而基督教的世界则是由上帝之手从虚无中创造出来的。因此才有了在寻求真理时的祷告仪式。但是，对上帝的仰慕其含义也只是对真理本身的仰慕，向上帝祈祷赐福，实际上是对真理的仰慕之心的表达。说向上帝的皈依可以使你的生命获得自由和永恒，实际上也是说当你的灵魂和真理同在时，你的生命是美好和不朽的。让我们来听听奥古斯丁在《论自由意志·独语录》中那篇长长的祷文中的几段：

“上帝啊，宇宙的制造者，我恰当地向你祈求的一切，请都赐予我，然后我要照那样行，使我配听你的话语，最后我还要乞求你予我自由。

上帝啊，靠自己不能存在的一切，你都让它们存在。

甚至那自我毁灭的，人也不让朽坏。

你从无中创造了这个世界，哪一双眼睛不视为至美。

你不引起恶，你让恶的东西不沦为至恶。

那在真实存在的事物中寻求庇护的少数人，你向他们显明恶乃是虚无。

因为你，宇宙——甚至连同它的邪恶——乃是完美。

……

除了那些纯洁的人，你没有意欲任何人知道真。

你是真理之父，是最真的至上生命的父，你是幸福之父、善和美之父，是使我们醒来并启蒙我们的父，是那盟约，警示我们归向你的盟约的父。

我呼求你，上帝啊，你是真理，在你、靠你、由你，一切真实的事物才为真实；

你是智慧，在你、靠你、由你，一切智慧才为智慧；

你是真实的至上的生命，在你、靠你、由你，一切有生命之物才有真实完满的生命；你是幸福，在你、靠你、由你，一切幸福才成为幸福；

你是善、是美，在你、靠你、由你，一切善和美才成为善和美；你是理智之光，在你、靠你、由你，一切有理智之光的事物才有它们的理智之光；

上帝啊，你的国是不为感官所知的整个世界。

你的王国的法律也在这里颁行。

背弃你就是跌倒，朝向你才又站立，顺从你乃是立稳。

离开你是死，归向你才复活，寓居于你就是生存。

……

无论我说了什么，请帮助我，唯一的上帝啊，你是唯一、永恒、真实的实体，在其中没有争斗，没有无序，没有变化，没有缺乏，没有死亡，却有至上的和谐、至上的明晰、至上的持存、至上的完满和至上的生命，那里没有不足也无盈余，那里生产的和出生的乃是同一。

……

所有好事都来自你，而我们能避免所有恶事，也是靠你。

高于你，外于你，没有你就无物存在。

低于你，内于你，有了你便万物存在。

听，听，听我啊，我的上帝，我的主，我的王，我的父，我的事业，我的希望，我的财富，我的荣耀，我的家园，我的故土，我的拯救，我的生命。

现在我专一爱你，专一跟从你，专一寻求你，准备着专一服侍你，因为唯独你有公义的统治，我渴望由你掌管。

……

我认识到我必须归向你。让你的门在我叩叫时打开吧，教导我怎样来到你跟前，除此之外我别无所愿。飞逝的可朽的该被抛弃，确定的永恒的当被追求，除此我别无所知。我这样做，主啊，因为这就是所有我所知的。

如果正是凭信仰，求救于你的人找到了你，赐予我信仰吧；如果是通过德行，赐予我德行吧；如果凭知识，赐予我知识吧。请赐予我更多的信、望、爱吧。

……

最智慧最好的父啊，我为我的身体祈祷，以便我随时能够领受你的指引。让我整个地皈依你，让我赶往你的途中不受难阻拦，这就是我向你——最仁慈的主所祈求的一切。在我驱劳我的身体的时候，我乞求你的控制，以便我成为纯洁、慷慨、公义和审慎的，成为你的智慧的完美爱人与知己，以便我配享有你寓居的地方，能实际上居住在你归神圣的王国。阿门。阿门。

——《论自由意志》[①]（官成汖译）

之所以要引述这篇祈祷文，是因为它集中而且明确地表达了西方古典哲学中那种企图以真理的钥匙打开永生之门的主流趣向。事实上，这种趣向在笛卡尔以后的近代哲学中也一直存在着。在笛卡尔本人那里有体现，并且是德国哲学的传统精神。

［笛卡尔］根据笛卡尔自己的陈述，我们相信他是一个对真理怀有巨大热忱

① ［古罗马］奥古斯丁：《论自由意志》成官汖译 上海世纪出版集团 上海人民出版社 2010年1月第 3页

的人，是一个真理的勤奋探索者。笛卡尔虽然是一个方法论上的怀疑主义者，却不是一个真理的怀疑主义者。他以怀疑的方法进行自己的哲学思考，是为了寻找确实无疑的真理，为了证明确实有一个上帝存在。在《第一哲学沉思集》出版时写给巴黎神学院院长和圣师们的信中，笛卡尔明确地表述他的这部著作的主要目的："我一向认为，上帝和灵魂这两个问题是应该用哲学的理由而不应该用神学的理由去论证的主要问题。因为尽管对于像我们这样的信教的人来说，光凭信仰就足以使我们相信有一个上帝，相信人的灵魂是不随肉体一起死亡的，可以对于什么宗教都不信，甚至什么道德都不信的人，如果不首先用自然的理由来证明这两个东西，我们就肯定说服不了他们。[①]"

笛卡尔在西方哲学史上的重要性，体现在他的哲学方法的创新上，即他自己申明的理性的方法（怀疑一切，然后找到不再可以任何方式进行怀疑的观念作为唯一可接受的真理），而不是体现在他所发现的真理方面。因为对真理的追求，对上帝的信仰，也是他以前的古希腊哲学以及整个中世纪哲学、神学的唯一内容，并且在这方面，笛卡尔并没有什么超出他们的发现。但是，我们本书的目的并非是研究哲学，所以我们不打算对笛卡尔的哲学方法进行讨论，况且他的这种纯理性的、思辨性的（分析的）方法在当代逻辑哲学中已经被批判得够多的了，我们只是指出他的哲学主张就行了。

笛卡尔的哲学主张主要有如下几个方面：

人体是一架机器。

我只是一个在思维的东西。是一个纯粹的精神或灵魂。

灵魂是不朽的，不会随肉体一道死亡。

上帝真实存在。

我们也许会觉得可惜。因为笛卡尔的哲学是在理性的名誉下开始的，但是他的哲学结论却不是真正理性的。因为归根到底把我们自己主动地置于一种外在力量的统治之下，对于作为一种主体性质的存在的自我无论如何都不能认为是理性的。真正的理性必须是自我对其存在的承担。笛卡尔似乎没有认识到这一点。不过笛卡尔并不是出生在进化论、符号逻辑学时代的哲学家，对其哲学主张的偏失之处，我们不能过多指责。

［斯宾诺沙］斯宾诺沙对自由的解释带有比较强烈的，我们一般会称之为"本能"的色彩，我们也可以说他已经是从生物学的角度来解释关于自由的问题的。

① ［法］笛卡尔：《第一哲学深思集》庞景仁译，商务印书馆 1996-4 第1页

这不止是因为他宣称维持自身的存在是万物的本性，而且还因为他是从人作为一种生物所具有的自然情感的层面入手来讨论自由话题的。这正是我们所需要的，在后面我们将要回过头来讨论这种所谓的自然情感。因为在西方古典哲学中，把人类具有的各种情感视为自然的、正当的，而不是视为堕落的、甚至邪恶的，从而也是我们的存在上的缺陷、不自由的原因的，斯宾诺沙是第一个伟大的哲学家。斯氏被犹太教所逐，主要是他的泛神论亵渎上帝唯一神论说的。

《伦理学》一书充满了对万物自然性的肯定。《伦理学》第三部分论点六："万物，就自身而言，努力维持自身的存在。"论点七："万物努力维持自身的存在的，不是别的，而是事物的客观本质。"论点八："事物维持自身存在的努力，在时间上是无限的。"论点九："思维无论是具备清晰的、或是混乱的观念，永远维持自身的存在，而且思维对这种努力是有意识的。"万物努力维持自身的存在，是斯宾诺沙评论一切情感、善恶、德行、理性的出发点。一切事情，只有是利于事物维持其自身存在的，才可能成为快乐的、善的，才能是有德行的、有理性的。《伦理学》第四部分论点八："有关善恶的知识不是别的，而只是我们意识到的快乐或痛苦的情感。"论点十九："人人都会依照自身性质的规律，追求或避免自己认为是善的或是恶的事物。"论点二十："如果某人越能够努力地寻求自己的利益、维持自身的存在，那么他就越具有德行。反之，如果某人忽略自身的利益，忽略维持自身的存在，那么他就越懦弱无能。"论点二十二："努力维持自身的存在是人的第一德行，没有任何德行是先于此德行的。"论点十八注释："理性是不违反自然的事物，理性在于爱自己，遵循自身利益最大。同时，每个人都力求维持自身的存在。这些都是必然真理，就像全体大于部分一样，毫无疑问是真理……由此推出，第一，德行的基础是维持自身存在的努力，而人的幸福就在于维持自身的存在；第二，德行是德行自身的目的所在，除了德行外，对我们来说世间没有更有价值的东西，能够达到德行所预示的目的。"

既然维持自身的存在是人的第一德行，那么，人又如何实现自身的幸福和自由呢？依靠智慧。

当然，谁也不会否认获得幸福是需要智慧的。可问题是，我们不知道怎样获得斯宾诺沙的智慧。因为这种智慧不是培根的自然科学知识所造就的解决实际问题的那种技巧。斯宾诺沙认为人性之所以是被束缚的，是因为我们没有对事物的足够的知识造成的，如果我们能够获得事物的充分观念，我们就能够获得自由。这里斯宾诺沙所说的知识，也不是我们所说的自然科学知识，而是关于事物存在的知识。我们又怎样获得事物的知识并进而获得智慧呢？可以说，从这个问题开始，斯宾诺沙的伦理学便变得不可接受了。由于其哲学上的僵硬，致使其对万物自然性的辩护失去了现实性的根据，而我们上面说到的，斯宾诺沙从自然生物学的角度来讨论万物的自然禀性，也似乎成了假的。因为斯宾诺沙是根据神来解释万物的存在的。这样一来，我们又回到了柏拉图哲学的老路上去了。差别只在于斯宾诺沙是用了一个人格实体取代了柏拉图的理念实体作为现实事物存在的原因。如果不是斯宾诺沙对神的论述具有半自然的色彩，因此有几分吸引，我会认为《伦理学》是杂乱的，让人生厌的。《伦理学》第一部分论点十四："除了神之外，没有任何实体，也不能设想任何其他实体。"论点十五："任何事物都存在于神之中，没有了神，没有东西能存在，也不能被认识。"论点十八："神是万物的内因，而不是短暂即逝的外因。"论点二十四："凡神创造的事物本质上是不存在的。"论点二十五："神不仅是万物存在的有效动因，也是万物本质的原因。"第四部分论点二十八："思维中最高境界的善是对神的认知，最高的德行是理解神。"不仅神是万物存在的原因，而且我们对事物的认识本身就是对神的认识。因为我们通过它认识事物的观念是我们先天具有的，而只有神才能让这种观念先天地出现在我们的思维中。"观念之在我们的思想世界里犹如它的对象在实在的世界一样。"（《知识改进论》）这种关于我们的认识形成的思想体现了柏拉图和笛卡尔哲学对他的影响。《伦理学》第二部分论点十一："构成人类思维的客观存在的第一要素，是某些客观存在的特殊事物的观念。论据，在思维的各种表现形式中，从本性上来说，观念是最先产生的；当一个观念已经产生后，思维的其他表现形式也随之在同一个个体中产生。""理性的本性在于，将事物放在某个特定的永恒不变的形式下考察。"（第二部分论点四十四推论二）"人类的思维中存在对自身和外界客观存在的物体的观念。"（第二部分论点四十七论据）

关于斯宾诺沙的哲学我们不想说得太多。总之他的伦理学的哲学依据是混乱的。在《神、人及其幸福简论》中，斯宾诺沙给了自由一个明确的阐述："我把人的自由界说为：它是我们的理智通过与神直接的结合而获得的一种稳定的存在，所以它就能在自身之内产生观念，在自身之外产生同他的本性完全一致的结果，而它的结果并不屈从于任何能被它们改变或转换的外在的原因。[①]"

关于唯心主义形而上学的自由观，我们只能举这几个哲学家作为解说的例子。

① ［荷兰］斯宾诺莎：《神、人及其幸福简论》洪汉鼎、孙祖培译，商务印书馆 1987-04 第 252 页。

总之，所有在自身的存在之外寻求统治我们的真理，进而寻求我们生存上自由的出路的意想，我们都称之为形而上学的。这种意想在达尔文时代以后的科学哲学中已经被极大地削弱了。这里我们指出，这种意想之所以出现，成为哲学的动因，是因为我们始终认为我们自己是一种事物，是一种从我们自身以外的世界得来的存在。因此，不管我们是有血有肉的事物，还是一个单纯的灵魂，还是一个纯粹的精神，我们都不可能是自在的，我们需要有一个上帝，有一个作为整个世界之起点的第一因来支撑起我们自身的存在。这个从逻辑的角度来说并没有错。

关于唯心主义的形而上学，我想在这里做一个简短的小结作为结束。主要是再阐述一下其中的几个核心概念，以帮助我们进一步认清形而上学是建立在一种什么样的基础上的。首先是真理。真理是什么？在这个词不是用来指称那些物理间的自然规律时，我们认为它不指称任何实体，特别不指称那种超越性地存在着的抽象的法则。因为这样的法则是不存在的。真理是人类精神的产物，如同事物是由于我们不了解实在的真相而编造出来的一样。因为事物不能自在，当自我展现为一个实在的事物时，它需要寻求一种自我存在的解释和说明，需要寻得一个精神的皈依之处。真理就是为着这种需要而被创造出来的。精神的力量和作用就在于抽象和创造。因为在解释我们自身的存在时，我们不能在物质的现实中循环打转，所以我们的心灵需要精神的力量超越现实，也就是完成对现实的抽象走向形而上学。这是作为事物的我们通向自我的存在和自由的必由之路。就是由于对这种真理的追求，我们才遇上了认识论、方法论的问题，我们才会在什么普遍与特殊、什么本质与存在等这些问题上无休止地纠缠不清。其次是精神和灵魂这两个概念。我们认为作为形而上学实体的精神和灵魂是不存在的。在形而上学中，灵魂就仿佛一个心脏起搏器之类的东西，是它赋予了我们的肉体生命的活力。在亚里士多德的解释中，灵魂有自我认识的能力。对于解释有生命的事物的存在，设想一个灵魂是大可不必的。只要上帝直接把我们的肉体制造得有活力、能思维就行了，何必还要再费力制造出一个芯片一样的灵魂插入到我们身体之中，使它能够行动和认知。因为制造我们的灵魂和制造一个芯片不是同一种过程吗？事实上，我们的灵魂不就是抽空了我们的身体后剩下来的产物吗？或者准确地说，所谓灵魂只不过是我们这个看似有生命力的身体的一种影像。因为除此以外，我们不能把灵魂解释为什么，它不能是某种气或者以太之类的东西，气或者以太不是灵魂本身（假如它们确实存在的话）。至于精神则更不是实体，细究起来，它不过是意识本身，是一种欲望控制中的思维。当这种欲望在现实中找不到恰当的对象进行表达的时候，它便转向了虚构或者说创造。这就是像“飞马”“羊人”等这种永远没有真实所指的概念的由来。

第三节 本来自在之我

首先我们说，如果我们是一种被抛出来的存在，那么自由的追求和向往就是一种正常的心理。但如果说是你自己选择了你现在所拥有的一切，而又认为你的现实是不足的，是你不能、不愿承受的，这就成了一个悖论。

在存在论上，造成我们的不自由的，乃是我们的身体。不自由，在哲学中有一个专门的术语，叫做烦恼。我们的身体是所有烦恼的根源。因为身体是我们的生死的根本，因为有了身体和来自于身体的种种欲望，我们才有了生老病死，才有了爱憎等诸多烦恼。“宠辱若惊，贵大患若身。何谓宠辱若惊？宠为下，得之若惊，失之若惊，是谓宠辱若惊。何谓贵大患若身？吾所以有大患者，为吾有身，及吾无身，吾有何患？故贵以身为天下，若可寄天下；爱以身为天下，若可托天下。”（《老子》第十三章）老、庄以清心寡欲、虚静无为为处世之道，以求得身心的安适自在。这一点与佛教弟子对尘世生活的态度是一致的，因此有些人习惯于将释、老并称。但实际上这两种似乎同一的生活态度的具体含义却大不相同。如果说道家过的是一种形而上学的生活，佛教徒的僧侣生活却不是建立在某种哲学基础上的。我们已经说过，佛教徒的尘世生活不是为了践行某种信仰，而是一种证实，其意义相当于自然科学中的验证。道家认为，世间一切都是自然造化的产物。因此，任何人都不得以自我为私。若知此身非我所有，则自我就能够顺应自然，随遇而安。这种把自我托付给自然的态度与西方哲学中把现实托付给真理、上帝是一样的，只不过道家的自然是一个混沌无主的开放世界。

我们这里所要讲的自由，那是一种真正的自由，是自我的自由。如果根据老、庄，根据西方形而上学哲学对存在的解释，则根本就没有真正的自我可言，因此也谈不上自我的自由。真正的自由，那必须是自我承担其自身的存在的自由。如果没有这种承担，自我的存在只能由一个他者性的力量来保证，自我永远命悬他人之手，如何会有我的自由。

如何是众生自己，众生如何认取其当下之自我。这是我们在前面两章已经解释明白了的。只是到了这时，所谓自由的问题也就不成问题了。或者准确地说，有关自由的问题只能从自我的内部来分析，从中找出我们的不自由感的来源。

那么，我们首先发现，我们之所以在存在上不自由，诚如老子所说，是由于我们的身体的缘故。但为什么我们的身体竟会成为我们的限制的呢？原因很显然是我们的存在是被我们的身体决定的。很多时候，当我们把自己看做一种自然存在的事物时，我们都会有一种比较矛盾的情感。一方面，是由于我们的身体的缘故，我们才得以存在，另一方面，在我们的身体给予了我们存在的同时造成了我们在存在上的巨大的局限性。但是这种认识在我们的分析中是错误的。通过第十一章所做的分析，我们已经指出了，身体对自我来说，并不是一个外来的东西：并不是我们的身体决定了我们的存在，而是我们自己的存在决定了我们有这样一个身体。这里很显然是我们弄颠倒了现实与自我的因果关系。如果是这样的话，那么，身体所给予我们的限制就不是真实的。我的意思是说，这种限制乃是自我造成的。或者说我们的身体只是一种结果，而不是原因。

从结果这方面讲，如果说一种结果能造成对自身的限制，这在逻辑上是很荒谬的。

从原因方面上说，众生皆有其阿赖耶识本体。阿赖耶识生起现行，是由阿赖耶识内的无明部分引发的。但这些无明的部分也不是从别的地方渗入进去的，而是阿赖耶识自身所有的，是过去种种善不善业熏习成的。因此，众生有其如此这样的一种现实的存在，那是自因自果的。这里没有任何外来的强制性因素，任何决定的作出全是出自你自己的。因此，如果说这里真有什么是妨碍我们获得真正自由的原因，那就是我们自己的欲望。

只是在一种特定的意义上说，现实，也就是我们的身体，才是我们在存在上的限制。那就是对一种新的欲望或野心来说。如果只是就我们要承担起自己现实的存在来说，那么这种限制是没有的。一种新的欲望或野心实际已经跳出了自我之外，从欲望或野心的角度来要求自我的自由，那是一种非分，是一种更大的无明。如果是从自我的角度来说，那么，承担自己的现实，也就是认取我们的身体为自我当下的存在，是承担自我过去种种作业的结果。这种承担就不能视为一种对你的人生的束缚。如果说由于我们的身体的缘故，我们陷入了生老病死等的烦恼之中，因而我们抱怨我们的现实人生，那就是否认因果，是颟顸、是无明。就我们的身体是自我现时的存在而言，现时之我是一种果上的存在。而由此展开的人生，不管其际遇如何，无论是酸甜苦辣，无论是喜怒哀乐，也应该一同视为我们此生的收获。这才能说明因果之理。所以禅者说烦恼即是道场。古德怀让一生坚持一条原则，一日不作，一日不食，直到其耄耋之年也不放弃。这并不是一种矫情，而是一种尊严，或者说一种身体力行的修行，一种对因果命运的亲身承当。

与现实生活相关的问题还有所谓人生的价值和意义的问题。这也是一个自从人类心智开化，有了自我意识以来就产生了的问题。因为这个问题直接决定着我们对待人生的态度，甚至有时会成为我们决定是不是要继续活下去的关键问题，因此它可能成为我们很多人人生中的头等大事。是的，要不是对死亡可能造成的人生的彻底落空的恐惧，我相信有很多人是会选择自杀的。因为如果说死亡是本来存在的某物的消失，那么，人生的各种努力和经营，人生的各种享乐和忍受都会是没有任何价值的。结果为零，过程也就没有什么意义。但是，从自然的角度说，这种问题却又似乎是无法解决的。因为你的生与死都是一个自然过程，所以甚至于你的这些想法都是不切实际的。因此我们有了宗教的需求就是很正常的。宗教就是要用一个人为的世界来取代自然世界，使之成为可控的，以使我们的存在合乎我们自己的理性，使得我们的生活、我们的存在显出一种价值和意义。

但是这种做法也显然不是完全理性的。我们说过，这样做仍然是把我们自己的存在交由他人之手。如果我们一日不能从真正自我的角度、对我们自身的存在作出说明，那么我们就一日面对着自身的存在的非理性。

现在我们已经通过佛学对现实的解释，通过对什么是世间的解释，消除了我们在存在上的这种非理性。通过对这种非理性的消除，关于我们的人生的价值和意义的问题也就随之迎刃而解了。我们可以看到，这个问题原本不过是一个假问题。现在让我们来简要说明它的假伪之处。

如说有一人现在腹中饥饿，他自然会想到食物。于是他或者进饭店，或者亲自动手制作食物，一番餐饮之后，他的饥饿也就解除了。又如一个身体本来羸弱的人自然会羡慕那些有强健体魄的人，在他经过一段艰苦的、持之以恒的锻炼之后，他的身体也会变得像其他人一样强健。在这样的例子中，我们自然不会问食物餐饮以及体育锻炼的价值和意义。因为这里有一个非常明确的目的，这个目的的存在使得餐饮和体育锻炼的行为是合理性的目的性行为。可见，我们一般所谓某物的、某种行为的价值和意义是在对某种需要的满足中体现出来的。同理，如果我们始终无法为我们的人生找到这样一个目的，以使我们能真切地感觉到我们的肉体性的日常生活，包括各种劳作和享受，是我们所需要的，那么，我们就会觉得我们的人生是没有着落的。即使我们能长生不死，我们的这种生活的无意义性也不会得到任何改观。

那么，我们能否将我们的现实人生理解为与一顿餐饮、一种体育锻炼相类似的过程呢？如果可以这样理解的话，那么，人生的意义和价值就得到了满足。正如我们不会问吃饱了有什么意思、身体锻炼好了有什么意思一样。因为在你有这种真实需求的时候，这样的问题是无理的。这里我们必须提醒的是，意义取决需求，需求决定了某种行动和结果的产生。因此，价值和意义来源于过去，而不能到未来中寻找。未来得到的是一种实现。

我们之所以会提出来人生的价值和意义的问题，是因为我们不知道自己所从何来，是因为我们总认为自己是一种自然的、现象性的，或者说是被抛到这个外在于我们自己的世界上来的东西，因此我们不能在自己的现实存在中找到价值和意义的线索。通过我们在前一章里对世间由来的阐述，我想这种线索我们已经寻找回来了。那么，我举餐饮和体育锻炼的例子来说明我们的现实人生，其意思相信也能使人明白。我们的人生其实也就是在做一件与餐饮和体育锻炼意义相同的事。一方面，现时之我是我过去世种种业因之果报，从另一种意义上说，也是对我过去种种想欲的实现和满足；另一方面，现时之我在不明因果的情况下，也就是在生之无明意愿的驱使下，为着种种我们称之为现实利益的东西，在自我之外种种努力、种种拼搏，也将造成未来世别样的人生，如佛家所说，在六道之中轮回不已。当然三界之外，是不会产生这样的问题的。

总之，自我本来自在，我们是从自作业，自受果这个意义上来说的。因为除非是从这个意义上来说，才有真实的自由、意义和价值可言。不了解生之真相，凭空举出一个自我来，要求它有存在上的自由，要求它的生存有价值和意义，那是无逻辑的空想。